集人文社科之思　刊专业学术之声

集 刊 名：北京史学
主办单位：北京市社会科学院历史研究所
主　　编：刘仲华
副 主 编：王建伟
执行主编：高福美

BEIJING HISTORICAL STUDIES

2022年秋季刊（总第16辑）

集刊序列号：PIJ-2018-284

中国集刊网：www.jikan.com.cn/北京史学

集刊投约稿平台：www.iedol.cn

北京史学

2022 年秋季刊
（总第 16 辑）

北京市社会科学院历史研究所　编

高福美　执行主编

BEIJING HISTORICAL
STUDIES

社会科学文献出版社
SOCIAL SCIENCES ACADEMIC PRESS (CHINA)

北京市社会科学院集刊
编辑工作委员会

目录
CONTENTS

特　稿

民国时期北京的女浴所

邱仲麟[*]

摘 要：民国3年，润身女浴所开张，北京进入女子沐浴产业化的时代。然而，金秀卿的勇气，未能战胜风气，业绩不如预期。民国12年，头品香女浴所开幕，营业状况竟然更差。北伐后，风气渐开，营业渐佳。民国20年以后，开设日多，迄至民国32年，因应日本军方要求，北京的女浴所从八家增至二十五家。归结来说，民国北京女浴所的发展，从跌跌撞撞到逐渐稳步，突然在民国32年春跨了一大步，却又在民国34年冬摔了一大跤。整个过程，伴随着礼教约束、社会观念、职业歧视、消费习惯与政治环境等因素而变异。而知识分子推广女子沐浴的理想，与经济情势的变化，及沐浴业者的利润，毕竟未能完全合拍，但其缓慢增长或突然扩张，则符合产业发展的规律——需求决定规模。

关键词：女浴所 卫生 消费 男女混浴 日本

自古以来，北京百姓家中极少设有浴室，故市井上提供洗浴的店肆甚多。然而，社会认为妇人身体不洁，不许进入澡堂沐浴。[1] 因此，北京妇女不论上层、下层家庭，只是在家以盆擦身或

---

[*] 邱仲麟，台北"中研院"历史语言研究所。

[1] 丸山昏迷：《北京》，1921，第301页。丸山昏迷为丸山幸一郎（1894—1924）的别名。

沐浴。[1]甚至在紫禁城，旧式沐浴的传统也一直未变，直至民国
11 年，储秀宫内有了洋式浴缸，皇后婉容（1906—1946）才得
以享受与西方贵妇一样的洗浴。[2]

　　众所周知，在近现代史上，上海往往开风气之先，浴堂业即
其一例，唯仅有男浴室，始终无女浴所。民国元年，有作者在
《申报》上呼吁上海应该开设女浴室。[3]但未引起当局重视。民国
2 年，悔原在《论妇女卫生上必须之营业》中指出，"女子为国民
之制造场"，故不论是为个人身体、为强健人种、为社会习惯考
虑，女子都不能不洗浴。全国一千二百个州县，每县至少要有女
子澡室二所，而且设置必须讲求卫生。[4]然而，有位姚某却认为使
不得，缘故有三："格于禁例，贿买不易，一也。穹庐鸿苑，需费
至巨，二也。礼教所范，问津者少，三也。"此外尚有与风化相
关者一事，则系"狂且乔装，掩入同浴，以图淫乱"，不可不防。
姚某还说："劝他们女同胞还是在自己家里打盆水净净身罢，若要
开女浴堂，须在女子上加一妓字，妓女浴堂必定发财，这因为妓
女是懒惯的了，好好女人家那肯去呢？"[5]直到民国 15 年，上海第
一家女浴室——龙泉女子家庭浴室才开设，开幕前还遭到商界联
合会等联名抗议，要求当局加以查封。[6]就此而言，上海确实落后
于北京。

1　清国驻屯军司令部编《北京志》第 31 章 "医药卫生"、第 34 章 "风俗"，1908，第 722、
　　783 页。服部宇之吉编《清末北京志资料》第 31 章 "医药卫生"、第 34 章 "风俗"，张
　　宗平等译，北京燕山出版社，1994，第 463、503 页。

2　单霁翔主编《故宫藏影：西洋镜里的皇家建筑》，故宫出版社，2014，第 172 页。

3　爱：《上海宜设女盆汤说帖》，《申报》1912 年 2 月 4 日，第 8 版。

4　悔原：《论妇女卫生上必须之营业》，《妇女时报》第 10 期，1913 年，第 22—25 页。

5　顾鸣盛：《女浴堂》，《医学世界》第 25 期，1913 年，第 3 页。

6　《女子浴室定期开幕》，《申报》1926 年 7 月 24 日，第 20 版。《各商联会请禁女浴堂》，《申
　　报》1926 年 7 月 27 日，第 15 版。

民国时期北京的女浴所，是研究消费需求与产业发展的一个绝佳案例。关于民国北京的女浴所，此前已有若干著作谈及，而以胡鑫、靳潇飒所撰《北京第一家女浴所创建始末》最为重要，其他则史料稍嫌不足。[1] 笔者狗尾续貂，拟进一步深究民国时期北京的女浴所，梳理其历尽沧桑、未能被社会坦然接受的经营困境，以及抗战期间因异国沐浴文化的冲击，女浴所需求激增、昙花一现的历史。

一　润身女浴所之开办

中国之有女浴所，滥觞于天津租界，但附设在男子浴堂中。[2] 宣统二年（1910），天津的一兴澡堂在广告上提到："本堂开设日本租界旭街纯厚里内，用自来温泉安设盆池，均属清洁。凡赐顾诸君，无不赞赏称便。今又推广楼房，特添女客盆数座。"[3] 这是笔者找到关于女浴室的最早记载。由于男女合设，滋生共浴事端，民国 3 年，天津警察厅曾颁布告示，禁止妇女进入男澡堂混浴：

> 为示禁事。查男女澡塘，自系分设，原所以杜混杂而防流弊。本厅访闻，近有无耻妇女，竟敢混入男塘沐浴，伤风败俗，莫此为甚。若不严行禁止，将何以正风化而维人心？除饬区查禁外，合行示仰诸色人等，务各约束其家中妇女，

1　参见沈红岩《京城首家女浴所》，《北京纪事》2006 年第 1 期，第 72 页；王庆杰《〈京城首家女浴所〉的补充》，《北京纪事》2006 年第 2 期，第 73—74 页；胡鑫、靳潇飒《北京第一家女浴所创建始末》，《北京档案》2020 年第 4 期，第 46—49 页。

2　《天津之女浴所》，《小铎》1917 年 6 月 14 日，第 2 版。

3　《天津一兴澡堂广告》，《大公报》1910 年 8 月 25 日，第 3 版。

如赴澡塘沐浴，万勿混入男塘。倘敢玩视禁令，定即带厅按照警律惩戒。至该家长治家不严，亦必予以相当之处分也。[1]

同年，天津华园浴室开幕，也附设女浴室，该澡堂在《大公报》刊登广告，其价目为楼下每位二毛、楼上三毛、三楼八毛，女堂五毛。[2]

北京商人有意创办女子澡堂，不晚于天津，但因官方作梗而夭折。光绪三十四年（1908），北京有商人募集千余股，向外城巡警总厅呈禀，申请在京城开办女浴所。七月底，外城巡警总厅以此等小事，竟然招集千余股，"显有情弊"，将申请驳回，不准开设。[3]民国建立后，有心开设女澡堂的人又纷纷递交呈状。对此，京师巡警厅表示：当下女国民素质尚未达到，缺乏相应管理规则，且女子浴所的开设事关男女大妨，不可不慎重。但是，为了鼓励国民发展实业，以维生计，当局还是开了一道口子，允许先行试办妓女浴所，但其地址必须设于花界线内，由警区派巡警监察，并按时报备入浴者之名及籍隶某乐户。[4]民国元年七月，北京警察厅颁布《管理女沐浴所营业规则》，计二十一条：

第一条　凡欲为女浴所营业者，应遵照本规则办理。

第二条　开设女浴所营业者，须将股东及经理人姓名、籍贯、住址，雇工人数之姓名、籍贯、住址，浴所地址，建筑方法，取具妥实三家铺保，呈报本厅，俟查验批准，发给执照，方准营业。

---

1 《警厅布告》，《大公报》1915年2月23日，第5版。

2 《天津华园澡堂广告》，《大公报》1914年12月23日，第1版。

3 《批驳开办女浴所》，《顺天时报》，光绪三十四年八月一日，第8版。

4 胡鑫、靳潇飒：《北京第一家女浴所创建始末》，第47页。

第三条　女沐浴所之建造，必先绘图呈报本厅，查系建筑合法，方准给照修盖。其赁原有房屋改修者，亦须将如何改修方法，绘图呈报本厅派员勘定。

第四条　女沐浴所门首以内，须用妇女两人，指导女客，应接一切。凡女客之车夫、跟役及男家属等，一概不准入内。

第五条　沐浴所附近，应设停车厂及跟役休息室，以备车夫、跟役坐候。

第六条　浴所内掌柜、雇工人，均用妇女，不得男女并用。

第七条　无论官盆、客盆，每人须备单房一间，分内外室，内室安置水盆、挂衣勾，外室预备梳洗等物，不得一室内安置两盆，亦不得两人同在一室。

第八条　女沐浴所不准有池堂，其官盆、客盆均须安设自来水管两个，凉热任客自便，不得用提桶由外面提水出入。

第九条　浴所内雇工妇女，应各着小衣，不准袒背露体。

第十条　官盆、客盆，每一客浴毕，即用净水将浴盆内外洗刷洁净。

第十一条　浴室内所有应用物件，须时常整理洁净，手巾、擦布应用胰碱煮洗，不得稍有秽气。

第十二条　秽水不得存积院内，或任其流溢道路。泄水沟须常掏修，掏修时应报告于所辖巡警区所。

第十三条　浴室之门窗，按天时冷暖，酌定启闭时间，务使空气流通。其临外窗，须用洋式百叶格扇，或用风斗遮蔽，不得使外面窥见。

第十四条　浴室内应多设痰盂，每日倾洗一次。

第十五条　浴室各处，每日应泼洒稀石炭酸水或生石灰水一次。

第十六条　浴所营业时间，以早八钟起，至午后十钟止。

第十七条　浴所营业者遇有左列妇女等，应阻其沐浴：

一　身体有疮疾，易于传染者。

二　身有重病，力难支持者。

三　饮酒过量者。

第十八条　浴所营业者遇有沐浴之妇女有左列之行为，应阻止之：

一　高声歌唱。

二　任意涕唾。

三　沐浴前后不着小衣，露体坐卧。

四　在浴盆内外便溺。

五　擦面之手巾擦抹下体。

六　于法令所定时间外任意留滞。

第十九条　浴所营业者见到所沐浴之妇女身上有殴伤，及有可疑之衣物，应即时告知守望巡警区所，以便派女检察前往察看。

第二十条　浴所内应由本厅随时派女检察前往调查，以杜流弊。

第二十一条　凡违背本规则者，均案违警律分别处罚。[1]

这一《管理女沐浴所营业规则》，显然系根据宣统元年（1909）北京内城巡警总厅制定的《管理浴堂营业规则》[2] 斟酌损益而来，内容除较具女性特色外，对建筑规划之审核，与必须三家铺保，则是前所未有，条件更加严格。另外，规定不得设大池，只能采单间浴室，相对投资较大，而容纳顾客数量反受限制。就此而言，女浴所的经营在起跑线上，已经比男澡堂要吃力，一般人不敢轻易尝试。因此，后来的报纸说："北京女澡堂，前经警察厅规定取缔章程，非厚有巨资者不能设开，以致二年余

1　《管理女浴所营业规则》，《中国日报》1912 年 7 月 2 日，第 6 版。

2　田涛、郭成伟整理《清末北京城市管理法规》，北京燕山出版社，1996，第 189—194 页。

毫无组织之人。"[1]

北京第一家女子澡堂，是金秀卿创办的润身女浴所，也是中国最早的一座独营女性沐浴澡堂。金秀卿（金慧君），为盛京牛庄人，先于天津卖艺，染上鸦片烟瘾，但饶有辩才，曾以在天津女子戒烟会上演说而博得大名。辛亥年（1911）至北京，年已三十岁，好卖弄文字，尤其喜欢说新名词。白天在"润喜"卖艺，夜晚住在小马神庙附近的家。累积不少财富后，舍弃旧业从商，在李铁拐斜街创立润身女浴所。[2] 金秀卿并非独资创办，而是与"某阔老姨奶奶"集资，再向警察厅备案，且申请专利。她所以能取得专利，据说与认识京师警察厅总监吴炳湘（1874—1930）有关。[3] 除此之外，金秀卿也善于迎合时代的"口味"与"口号"——公益与利群。为了拿到营业执照，金秀卿曾言女浴所之创办是为了公益，"于浴室内备有医生所用之道水节及去毒药粉，以备姐妹来浴时需用，自行防毒，以免警厅之传验"。[4] 其后，唯恐警厅仍不同意，她还特意禀称愿意每月捐助济良所经费十五元。[5] 由此观之，金秀卿对社会风潮和政府心理的捕捉极为敏锐，着意将浴所打造成关注娼妓卫生的场所，并向社会传达了平等、文明、公益、卫生的女浴理念。[6]

民国3年夏天，坊间传闻金秀卿将从事女子澡堂业；至10月中旬，《顺天时报》记者经过李铁拐斜街，看见有工匠忙碌于建筑物，走近仔细察看，发现是西式楼房一所，门额曰"润身女

---

1 《女澡堂之组织》，《顺天时报》1914年10月20日，第7版。

2 《陌尘粉印录·金秀卿》，《新华日报》1921年2月1日，第5版。

3 《润身女浴所之黑幕》，《晨报》1922年2月15日，第7版。

4 胡鑫、靳潇飒：《北京第一家女浴所创建始末》，第47页。

5 《女浴所撤捐款》，《顺天时报》1915年8月27日，第7版。

6 胡鑫、靳潇飒：《北京第一家女浴所创建始末》，第47页。

澡堂"。[1]建筑物盖好之后，金秀卿立即在新闻媒体上打广告。10月30日，《时报》刊出《北京润身女浴所新广告》，广告一开头的主文说：

> 本浴所开张京都前门外李铁拐斜街中间，朝南六开间，门面九进深，洋房三层，高大洋楼旁边。另设马号，凡贵女客所有汽车、马车、驴车、人力车均可向马号停住。本浴所雇用苏州阿姐、荡口娘姨、本京大了跟妈为侍者，招待全国二十一行省，各地家眷们等，凡有太太、姨太太、奶奶、少奶奶、大小姐、小小姐，以及苏扬名妓、津沪艳姬、本京清吟小班、二三四等茶室下处光顾本所，无不格外欢迎，招呼周到。本浴所特设头等房三十六间，二等房七十二间，三等房一百四十四间。头等房至多容女客三人，二等房至多容女客五人，三等房至多容女客十人。房中备有参须汤、莲子汤、雨前、乌龙香茗，各种水果、点心，以及满汉全席、中西大菜、零拆碗菜，无不俱备。宰庖烹饪，聘请中外上等厨娘充选。其最为本浴所特色者，夏则电汽、风扇，习习生凉。冬则无烟火炉，融融向暖。春秋佳日，四季名花盆景陈设，位置幽雅。本浴所为招徕生意起见，又于所中特设弹子房、阅报社、踢球场、千秋架，种种游戏，以资消遣，如有喜奏风琴，好弄丝竹，围棋一局、麻雀四圈，均有接待之室，安乐之窝，聊佐清兴，以答雅意。又恐远省各女客降临不便，特请欧美著名技师，制就飞行艇数十具，分布各省，专为招待女宾，以资便利。如有大家闺秀，金屋娇娃，或预定头号房间，可先电话传达通知本所。本所电话线四通八达，凡全国

---

1 《女澡堂之组织》，《顺天时报》1914 年 10 月 24 日，第 7 版。

二十一行省，无论何地均有本所电话箱安设，一经通电，即有本所飞行艇放至该地来接，无不如约，从未失信。本浴所开张伊始，各地尚无支店，如蒙光顾，须认明北京前门外李铁拐斜街中间"润身女浴所"五字商标，庶不致误，特此广告。

接下来开列《润身女浴所所规》：

　　一　本浴所开办时，当经具呈警厅，并蒙警察长许可，准其专利百年，他人不得仿样开设此项浴所于未满年限以内。

　　一　本浴所开设地点，适当八大胡同毗连之处，凡贵客如欲侑酒征歌，一呼即来，极为便利。

　　一　本浴所一律雇用女仆招待贵客，并无半个男仆，以肃风化。

　　一　本浴所除女仆外，凡有提水洗盆、起火烧炉，非女子所能胜任，雇用老公二十人，以资差遣。（此项老公，前清皇室已经遣发者，由本所重资雇用）

　　一　本浴所每日下午一句钟开市，晚上一句钟散市，过期不候。

其下，述明女浴所各级房间之设备：

　　一　头等房，另设浴室一间，洋磁大浴盆一具，洋磁面盆、面架、毛巾、丝巾、冷热水管龙头俱全。

　　一　头等房，有炕榻一具，沙发一具，大着衣镜一面，梳妆台一具，一切梳沐用品，以及花露水、香肥皂，各色俱全。

　　一　二等房，另设浴室一间，洋磁中浴盆两具，洋磁面盆、面架、毛巾、手巾、冷热水管龙头俱全。

　　一　二等房，有炕榻一具，中着衣镜一面，梳妆台一具，一切梳沐用品，以及花露水、香肥皂，各色俱全。

　　一　三等房，房外设有白石浴池一所，池边四周俱装冷热水管、毛巾、擦布各色俱全。

　　一　三等房，有炕榻五具，梳妆台五具，一切梳沐用品以及花露水、香肥皂各色俱全。

　　最后，刊登润身女浴所各级房间的价目如下：

　　一　头等房，每位价洋两元。有客两位，加一元五角，合三元五角。有客三位，各加一元，合四元。

　　一　二等房，每位价洋一元。有客两位，加洋八角，合一元八角。有客三位，加洋六角，合两元四角。有客四位，加洋四角，合两元八角。有客五位，加洋三角，合三元一角。

　　一　三等房，每位一律洋两角，每房以住十人为足额。

　　一　本所旁边之马号，凡有各种车辆向马号停留者，概不取费。

　　一　凡用本所飞行艇迎送者，黄河流域各省每次每人来回洋十元，长江流域各省每次每人来回洋十二元，西江流域各省每次每人来回洋十四元。东三省、蒙古、新疆各省，照黄河流域各省一样价目，概不加价。

　　一　本浴所出进账目，俱用北洋银元，他省概须贴水，惟鹰洋却颇欢迎。[1]

　　由以上广告内容可知，润身女浴所的设备先进而齐全，但价位相对高昂，其设定的顾客群主要为上阶层的贵妇与中高级的妓女，甚至有飞艇跨地域接送服务之噱头，这在当时的男子浴堂也

1　章鉴：《北京润身女浴所新广告》，《时报》1914年10月30日，第7—8版。并参考章鉴
　《北京润身女浴所新广告》，《余兴》第7期，1915年，第76—78页。

极为少见。这一广告自是商业手法，存在浮夸吹牛之嫌，却显示出一位名妓的勇气，而这种勇气呈现在其营业目标高尚而时髦，与试图将服务范围遍及全国。最值得注意的是，北京警察厅准许润身女浴所专利百年，这也就是非附设、专营女性的浴室仅只润身女浴所一家的原因所在。

11 月间，金秀卿向警察厅呈报建筑工程告竣，经过警察厅派员勘验，发现售票员及洗刷地板等一切粗重工作均用男子操作，且女浴所附近应设的停车厂和跟役休息室并未筹办，均与《管理女沐浴所营业规则》抵触，于是在 12 月 1 日饬令该浴所创办人金惠君改善，以免滋生流弊。[1] 据近人撰文指出：12 月 9 日，北京八大胡同的妓女金秀卿，在前门外李铁拐斜街开设了润身女浴所，成为北京最早的女浴堂。[2] 但 12 月 25 日，《新闻报》刊载京师警察厅的批文如下：

> 据金惠君禀称："遵批明白陈述办理润身女沐浴所情形"，当经本厅派员查勘，与原禀所称各节大致相符，惟票房仍用男工售票，殊于《规则》不合。兹由本厅察核情形，量予变通，饬将票房分为两间，里间司帐者用男工，将门改通西夹道，与锅房、厨房男工等，均由夹道临街之门出入，不与女沐浴所相通。其夹道内通女沐浴所，一作为非常门，平时由该管区署封锁，饭食由厨役送至大门，再由女仆传入，以免流弊。售票仍须遵照规则，改用妇女专用售票，不与西夹道相通。另由票房所隔之墙开一小窗，以便与司帐者接洽。售货房西窗封闭，统由临街之门出入。如

1 《饬改女浴所章》，《顺天时报》1914 年 12 月 2 日，第 7 版。
2 严凝：《旧京浴堂业的起源》，《北京工人》1994 年第 5 期，第 48 页；史志：《历史上的北京商业服务业职工》，《工会博览》2004 年第 14 期，第 63 页。

此变通，于该商尚无难办，于管理规则不致违背。旋据该商禀称："遵照改正，并添聘女卖票一人"等情，复经本部派员查勘，尚属相符，应予照准，仰即来厅领取执照，遵照规则，开市营业。此批。[1]

则润身女浴所领到营业执照，正式开张，应该在此之后。12月28日，有读者独鹤认为，登徒子、小白脸机诈百出，可能乔装混进女浴所，故基于男女之防，建议润身女浴所应在门口设检查员，针对光顾者逐一严密检查。[2] 民国4年1月8日，则有人撰《京师女浴所赋》，鼓励妇女前往润身女浴所沐浴。[3]

润身女浴所开幕后，生意不甚理想，直至旧历除夕当天，女客入浴者才多起来。不料除夕当日有三名印度兵经过门口，见浴堂有妇女出入，也贸然跟着闯入，以致女仆、女客哗然。还好巡警闻讯赶到，硬是将印度兵逐出。虽然未闹出事情，但女客受此惊吓，已各怀戒慎恐惧之心，对女浴所营业可谓雪上加霜。[4]

究其实，男性对女性在外沐浴总有些不放心，加上开办者是妓女，更让"正经"的家庭有所疑虑，因此其哗众取宠的广告，与实际回响相差悬殊。据李景武（1897—1987）所撰《北平风土志》记载，润身女浴所创立时，前往沐浴者甚少，"其后两年养成妇女外浴习惯，生意始佳"；初时，入浴者多为花界中人，"良家妇女每多裹足不前，皆由于惧怕传染之故。"[5]

前面提到，金秀卿应允每月捐助济良所十五元，及至开幕之

1 《京师女沐浴所出现》，《新闻报》1914年12月25日，第2张第1版。

2 独鹤：《女浴所应设检查员之提议》，《新闻报》1914年12月28日，第4张第1版。

3 镜帆：《京师女浴所赋》，《新闻报》1915年1月8日，第4张第4版。

4 《女浴所之影响》，《顺天时报》1915年2月20日，第7版。

5 李景武：《北平风土志》第4节"北平澡堂"，台北：中国文化学院风俗研究所，1967，第25页。

后，营业并无起色，迄至民国 4 年 8 月止，积欠月捐甚多，不得不向警厅禀请暂时豁免，以便维持营运。[1]

据说在朱启钤（1872—1964）内务总长任内（民国 3 年至 5 年），有人拟在虎坊桥东边路南地址竦刀铺之处另盖洋楼，开办女浴所，经内务部咨会警察厅稽查，以润身女浴所专利年限未满，不准开设。[2] 至民国 9 年初，《民意日报》报道："有刘女志士，因润身女浴所，所去妓女居多，而正经妇女洗澡者甚少，拟在东单牌楼建筑一处女浴所，一俟筹有的款，即行开办。"[3] 不过，后来未见下文。

虽然没有竞争对手，但因民智与风气未开，加上开业者是妓女，润身女浴所生意未能顺利展开。民国 8 年，金秀卿为促进生意，重新整顿服务内容，兼售女性各式洋、广化妆品，并举办开幕五周年纪念赠奖活动，自阴历八月二十五日起，至九月初五日止，凡购买浴票至一元以上者，即送赠品券一张，总计发送赠品券三千张。广告上并将前五奖的奖品内容公布：（1）头等券一张，得金镶翡翠镯一只，价值一百元；（2）二等券二张，各得金坤镯表一只，价值二十元；（3）三等券三张，各得金镶宝石耳坠一对，价值十四元；（4）四等券四张，各得金镶宝石戒指一只，价值八元；（5）五等券六张，各得电镀银首饰盒一只，价值三元。[4] 金秀卿布置这一活动，估计花费数百元，目的自非慷慨大方，而是要刺激浴票的买气，招徕妇女扩大消费，借由浴客预购的收入，回填既有的财政破洞。而这个赠奖活动的效果如何？恐怕不是真的有用。

---

1 《女浴所撤捐款》，《顺天时报》1915 年 8 月 27 日，第 7 版。

2 《润身女浴所之黑幕》，《晨报》1922 年 2 月 15 日，第 7 版。

3 《拟设女沐浴所》，《民意日报》1920 年 2 月 17 日，第 3 版。

4 《润身女浴所五周纪念大赠品广告》，《晨报》1919 年 10 月 16 日，第 4 版。

　　除此之外，润身女浴所还必须面对仇人暗算。民国9年5月初，《小公报》报道因润身女浴所近来生意不佳，店主想了一个招揽生意的妙法，即在后楼开设吸烟膏的场所，一般妓女无处过瘾的，皆以沐浴为名前往吸食，买卖大有起色。5月3日，北京市警察总监密令该管区警察查访回报。5月4日，外二区警察署巡官奉命，将金慧君与其丈夫张泽新（经理）一起带回讯问，讯问内容指出：金慧君开设吸烟场所，查无实据，但其烟瘾尚未戒除，于去年11月起，自制六味地黄丸，掺上剩余烟灰服用，但并未吸食烟土，更无售卖烟膏情事。又据金慧君之母向京师警察厅呈状称："女实无烟瘾，且浴所生意，全仗氏女一人料理。窃氏身多病，又赖小女服侍。实为仇家诬陷，为此具呈，恩请宪厅大人饬特别养病室诊验，便知氏女实无烟瘾，恩施格外，将小女释放，俾营业不受损失，则感德无涯矣。"京师警察厅承办者建议，将两人送往特别病室检验，若五日内并未犯瘾，即予免议。[1]然而，这一风波并未就此停息。民国10年2月，《晨报》报道润身女浴所因生意不佳，有意开烟灯揽客。[2]民国11年2月15日，《晨报》披露金秀卿曾被缉捕，送往梁家园特别病院戒烟瘾，及润身女浴所提供顾客抽大烟等事。[3]同年4月，《京报》指摘润身女浴所买卖烟土，凡是到润身女浴所的，多半是姨字号及八埠妓女；姨太太至该浴所，名为沐浴，实则因他们老爷有烟瘾，来买烟土，故报道内容上有"女浴一变而为烟馆，再变而为女拆白研究所"之说。[4]

1 《京师警察厅外右二区分区表送交查润身女浴所金慧君尚有烟瘾一案卷》，北京市档案馆藏，档号：J181-019-56978。

2 《女浴所开灯供客》，《晨报》1921年2月5日，第6版。

3 《润身女浴所之黑幕》，《晨报》1922年2月15日，第7版。

4 《秽声四溢之女浴所》，《京报》1922年4月5日，第5版。

　　即使如此，许多消费者依然光顾润身女浴所，如民国 12 年 3 月 16 日，住在西四牌楼石老娘胡同吉林新馆的吉林财政厅科长刘某夫人谷氏（二十余岁），就乘坐自家的人力车，前往润身女浴所洗澡。[1] 有趣的是，张恨水（1895—1967）在小说《春明外史》中，也曾描述余三姨太坐马车到润身女浴所梳头兼洗澡。[2]

　　由于润身女浴所设施新颖，因此许多北京指南均加以推荐，如民国 5 年，中华图书馆出版的《北京指南》，列举的浴堂与女浴堂有八家：东升平园（洋式楼房）、西升平园（洋式楼房）、澄华园、东兴园、文雅园、乐春芳、涌泉堂、润身女澡堂（洋式楼房）。[3] 民国 9 年出版，徐珂（1869—1928）编辑的《实用北京指南》，列载浴堂一百五十六家，其中亦包括润身女浴所。[4] 民国 12 年，徐珂编的《增订实用北京指南》有文字介绍润身女浴所：

　　　　润身女浴所，内皆官堂，无盆堂、池堂之分。每间加以隔断，一面设盆，一面设座休息，为解衣、梳洗之用。计分三等，最优等为西式大磁盆，价六角；优等为洋灰盆，价四角，皆在楼上。头等在楼下，亦洋灰盆，价三角。梳头、篦面，随意付资，约一角、二角不等。[5]

1　《臧家桥之抢案》，《益世报》1923 年 3 月 18 日，第 7 版；《髻上失盗》，《社会日报》1923 年 3 月 18 日，第 4 版；《臧家桥抢案之真情》，《益世报》1923 年 3 月 22 日，第 7 版。

2　张恨水：《春明外史》第 30 回"不辨雌雄混战娘子队，都无伦次同结女儿盟"，世界书局，1935，第 328—329 页。《春明外史》于 1924 年 4 月 12 日起在北京《世界晚报》副刊上连载，全书 86 回，完结于 1929 年 1 月 24 日。

3　中华图书馆编辑部编《北京指南》卷 5"食宿游览·浴堂与女浴堂"，中华图书馆，1916，第 18 页 b。

4　徐珂编《实用北京指南》第 7 编"食宿游览·澡堂"，商务印书馆，1920，第 30—32 页。

5　徐珂编《增订实用北京指南》第 8 编"食宿游览·澡堂"，商务印书馆，1923，第 18 页。

　　姚祝萱编辑的《北京便览》，出版于民国12年，列举浴堂一百二十一家，亦有润身女浴所。[1]民国13年，姚祝萱出版《袖珍北京便览》，列举的澡堂虽减至二十二家，其中仍有润身女浴所。[2]民国15年，金啸梅编的《北京游览指南》特别以文字介绍润身女浴所：

　　　　妇女浴室，名曰"润身"，在李铁拐斜街，电话为南九三四号。室中设置，较男浴室尤为精致。每室列一洋盆，其旁有座，可以休憩，并有梳妆台一，备浴后盥漱、梳洗之用。且人各一室，等相隔绝，不若男浴室之可以通行。亦备有女子侍役，专任梳头、修脚及擦背之事。浴室分作三等，头等洋磁盆，大洋八角；二等，半圆；三等，两角。梳头之类，头、二等概须小洋两角。（擦背皆同）如梳髻、修面、扦脚，三者并用，共需六角。头、二等浴室之问津者，多姨太太与名妓，故生涯尚觉不恶。至于三等，则为土妓等驾临之地。若正式之大家闺秀，鲜有尝试者。以海上之繁华，女浴堂尚付阙如，他处自无论矣。[3]

　　《北京游览指南》所述内容，比《增订实用北京指南》更为详细，且分析各级浴室的消费群体，殊为可贵。最后一句话，更凸显女性沐浴行业推展之不易。此外，铁路旅行指南对润身女浴所亦多有推荐，如民国12年出版的《京汉铁路旅行指南》第八期，[4]

1　姚祝萱编辑《北京便览》中编卷1"商业·栉沐类"，文明书局，1923，第180—183页。
2　姚祝萱编辑《袖珍北京便览》乙编"商业·栉沐类"，文明书局，1924，第60—61页。
3　金啸梅编《北京游览指南》第3编"游览·浴堂"，（上海）新华书局，1926，第58—59页。
4　京汉铁路管理局总务处编查课编辑《京汉铁路旅行指南》第8期，正编卷下"京师·浴堂"，（北京）京汉铁路管理局总务处编查课，1923，第70—72页。

与民国 13 年出版的《京奉铁路旅行指南》第四期，[1] 均提到润身女浴所。

比较《增订实用北京指南》《北京游览指南》所载洗浴价目，可以发现与开幕广告所述，明显降低不少，为的应是要吸引更多客源。而为了减少支出，润身女浴所还曾私下窃电，民国 19 年二月被北平市公用处电灯稽查员查获。[2]

民国 21 年 10 月，润身女浴所重新整修开张，广告上说道："本所开幕有年，今将楼房内外装饰一新，并希闺媛惠临，招待周到。"[3] 据说金秀卿为了这次的整修，除在北京的洋货店考察外，还到苏杭考察，从这些城市带回许多新奇的洋货。考察回来后，找人改造澡堂，关闭一个多月，重新开张时，已经焕然一新，推出土耳其蒸汽浴，还在门口设了一个精致的货架，卖的全是新奇的洋货，比如巴黎进口的化妆品等等。改造之后，生意更加兴隆。[4] 笔者比对相关数据，认为这可能是片面的记述。实际上这次整修，应该与产权转让有关。后来，润身女浴所登记的铺东是张维度，而不是当初请领执照的金慧君或金秀卿，负责管事的铺长则仍是金秀卿的丈夫张泽新；且经营规模大非昔比，房间数下降至二十间，盆汤二十盆，容客总数十九人[5]（参见表二及附表一）。

1　京奉铁路管理局总务处调查课编辑《京奉铁路旅行指南》第 4 期，"北京纪略·浴堂"，（北京）京奉铁路管理局总务处调查课，1924，第 130—132 页。

2　《润身女澡堂窃电被获》，《华北日报》1920 年 2 月 14 日，第 6 版。

3　《润身女浴所广告》，《益世报》1932 年 10 月 28 日，第 1 版。

4　《京城第一家女澡堂的老板娘——金秀卿》，肖素均：《八大胡同里的金枝欲孽》，文汇出版社，2011，第 132—133 页。

5　《北京市浴堂业同业公会会员各号设备状况调查表》（1943 年 1 月 1 日），北京市档案馆藏，档号：J002-007-00362。

二　破除垄断与向前发展

多年来，北京女子澡堂仅润身女浴所一家，有识之士颇感不满。民国 10 年 10 月，《益世报》刊出《代女界鸣不平》一文，其中第四点谈到："女人之身体，尤宜清洁，乃市面上澡堂之开设，备男子沐浴者多，备女子沐浴者甚少，揆之卫生之道，未免轻重悬殊。"[1] 民国 11 年 2 月，《晨报》报道润身女浴所的负面作为，卫道者以为《晨报》也在维持社会风化。2 月 19 日，《晨报副镌》刊出止水（蒲伯英）撰《女浴所底问题》一文，对《晨报》的立场有所说明，并借此希望女澡堂业能打破局面：

> 北京城里公然有一个营业的女浴所，本是讲究风化的人心中极不作兴的；但因为他有警察厅批准底案，"鼻子大了压住嘴"。前天本报登了一段润身女浴所底新闻，我想他们看见一定要乱高一回兴，以为《晨报》也在□着维持风化攻击起女浴所起来了；殊不知他们这一卦完全没算对。……大人老爷老先生们不要误会了，认我们是你们所谓"维持风化"底同志；老实告诉你，我们是主张女浴所该开，并且该开而普及于一般妇女的。我们指摘润身女浴所，就是恨他那不良的影响有些妨害女浴所底发展。
>
> 沐浴是日常卫生必要的事；妇女也和男人一样该卫生；这都是不用说的。妇女底生理上，比较男人发生污垢底机会多；并加上有保育幼儿底责任，身体底清洁，更不止关系本身底健康；从这两层讲，妇女对于沐浴底需要，简直比男子

1　谐叟：《代女界鸣不平》，北京《益世报》1921 年 10 月 18 日，第 8 版。

大过几倍。北京人口底男女，无论如何总不至于成一与十之比例；而女浴所只一个，并且限于有奢侈能力的人才能进去，这成个什么道理？

对于大人老爷老先生们，自然不能拿这些"妇女和男人一样都是人"底话去和他们商量；但是我们却不好意思说"妇女就在家里洗洗澡得了——不必要进澡堂去"。妇女有专门的女浴所，我觉得是再规矩没有的了；专门的女浴所还要受限制，充类至尽，专门的学校岂不也要怕危险吗？……取缔淫风，自然也是维持社会的一种手段；但不能误认为一种目的而闹到"因噎废食"。北京市内应该提倡而无人提倡的事非常之多，这女浴所也是内中底一件事，我希望有知识的市民团体，把他列入市政运动底计划，打破润身女浴所底专利，多提倡些清洁、严肃、实际有益的女浴所出来；且不管什么有名无实的风化。警厅为什么限制别人，只许金秀卿开女浴所？我没工夫去查案，不明白他底理由；但我敢愚断一句"无论如何都讲不通"。女浴所是什么新发明底学问事业，让一家专利岂不是笑话？如果怕家教多了有伤风化，何以见得只开一家就不伤？[1]

蒲伯英的呼吁似乎产生了作用，润身女浴所独家垄断的情况逐渐被打破。开第一枪的，是头品香澡堂改为头品香女浴所。民国 12 年阴历九月十二日，头品香女浴所开幕，广告上说："京师为首善之区，女浴室尚鲜不多，诚为缺点。本主人为注重卫生起见，爱将前门外掌扇胡同头品香改为女浴所。"洗浴等级，按楼房分为三层，四面严密，一人一室；并聘请南方省份的女工，为

---

1 止水：《女浴所底问题》，《晨报副镌》1922 年 2 月 19 日，第 1 版。

女宾客提供梳头、理妆的服务。[1]

　　然而，头品香女浴所开张三年之后，因经营效益不如预期，决定重新改装，重新附设男浴室。民国16年3月，《晨报》报道：头品香女浴堂近因空余房间甚多，于二层添设男座一所，并在男女座相接之处，修筑土墙一道，将两方隔绝，故虽为男女浴堂，而内部却各分门户，业经警察厅及市政公所批准改建。[2]四月上旬，《北京画报》有文章提及此事，但本末倒置：

　　　　前些日子，北京前门外掌扇胡同，头品香浴室的主人，为开通风气，并重男女卫生起见，仿照日本式样，要将该浴室划作两部，用板壁隔断，以一部分添设女浴室一所。后经警厅批令，改筑土墙。在警厅方面，是为维持风化，恐怕将来或有钻穴隙相窥等事发生，防微杜渐，慎密极矣。[3]

　　五月间，头品香澡所男部开幕，广告说道："本主人为研究卫生起见，不惜巨资，就原有楼房大加改造，分设男女两部，女浴室已照常营业。所有附设男浴室，现已工竣，蒙官厅检验允准，择定阴历三月十七日开幕。内部俱分单间，装潢精雅，从新购置德国瓷盆，布置完备。"[4]

　　润身女浴所、头品香女浴所的营业困境，对后来有意创办女浴所的业者，可能是前车之鉴。民国18年六月间，报纸上报道西长安街的中国理发馆，因内城无女澡堂，女子赴外城沐浴多有不便，拟于该馆添盖楼房，开设女子澡堂，已与李铁拐斜街正兴

---

1 《头品香女浴室广告》，《益世报》1923年10月19日，第1版。

2 《头品香女浴堂添设男座》，《晨报》1927年3月18日，第7版。

3 瘦厂：《男浴室里的模特儿》，《北京画报》第1卷第5期，1927年，第14页。

4 《头品香男女浴室开幕广告》，《益世报》，1927年5月5日，第7版。

木厂、前门外大街华泰五金号两家订立合同，所有楼房建造及浴盆、水管等项都规划齐全，并已看好材料，拟于中秋节后开工建筑。[1] 但后来并未见到开幕的相关报道，应该是无疾而终。

国民政府迁都南京以后，北平各行各业受到冲击，营业情况多半下滑，男子澡堂亦然，而女浴所则影响较小，甚至稍有增长。民国21年，《北平市工商业概况》提到："女浴之习，虽未克骤臻普遍，然近数年来开设女浴所，或以男浴堂而添设女浴部分者，亦日见其多，其招待全用女性，其规画各有区分，市民称便，亦不可谓非浴堂业之进步。"[2] 另外，民国22年《北平晚报》亦有报道云：先前，社会风气仍未大开，女性赴澡堂沐浴者少，原因在于阔绰家庭自设有浴室，中等人家觉得到浴所沐浴不体面，是以润身女浴所和头品香女部的营业不佳。若要比较，则以润身女浴所的生意较好。至民国20年前后，风气有所转变，既有两处女浴所逐渐供不应求。随后，女浴所开设渐多，如西四牌楼之华宾园、护国寺之浴清池、新街口之德丰园、王府井大街之清华园，均为男澡堂而添设女浴部。于是女士素爱清洁者均感到方便，即便在乡村无沐浴习惯、前来北平读书的女学生，也为时势所趋，为卫生起见，都定期到澡堂沐浴，因此女浴所的生意，明显比之前要好。[3] 另有报纸说道："平市自迁都后，任何商业，咸一蹶不振，惟闻一种新兴商业，获利颇丰，则为女子浴室。"[4] 随着风气转变，女浴所之入浴者，太太渐居多数，前门外的妓女

1　《为便利女界·理发沐浴在一处》，《华北日报》1929年6月6日，第6版。

2　池泽汇等编辑《北平市工商业概况》第5编"杂项·浴堂业"，北平市社会局，1932，第617—618页。

3　英玉：《女浴所发达》，《北平晚报》1933年6月8日，第3版。文中将"头品香"误为"一品香"。

4　《北平女浴室一瞥》，《南宁民国日报》1934年4月5日，第5版。《故都风光·女浴室一瞥》，《四川晨报》1934年4月30日，第3版。

次之；营业冬日较佳，夏日常入不敷出，原因是夏日天热，在家中也能洗浴，所以不到澡堂。[1]

女浴所的服务员，多半来自穷苦阶层。据民国22年社会调查指出：各处女浴所的员工，除写账的先生外，其余的女伙计大多无知识，几乎都是结过婚而生育子女的，或家贫无人赡养的孀妇。相对于饭馆、咖啡店、球社、理发店的女招待，女浴所伙计收入最少，每月工资约零至二元，小费约四至十元，而其生活开支约五元。[2]同一年，《北平晚报》的报道提到：女浴所中"司听差、供趋使者，率皆为穷苦女子，且多老妇，中年妇及少女乃属仅有，斯种女子多来自田间乡野，非若女店员、女招待之须要精明干练也。"[3]

然而，何其英却说：女浴所女役，大半均系娼妓及饭馆女招待充任，"故招待方法多以麻醉顾客为手段"，小费较男浴堂茶房收入为多。由于北平女浴堂所顾客以娼妓为多，"一般太太、小姐则大都不愿他人饱观曲线"，故北平女浴堂大多门可罗雀，男浴堂则多门庭若市。[4]何其英显然带有强烈偏见，除强调消费主体是妓女外，也认为伙计大半系"非正常"妇女充任，因此服务手段极为低劣。但对比《北平晚报》的报道，这些女服务员并不精明。

绯闻也可能影响社会观感。民国23年3月7日，《北平晚报》附设之无线电台，播报华宾园女浴室雇用男技师为女浴客刮脚一事。次日，华宾园主人投书报纸要求更正，声明刮脚时规规矩

1　晋康：《北平的澡堂》，《大公报》1933年10月23日，第13版。

2　菁如：《北平妇女职业的又一调查·平市的女店员（续）》，《大公报》1933年3月10日，第13版；《北平市上女店员调查》，《大公报》1933年3月11日，第13版。

3　英玉：《女浴所发达》，《北平晚报》1933年6月8日，第3版。

4　《浴堂调查记》，《益世报》1933年11月25日，第6版。何其英：《北平的浴堂》，《上海周刊》第3卷第11期，1934年，第217页。

矩，并无有伤风化情事。市政府原拟马上派员调查，予以取缔，因据业者更正函证明该园雇用男役刮脚确系事实，以"在北平风气未完全开化之期，难免有不规则举动发生"，通令公安局、社会局、卫生处对于此事严格取缔，如查出有其他事件者，即行停止女部营业，以维持社会风化。据其他报纸捕风捉影称：西四牌楼的华宾园男女澡堂，因为市面萧条，为吸引顾客，近两年来，于女浴室提供刮脚服务，生意随之有起色。刮脚另辟一室，内置躺椅，女宾客躺在椅上，"由男役为之刮揉，惟恐男役有不端行为，故另饬人在旁监视"。北平道学人士引以为怪，认为有碍风化，撰文向报纸举发，报纸披露之后，北平市长袁良（1882—1952）大怒，下令彻查取缔。社会局饬令妇女救济院派员调查，调查结果，该堂确有此种举动，"殊属有伤风化"。但据华宾园主人说，女浴室原未提供刮脚服务，因女浴客要求，澡堂只能配合，并郑重其事地说：一时找不到女人有这本事，只能权且找男师傅替代一下，同时忙着物色女修脚师；且已令所有男师傅停止工作，现正训练女侍者，不久后即可替代。[1] 同年4月，有女记者亲自到华宾园洗浴兼做调查，记者洗毕之后，女役问是否括脚？记者不解所谓，询问之后，才知浴客如需要括脚，"即自男浴部唤一括脚者来"，以小锉摩擦趾缝。洗浴房间对面室中，就有女子穿着浴衣，"偃卧榻上，伸其一足，一男子坐矮凳上，纳其六寸圆肤

1　《女浴室刮脚规规矩矩》，《北平晚报》1934年3月8日，第3版；《女浴室雇用男人刮脚当局决严加取缔》，《京报》1934年3月10日，第6版；《关于"刮脚"真像》，《新天津》1934年3月15日，第13版；《男子在女澡堂为女客刮脚》，《京报》1934年3月16日，第6版；《华宾园女澡堂男役为女客刮脚》，《华北日报》1934年3月16日，第6版；《华宾园女浴室刮脚问题》，《北平晚报》1934年3月16日，第3版；《女浴室中之男刮脚》，《福尔摩斯》1934年3月25日，第2版；《北平女浴室雇男刮胸（脚）》，《摄影画报》第10卷第9期，1934年，第4—5页；《美的商业新闻·女浴堂用男子修脚》，《工商新闻》1934年4月23日，第14页。

于膝而括，女子则仰卧吸烟，状颇悠然。"[1] 由此看来，华宾园女
浴部仍私下提供刮脚服务。

　　华宾园女浴室提供刮脚，不论是主动或被动设置，社会舆论
和当局均以为不妥。民国 23 年年底，北平市社会局颁布《整顿
北平市风化暂行办法》，第九条规定："女浴堂之风化，由公安
局专派女警察前往监察。"[2]《新闻报》对此曾有报道，提到社会局
与公安局"为整顿女浴堂风纪，以后一律派女警察常驻在里面监
视，至于担任监视些什么事，并没有明文规定。"[3] 民国 24 年正
月，公安局拟定女警稽查临时办法五条，其中第二条"监察各女
澡堂"的内容如下：

　　　　（地点）润身女浴所，前外李铁拐斜街；清华园女浴所，
　　锡拉胡同；华宾园女浴所，西四牌楼；浴清池女澡堂，东四
　　北大街。
　　　　（注意事项）对于女浴堂应明密两查，有无男役滥入工作；
　　前西四牌楼华宾园女浴所，曾发生顾客叫男修脚者，尤应严
　　禁。男女浴所须隔绝，不准通行；有无男扮女装，混入浴堂，
　　及有伤风化之陈列品，暨裸体画片。[4]

　　令人奇怪的是，民国 22 年《北平晚报》提到女浴所已近十

1　《北平女浴室一瞥》，《南宁民国日报》1934 年 4 月 5 日，第 5 版；《故都风光·女浴室
　　一瞥》，《四川晨报》1934 年 4 月 30 日，第 3 版。
2　《社会局关于抄发"整顿北平市风化暂行办法"和高级商科职业学校毕业学生学历表的训
　　令等》（1934 年 12 月 1 日），北京市档案馆藏，档号：J002-003-00300。并见吴廷燮等编，
　　孔祥利等点校《北京市志稿·民政志》卷 13《警察五·民国大事记》，北京燕山出版社，
　　1989，第 526 页。
3　花冠：《北平整顿风化趣谈》，《新闻报》1934 年 12 月 18 日，第 13 版。
4　《维持平市风化将由女警察出动》，《华北日报》1935 年 1 月 7 日，第 6 版。

家，举其名者有润身、头品香、华宾园、浴清池、德丰园、清华园六家，[1] 而公安局拟定女警稽查临时办法所要求监视的女澡堂，仅列出润身女浴所、清华园、华宾园、浴清池四家。是否当时其他几家短暂停业？而据民国 24 年出版的《北平旅行指南》记载：现有女浴所八家，并表列出润身、清华园、华宾园、卫生池、德义声五家。[2]（参见表 1）但《北平旅行指南》提到德义声有女部，显然是将德丰园澡堂与德义声澡堂相互混淆。

表 1　《北平旅行指南》所载著名女浴堂

店名	类别	经理	价目	地址
润身女浴所			二角、三角、四角	李铁拐斜街
清华园	盆堂	王璧臣	三角至六角；理发、刮脸均二角	锡拉胡同
华宾园	同上		四角六至六角	西四南
卫生池	同上		二角五	王广福斜街
德义声	同上			护国寺

而前面提到的头品香澡堂，抗战前似已停业。民国 28 年的《北京市工商业指南》，列载澡堂 122 家，未见头品香澡堂之名。[3] 民国 29 年，有人提到北京的女澡堂，不过六七家。[4] 截至民国 31 年，计有润身女浴所、清华园、华宾园、浴清园、卫生池、德丰园、浴德园、儒芳园八家（参见图 1）。

由于女浴所以单间官堂为主，没有普通雅座和共浴的浴池，

1　英玉：《女浴所发达》，《北平晚报》1933 年 6 月 8 日，第 3 版。

2　马芷庠编《北平旅行指南》卷 2 "食住游览之部·著名浴堂"，经济新闻社，1935，第 255—256 页。

3　正风经济社主编《北京市工商业指南》卷 XI "娱乐卫生类"，正风经济社，1939，第 186—188 页。

4　《闲话澡堂——女人进澡堂渐趋普遍》，《晨报》1940 年 8 月 11 日，第 2 版。

故其房间设施、容纳客人数与雇用员工，都与男子澡堂相差甚远。根据民国32年正月的"北京市浴堂业同业公会会员各号设备状况调查表"，其中四家女浴所填报的房数、设施与员工，多在一二十左右。[1]（参见附表5）而这样的数字，正显示其服务规模有限，但若逢市井萧条，也不至于空房过多，可以降低营业损失。

实际上，女浴堂之所以一直是小众市场，可能与价格太贵有关。民国18年，《新晨报》刊出燕伯的《商情调查》，文中提到：北平女浴所仅有二处，"然大宅妇女往浴者少"，而其价格昂贵，"小户妇女，亦无力往浴"。他在文末建议：不妨多设女浴堂，但设备勿过于新颖，不妨区分等级，取价应当适中，勿过于昂贵。[2]民国22年，《北平晚报》报道亦指出：在价目上，女子沐浴较男子昂贵，"此点或为女子沐浴不能普遍之大原因"。以浴价最低之楼下座而言，前门外之女浴室，为二毛四分；其余在城内者，少则三毛，普通多在三四毛之间，如西四牌楼华宾园定价三毛六分，连同小费，每不下五六毛。而男子沐浴，少则二十余枚，多则不及二毛，同样是沐浴，相差如此之大。真希望经营者稍加调降，使女子沐浴能渐次普及。[3]民国23年，北宁铁路管理局出版的《北平旅游便览》提到女浴所：每次浴资，最低者六分、八分，最高者可至一元余。[4]民国24年，田蕴锦所编《最新北平指南》同样说：女澡堂如华宾园、润身女浴所、清华园等，均为妇女洁身之处，但女浴堂较男浴堂的价格昂贵，非普通平民妇女所

1　《北京市浴堂业同业公会会员各号设备状况调查表》（1943年1月1日），北京市档案馆藏，档号：J002-007-00362。

2　燕伯：《商情调查·浴堂续》，《新晨报》1929年12月16日，第6版。

3　英玉：《女浴所发达》，《北平晚报》1933年6月8日，第3版。

4　北宁铁路管理局总务处文书课编《北平旅行便览》"浴堂"，北宁铁路管理局，1934，第41页。

能享受。[1]同一年，马芷庠编《北平旅行指南》亦云：现有女浴堂八家，布置尚洽人意，但以价格太高，一时不能普及。[2]

　　北平沦陷以后，北京的女浴所价目依然偏高。民国 28 年，楚狂在《北京的浴堂》仍然提到：北京的女澡堂不到十家，去洗的小姐、太太也不在少数，但价钱超过男澡堂数倍。[3]然对消费得起的女性顾客而言，在女浴所洗澡确实是一种享受。民国 31 年，练离在《北平女浴室风景线》谈到她的亲身体验如下：因为北平多风尘，而一般住宅又多属旧式房子，很少卫生设备，所以浴室就应时发展起来。最初仅是男浴室，继而风气渐开，女子到社会上活动的渐多，于是又产生了女澡堂。现在北平的女浴室，城内最负盛名者，一家是王府井大街北口八面槽的清华园，一家是西四牌楼的华宾园，它们都各自拥着熟主顾，东城住的太太、小姐们有完全不晓得华宾园的，而西城住的人也很少跑到清华园去。女浴室的建筑，差不多是同一式样，一进大门口，就是男浴室的公用账房，它可以作为两方的传达机关，便利携带家族的客人，一方洗好，可以透过账房传话给另一方，两方面的账也可由此一并结算。走过公用账房，进入二门，便是一个宽阔的厅堂，中间摆设几个玻璃柜，里面陈设着毛巾、牙刷、胭脂、粉、头针、梳子以及蔻丹等等女性用品，客人可以随时购买；同时还备有种种小孩玩具，因为女宾客人常是带着小宝宝同来的。厅堂四周就是一围标着号码、大小不等的房间，便是真正的浴室。介于两个浴室房门中间的，是一座理发台（有的是单辟一部）、长镜子与转椅，设备和理发店一样。有许多太太、小姐们，特别喜欢在澡堂里理发，既方便又

1　田蕴锦编《最新北平指南》第 11 编"商业汇集·澡堂"，自强书局，1935，第 46 页。

2　马芷庠编《北平旅行指南》卷 2 "食住游览之部·著名浴室"，第 254 页。

3　楚狂：《北京的浴堂》，《晨报》1939 年 1 月 17 日，第 6 版。

比外面理发店便宜，并且理发师全是女性，伶俐又和气，会和你东南西北的闲谈，不知不觉间头发就梳理好了。北平的女浴室，从来就没有池子的，大小的房间分为"特""甲""乙"几等。乙种房间，都是单人浴盆，分着内外两间，中间用板壁隔开，一扇双推门作入口，外面一间设有两支舒适的躺椅，椅前各有一只小茶几，上面摆着茶壶、茶杯、烟碟，可以随客人喜好，泡上香片、龙井或白水，靠壁还有装置大镜的梳妆台，上面有雪花膏、胭脂、粉及梳子等。夏天一律备有两件白洋布浴衣，冬天则换成毛巾布浴衣。其所以有两个躺椅、两件浴衣的原因，是每个房间都有加盆之说，两个人同来，仅需付一个半房间的钱。里面一间，除一支洁白的浴盆外，还有一架带镜子的磁洗脸器皿。浴盆对面，悬着一面镜子，客人在洗浴之时，可以欣赏自己。镜子下面有电铃，可以叫人进来擦背（北方叫搓澡）或换水等等。另外，里面这一间也设有小便盆，女客人处在这种环境中，不会感到丝毫不便。甲种房间，陈设和乙种一样，只不过房间宽大一些，多了一个大穿衣镜。特种的房间，则有两个浴盆，中间可以随客人喜好挡上一架屏风，但来洗双盆的，差不多都是最要好的腻友，戏谑之声常达于户外。女招待们一律穿着白短衣、白长裤，她们的年纪都很轻，偶尔有几个年长的，也不过三十上下。或许是因为常年在屋里，且每天便于沐浴的缘故，每个女招待都有一张洁白细润的脸，也从不见一个施朱抹粉，更不卷曲起头发故作媚态，再把两条手臂裸露在袖外，显得异常健美。在乍寒天气，澡堂子里早已烧起水汀了，使女性顾客一走进门，就感觉到温暖如春。专在门口守候的女招待，见到客人来，就向里面高喊"看座"。女宾客一进门，女招待齐声殷勤问候"您来啦"，顺着客人的意思，带她们走进"特""甲""乙"等房间。接下来，是一连串的嘘寒问暖。水放好后，还嫌披在两肩的长发洗澡不方便，用"头绳"把头发给扎起来。服侍客人一切停妥后，她再关照一句：若要叫人，就按铃。再轻轻掩上房门出去。这时，女宾客可以舒适地穿着拖鞋，披着浴衣走进里面洗浴。许多前来洗浴的女性，很喜欢叫人擦背，多花上五毛钱，就可以把全身污垢洗干净。女宾客在浴盆泡到全身都红了的时候，就可以按下电铃，立刻就有人进来询问是否叫人擦背？是否有指定的人？假使女宾客有习惯的熟手，就可以点名叫她进来。如果无所谓，询问的女招待就会说"我给您搓好吗"，随即走进里间来，向你轻轻一笑，先把白上衣脱掉，只着一件绣花的小马甲或抹胸，用她特别准备的浴布，依循既有的方式开始擦背。全身擦好，冲洗干净后，换上一盆清水，女宾客便可舒服地躺在里面泡澡。女宾客较少在澡堂里吃东西，夏天则都喜欢叫点冰激凌等冷饮，天冷了就只喝点好茶，在浴盆里面躺一会儿。若不按铃叫人，是不会有人进来打搅的，这个时候最舒服了，洗澡之乐，端在其中。泡到不耐烦的时候，走出来到外面，躺在椅上，再休息一会儿。这时候，拿去洗的衣服也已烘干，穿起来觉得异常爽利而轻松。要是不理发，就在屋里洗脸、化妆，好了之后，女招待还会帮忙梳齐头发，穿好大衣。这样舒服地过了半天，结账不过一块多，大方地给三毛小费，那么"谢谢"之声会一直送你出门。[1]

甚至有人认为上海的女浴室不如北平。民国32年，秋芳《女浴室》一文提到："北平、天津的女浴室，房屋虽只是个院子，简陋一点，但池子里的浴汤是温暖的，而且浴间也隔开着，每人各占一室，打扫得十分清洁。招待的女跑堂，一律穿上白色制服，人满脸春风，十分和气。价格尤其便宜，花上几毛钱，便够消磨半整天光阴，那里像上海浴室这样的肮脏与浪费呢？"[2]

1　练离：《北平女浴室风景线》，《大众生活》第 1 卷第 2 期，1942 年，第 15—16 页。
2　秋芳：《女浴室》，《万象》第 2 卷第 8 期，1943 年，第 177 页。

三　外力介入与女浴所的增长

　　抗战期间，女子沐浴成为一个社会话题，进而成为社会问题，然而女浴所却在这个旋涡中突然增长。

　　长期以来，北京官方禁止男女混浴，即便是夫妻，也不准在官堂共浴。男女同浴，即所谓"洗对盆"，男子可以携其家眷共浴，浴室中有两套浴缸，故曰"对盆"。抗战前仅哈尔滨、烟台及天津日本租界有之，北平则无此例。[1]

　　民国 13 年 3 月 24 日晚上十点多，西直门内新街口路南之德丰园澡堂，忽有三人，身着大氅，走进官堂。伙计上前招呼，发现是一男二女，随即通知掌柜。掌柜出面阻止，某甲只得带着二女离开。据说某甲是一位王爷，居住在八道湾，两女则为其侧室。[2]民国 16 年 9 月 11 日，发生万聚园澡堂容留女客张贵芳沐浴一案。张贵芳系刘锡文（国立艺术专门学校学生）的妻子，两人都是吉林人，刚结婚不久，当天才到北京。晚饭后逛街，九点多走到万聚园澡堂门前，张贵芳想要洗澡。两人进门后，伙计杨洪业表示不提供妇女洗澡，女子如要洗澡，须到前门外的女子澡堂。刘锡文说："城外女澡堂，尽是妓女们洗澡，不干净。"并说他们是由哈尔滨来的，当地都准男女在一个浴室洗澡，所以一定要在这儿洗。伙计再加阻拦，刘某说他们是夫妻，如果警察干涉，他愿负责。伙计最后只能应允，让他们进入一号官堂。刘某并未洗浴，只在屋内等候，但张氏洗到一半，

1　《北平女浴室一瞥》，《南宁民国日报》1934 年 4 月 5 日，第 5 版。《故都风光・女浴室一瞥》，《四川晨报》1934 年 4 月 30 日，第 3 版。

2　《澡堂之特别新闻》，《益世报》1924 年 3 月 25 日，第 7 版；《德丰澡堂不敢破例》，《晨报》1924 年 3 月 25 日，第 6 版。

两人即被警察带走。[1]

后来，随着北伐后男女平等之说盛行，陆续有女子进入男浴堂沐浴之事。民国17年8月，上海《晶报》有文章提到：旧都浴堂向分男女，不容稍有紊乱，上年某处男浴室出现女客入浴之事，因此被警察厅过问。自政局改变以后，"男女一切平等，打倒男女隔膜"等标语遍处张贴，风气为之一变。王府井清华园，有两人入内洗浴，解衣之后，堂倌方知其中一位是女性，原来此女入门时是全副武装。珠市口清华池，也有二位女客进入特别官座，入内即紧闭室门，不让堂倌出入。[2]民国21年7月16日晚上十二点多，西单牌楼文雅园澡堂上门之际，有二人进来，直接走进雅座，某甲还特别交代"不叫不许来"等等，伙计等顿生疑窦，隔着缝隙偷窥，发现是一男一女，玉体横陈，曲线毕露。当晚，守望的吴姓警察因见二人深夜进入澡堂，且又许久未出来，唯恐另有隐情，欲进入澡堂查看，不料门已上键，敲门不应，于是打电话质问澡堂，为何有客人在内却还上板？店家开门，警员进入澡间，则甲乙二人已经穿好衣服。于是连同掌柜一起带走讯问。[3]事后讯问得知，男子名叫赵恺，冒充某公署职员，带某王姓女生，变装赴文雅园澡堂，以沐浴为名，借机幽会。[4]不过，以上这些个案仅系偶发事件，并非常态。

北平沦陷以后，日本沐浴文化影响日增。民国27年1月16日，《大美晚报》驻北平记者电文引述美联社讯说："据此间浴室方面得来消息，有日本妇女，伴同日本男性，至此间各浴室洗

1 《京师警察厅内右二区分区表送万聚园澡堂容留女客张贵芳沐浴一案卷》，北京市档案馆藏，档号：J181-019-55455。

2 可笑：《南风北渐之男女解放》，《晶报》1928年8月12日，第3版。

3 《文雅园男女同浴》，《北平晚报》1932年7月17日，第3版。

4 《澡堂内幽会被警察查获》，《实权日报》1932年7月18日，第4版。

澡，并需多数男侍者为之擦背，至使此间一般中国居民，惊愕异
常。"[1] 据说日本女子驾临澡堂，导致浴客和堂倌逃得一干二净。[2]
其原因不仅是男女之防，而更在于心理芥蒂。北平沦陷后，日侨
接踵而来，日本人喜爱沐浴，而日本在华机构甚少设置浴场，于
是日侨男女结队强入中国人所办之浴室洗浴。北平市浴室设备最
佳，招待又周到，日侨大乐，来者益众。惟是北方人素来守旧，
"视妇人为不洁，共浴一池，辄引为'晦气'沾身"，加上国人轻
薄者之流，援例挟荡妇入浴，更无法约束。一时之间，浴客裹足
不前，营业渐趋衰落。浴堂业者乃恳请市政府与日军当局洽商，
嗣后日本妇女入浴，仅以"房间洋盆"为限，不得涉足池汤。[3] 另
据日人宇澄朗指出，七七事变后，因北京女浴堂不足，而日本女
性在池堂沐浴有其不便，故多半选择官堂，掌柜面对"大军"奇
袭，不敢得罪，只能仰天长叹、败阵屈服，而市政当局对此也持
默许态度。这是北京澡堂业空前的大变局，市民一片哗然。然而
司空见惯，后来也不以怪。[4] 民国28年4月，《晶报》驻北平记
者也有报道：

> 北地民情淳朴，饶有古风，物货方面虽已日趋近代化，
> 而精神思想颇多注重旧道德，故对男女界限，判别分明，不
> 容稍混。乃自故都沦陷，因受外潮鼓荡，风气为之激变。即
> 以浴室而论，已打破从来未有之厉禁，盖平日男女浴室，分
> 门别户，各不相涉，今则可以飞笺召花，或携带女伴，同池

1　《北平浴室日本男女同浴》，《大美晚报》1938年1月17日，第2版。
2　莫干：《洗澡与女人》，《社会日报》1938年2月24日，第2版。
3　《北平沦陷时的男女共浴》，《精华图画周刊》第2年革新第26期，1946年，第2页。
4　宇澄朗：《北京の支那风吕》，〔日〕安藤更生编《北京案内记》附录，新民印书局，
　　1941，第260—261页。

对浴，效鸳鸯之戏水。而异国女性，且公然混杂于普通客座间，曲线毕呈，态度大方，盖东瀛习俗，两性无遮，久已司空见惯，无足怪异。而同座我国男客，初则反多局促忸怩，每遭彼姝讪笑。一般思想顽固者，因心怀忌讳，恐"触霉头"，均不禁望而却步，摇头浩叹。此种趣剧，以前外之沂园、东升平园，西四牌楼之华宾园，西单之万聚园，东城之清华园等处为多。[1]

民国 28 年 10 月 21 日，辅仁大学中文系学生董毅于第一堂下课后，顺路去西单沐浴，不料跟进来三个日本妇人。他在日记上记道：

> 在日本，男女同浴是司空见惯的事，毫不足奇，但是在中国礼教之邦，男女嫌疑分明极重的社会中，是引为奇怪之极的事。可是日本人以其本国的习惯，毫不惭愧，毫不觉羞耻或不好意思，大大方方的，见了浴堂就进去。起初报上登着这种新闻，我还不信，不料这次却被我遇到，一时却真令我惊讶呢！可是还好，日本三妇人，被引到雅座单间去，否则我只好让位，到别的澡堂去洗了。[2]

民国 29 年，《大公报》驻北平记者亦有题为《不堪入目浴室曲线》的报道："最使自视为礼教之邦的'老北京'受不了的，那就是日本女人毫无顾忌的跑到男人的澡堂子（浴室）去洗澡，往往就在一个池子里共浴。虽然后来许多澡堂门口写着'禁止男女同浴'，但是终无效果，只要你走到澡堂子里，随时可以看见许

1　冷眼:《故都浴室作鸳池》,《晶报》1939 年 4 月 29 日, 第 6 版。
2　董毅著, 王金昌编《北平日记》, 人民出版社, 2009, 第 210—211 页。

多赤条条的日本女人，毫无羞耻的走来走去。"[1]

北平市当局不便得罪日本人，如何要求业者管束中国人？故一开始，北京市政府允许业者经营男女共浴。据说润身女浴所的老板娘金秀卿，就与一位有日本关系的澡堂老板合作，开设了一家男女合浴的澡堂——永顺澡堂，赚了一笔横财。[2]民国28年1月，有报道提到："近来的澡塘，无形中添上了最新式的男女同浴，这种洋式的洗法，时兴了还不到一年，去洗的也大有人在。"[3]同年3月发生一宗奇案。据3月7日《晨报》报道：北京市各大浴堂，自实行男女同浴以来，社会人士因事属创举，不少人抱着惊奇观望态度。前夜九时许，王广福斜街卫生池浴堂，有一二十余岁男子，偕同一十八九岁女子，进入澡堂同浴。十时余，男子先走。十一时许，浴客散去，大门即将上板，伙计见女客久无声息，颇以为怪，因敲门不应，于是推门而入，只见女客赤身露体，躺卧榻上，昏迷不醒，不觉大惊。铺长张守谦马上报告派出所，巡官和警察赶来后，急忙用车将女子送往协和医院，经过抢救，女子悠悠醒来，但言语模糊，说当夜与其姊出门观赏元宵花灯，不知为何到此？询问姓名和居处，说叫王秀芬，住魏染胡同，又说住兴隆街，又说住草厂八条，神志始终不清。正由医生及警方研究是否系男子以药物拍花拐奸，或另有隐情。[4]就因为这一案件，社会局呈请市长批准严禁男女同浴。24日，报纸刊出新闻如下：

1　隽曾：《魔窟野史·不堪入目浴室曲线》，《大公报·香港版》1940年4月21日，第5版。

2　肖素均：《八大胡同里的金枝欲孽》第8章"京城第一家女澡堂的老板娘——金秀卿"，第134—135页。

3　楚狂：《北京的浴堂》，《晨报》1939年1月17日，第6版。

4　《男女同浴演出一奇案》，《晨报》1939年3月7日，第6版。

京市澡堂向无男女同浴之习惯，惟迩来澡堂尝有男女同浴之情事，斯者在外国人，乃司空见惯之事，第因知识关系，难免发生卑鄙行为。社会局风化宗教股，因鉴前门外卫生池浴堂男女客同浴，结果女客因故昏迷堂中，男客则畏罪逃遁，殊可惊疑；今为维系社会风化，纠正不良积习起见，特呈准京市公署，明令禁止各澡堂，取缔男女同浴，并晓谕各澡堂主人，嗣后若有男女客入堂同浴者，即须力予规劝，否则报告区署罚办云。[1]

4月3日，《北华捷报》也有报道。[2]对于此举，栖谷在《北京澡堂今昔观》曾讽刺道："先前（清代）设备卑劣，臭不可闻，如今华丽清洁，大若桃源"——神经过敏的大掌柜，曾一度增添男女合浴，只忙得登徒子携鸡架妓一造奇境，演了不少鸳鸯戏艳剧，闹出不少风流趣闻，当局为整顿风化计，急力查禁。[3]不过，面对双重标准，业者仅表面上做做样子，尽到告知禁令的义务，实际上来者不拒，如民国28年7月，原田商会职员高尚礼带一女人（高某称是伊妻子），到东四北大街儒芳园澡堂，进入官堂内欲共浴，因遇到日本警曹临检而被捆绑。[4]民国39年10月22日凌晨3点，前门外西河沿三府菜园的三益池澡堂，有男女二人，不像夫妻，前来共浴，警方获悉消息，赶来将其逮捕，讯问得知，男子叫袁东升，女子为祁葛氏。[5]

---

1 《社会局呈准市署严禁男女同浴》，《新北京》1939年3月24日，第4版。

2 "Peiping Bans Mixed Bathing In Bath-Houses," *The North-China Daily News*, April 3, 1939, p.8.

3 栖谷：《北京澡堂今昔观》，《电影报》1940年1月21日，第2版。

4 《关于高尚礼、刘芳贞控王新光等人携女人赴澡堂、调戏等案》，北京市档案馆藏，档号：J183-002-08408。

5 《男女同浴》，《晨报》1940年10月23日，第2版。

　　民国 30 年 8 月，北京再次严禁男女同浴。微言撰《再禁男女同浴》一文评论道：男女同浴，似乎算是一种革新。本来，男、女社交可以公开，可以同行同止、同游览、同饮食，推此意而男女同浴，又有何不可？中国旧习，男女界限太严，给它革新一番，化除男女界限，似乎卓具理由。无如国人的劣根性，往往挂羊头卖狗肉，口说谋进益，实际是遂私欲。在男女同浴之中，不免发生若干意外事件。所以，当局为维持风化起见，不惜一禁再禁。[1] 当时，北京市警察局整饬风化，采取严格主义，澡堂中男女同浴、旅馆公寓非正式夫妻同宿、烟馆中雇用烧烟女侍，均在禁止之列，并展开总检查，要求商家负责人甘结，此后如再查获违章，必加以严惩。[2] 据 9 月 2 日《晨报》报道，经过各管区警察分局连日派员前往检查，已有多处浴堂遵章办理，禁止男女同浴。北京市浴堂业公会亦拟召开全体会员大会，将官方意旨传达，以免将来再受处罚。[3] 但其效果如何？潘多拉的盒子一经打开，似难再回到昔日光景，没几天就又出事了。事缘于马雅亭与吴师氏日久情深，苦无幽会之处，商定 9 月 11 日十五时同行外出，在打磨厂兴华池澡堂，"借洗澡为名，以发泄性欲"。澡堂司账于宪章与伙计孙博文告知，警方规定不准男女同浴，两人不肯听从，进入楼上四号官堂洗澡，不巧遇到保安科员警抽查而被带走。为此，兴华池澡堂被勒令停业八日。值得注意的是，铺东张际辰在《呈为请求宽免停业以恤商艰事》中提到："近因友邦男女惯习合浴，官厅变通权宜，不加干涉。但华洋女性，往往溷变服

1　微言：《再禁男女同浴》，《新北京》1941 年 8 月 29 日，第 4 版。

2　《取严格主义严禁男女同浴、饭店幽会、烟馆雇用女烧烟者》，《新北京》1941 年 9 月 10 日，第 4 版。

3　《男女同浴各澡堂遵禁》，《晨报》1941 年 9 月 2 日，第 3 版。

装，一经失查，即悖警法。"[1] 这段话呈现两个问题，一为日本人犯禁，不予处置；二为华女穿着和服，借以掩人耳目。旗人崇璋（笔名刘振卿）亦证实北平沦陷期间，有人冒充日本人行男女合浴之事。[2]

更有甚者，由于生意萧条，有业者容留娼妓洗澡卖淫。若干澡堂老板为多赚钱，特设单间浴室，专供男女"洗对盆"之用，为"打野鸡"者大开方便之门，赚了不少肮脏钱。[3] 泳源池澡堂就是一例。民国 27 年中秋节后，时常有日本人带暗娼到泳源池澡堂内洗澡，并在屋内行奸。27 年 3 月 31 日零点三十分，日人井上爱马向警方检举，暗娼王迟氏向其卖奸，与车夫引他到泳源池浴奸。警方随即将掌柜张柄全，车夫王六一、张德明、李文海，暗娼王迟氏、刘唐氏、关马氏、杨侯氏等先后传捕，均供认是实。[4] 另一个案例是同心澡堂。同心澡堂坐落西安门内大街，原为吴鸿宾房产，因无法兼顾，委托北京房产株式会社代为管理。27 年 11 月，由株式会社出租予魏郁文开设同心澡堂，租期五年。后来，澡堂司账魏家俊与铺伙田景熙、茶役首脑贾岐山合谋，兼营媒合私娼，找东洋车夫王桂、程玉帮澡堂拉客人来，每次分钱七八毛不等；兼让两人介绍暗娼，每介绍一人，可得一元。28 年七、八月间，开始有日本人带女子来洗澡，至 29 年 3 月后更多，时常有中国人及日本人带女人来。每晚十一点以后，前来澡堂买淫、卖淫者，只要按下门外墙间预设的电铃，即有人开门接入。

---

1 《北京特别市警察局关于兴华池澡堂男女同浴等情的公函》，北京市档案馆藏，档号：J181-023-12199。

2 刘振卿：《再谈澡堂子》，《民强报》1946 年 2 月 13 日，第 2 版。

3 《暗娼与野妓》，王隐菊、田光远、金应元编著《旧都三百六十行》，北京旅游出版社，1986，第 205 页。

4 《北京特别市警察局内一区区署关于澡堂掌柜张柄全容留暗娼王迟氏卖淫一案的呈》，北京市档案馆藏，档号：J181-023-06212。

这年 4 月间，同心澡堂的非法行为，曾被查获罚款，但仍暗中营业，警方在跟监之后，于 8 月 15 日展开突击，查获媒合容止人员贾岐山、田景熙、魏家俊、王桂、程玉，买淫人关华臣，卖淫人张齐氏、姚翠铃、李燕明、葛佩琴，共计十名。另又有日籍买淫者二人，当即饬去。[1]民国 29 年 9 月 4 日晚，有日本人带游娼王淑贞进入万庆澡堂同浴，进门正要上楼，被巡警查获。[2]这一年年底，《晨报》报道：北京市当局曾令各浴堂严禁男女同浴，经过盘查发现，仍有前此情事，且多为游娼引诱客人，亟应严加取缔，最近特通令所属查禁。[3]由于游娼在澡堂等处活动，北京市警察局于民国 30 年 9 月呈请取缔旅店、公共澡堂及娱乐场所的游娼，经市长余晋龢（1887—1947）批准。[4]然而禁不胜禁，民国 31 年 2 月，外二分局查获司桂兰经常媒合暗娼与日韩客人，在东杨茅胡同的春庆澡堂洗澡卖奸，暗娼得一元，司氏扣二角为介绍费；如游客在春庆澡堂需叫暗娼，由楼上伙计给司氏送信，将暗娼送往春庆澡堂，每一元扣介绍费二角。[5]

　　泳源池澡堂、同心澡堂、春庆澡堂等案例，代表的是业者铤而走险的一面。而绝大部分的业者，采取的是消极配合顾客，毕竟不好跟钱过不去。民国 31 年 7 月 7 日，外一区警察分局科员奉派抽查各澡堂有无男女同浴情事，查获打磨厂永新园澡堂并无

1 《北京特别市警察局关于同心澡堂容留张齐氏等卖淫一案的批示》，北京市档案馆藏，档号：J181-023-09552。

2 《北京特别市警察局关于万庆澡堂容留男女同浴并王淑贞游娼卖奸一案的指令》，北京市档案馆藏，档号：J181-023-12203。

3 《市当局取缔男女同浴》，《晨报》1940 年 12 月 4 日，第 2 版。

4 《北平市警察局关于取缔旅店、公共澡堂及娱乐场所游娼的呈》，北京市档案馆藏，档号：J183-002-31145。

5 《北京特别市警察局外二区分局关于司桂兰等媒合暗娼卖淫并郑海容止男女同浴等情案的呈》，北京市档案馆藏，档号：J181-023-15206。

女部，但楼下三号官堂内有赵李氏、王王淑芬二人沐浴，四号官堂内有女子张淑琴亦正在沐浴；楼上五号官堂内有李云亭、张淑芬二人男女同浴。[1] 由于男女混浴时有发生，北京市警察局特通令各分局从严取缔，违者重罚。九月间，日华警官展开联合稽查，由辅佐官冈野、专员别府，偕同保安科于股长，前往市内各澡堂实地检查，共查出二十余家设备欠完善，当即加以指正。嗣后仍要随时查察，"尤其对于男女混浴，不分国籍，一律从严禁止"。[2] 9 月 17 日，北京市长余晋龢并发布告示：

> 案查关于澡堂男女同浴妨碍风化，曾经饬令查获依法处罚有案，乃近查本市各男澡堂，仍时有男客携带妇女入内混浴情事，实属有违禁令，亟应随时注意查察，严予取缔，以正风化。除饬由警察局与友邦关系方面联络，协助派员抽查，并通饬各区分局督饬所属认真取缔外，为此布告各该澡堂及市民人等一体知悉，嗣后无论何人，绝对禁止妇女及男客携带妇女进入男澡堂内混浴。如男澡堂附设有女浴部，亦应与男浴部严行隔断，另辟门户。女浴部内亦不准雇用男伙，以示性别。自布告后，如再查有违禁情事，定于（予）严惩不贷。[3]

北京市警察局保安科为此发函各区分局，令其转发所属区内各澡堂每家一张，饬令按照公告尺寸大小，制备玻璃木框，将公告装入框内，悬挂于铺内明显之处，俾使民众周知。此外，又将

---

1 《北平市警察局关于永新园澡堂有男妇女同浴严办，及平乐园、庆盛轩女招待未登记先服务传罚等训令呈稿》，北京市档案馆藏，档号：J184-002-00109。

2 《京警察局注意风化严厉取缔男女同浴》，《晨报》1942 年 9 月 15 日，第 4 版。

3 《北平市警察局关于禁止男客带妇女进入浴室混浴等问题的训令及四分局的呈报》，北京市档案馆藏，档号：J183-002-23996。

各澡堂负责人传到分局谕知禁令，命其签署甘结存查。[1]然而，余晋龢"不分国籍，一律从严禁止"这一举措激怒了日本当局，不久即被降为警察局长。

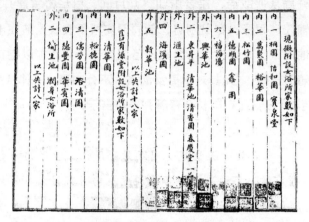

图 1　民国 31 年底原拟附设女浴所之澡堂名单

日本军方非但不准禁止日本侨民混浴，还勒令北京市政当局增设女浴所，以便满足国民需求。12月初，《晨报》刊载北京市浴堂业"为便利友邦人士沐浴起见，拟设法增设女部"。[2]后续报道又云，共有二十余家拟将官堂改建为女浴部，约在12月底可以完工。[3]关于此事的来龙去脉，实乃北京市警察局收到日本特务机关意见，"以本市女浴所较少，应行设法"；并奉市座交下批示，以增加附设为原则，并在地点上须注意到均衡等。警察局遵照指示，随即召集浴堂公会负责人到局洽商。经浴堂公会与同业联络，"为谋友邦住京妇女沐浴之便"，决定在内一区至外五区十一个分局界内增设女浴所十八家，加上现有女浴所八家，共计

1　《北平市警察局关于科长任职、全市停电、禁止男女同浴、举行文化映画大会等文件》，北京市档案馆藏，档号：J183-002-27983。

2　《京市浴堂业增设女部》，《晨报》1942年12月8日，第4版。

3　《浴堂廿余家增设女部》，《晨报》1942年12月15日，第4版。

二十六家。惟各浴堂商讨指出，涉及资本问题，增设不无困难，但又以系特务机关意见，不容稍缓，因此请求转达社会局，豁免增加附设资本；对于工程部分，并请工务局给予相当之便利，以便附设女浴所。警察局正处理之际，收到社会局来函，内开奉市长交下北京居留民团体来函一件，内容为呈请准许日本妇女在华人澡堂入浴事，饬令交社会局会同警察局核查回复。由于市长要警察局查照主稿会复，故警察局长余晋龢除致函社会局外，相应函请工务局派员，于12月21日下午四点，莅临该局保安科会商，以便会呈。当天下午四点，社会局、工务局派员到警察局与会，由保安股于股长担任主席，报告办理本案经过，其中提到十八家浴堂商表示：男浴所近时生意萧条，已赔累不堪，若加上女浴所，生意更难维持；且房东与营业往往是两回事，建筑费用应饬房东负责，将来捐税、房租等用项也请给予豁免。主席认为此次所拟各男浴所附设女浴所，原系公家要求办理，而各浴商生意不佳亦属实情，为体恤商家起见，关于捐税及建筑执照等费，可否予以豁免，及可否准予免报营业、免报建筑工程，请决议。与会之工务局、社会局科员回局里呈报此事，后经工务局长舒壮怀、社会局长于善述批示，工程部分仍须按手续呈报，准予免缴执照费；营业部分亦须按手续呈报，准予免缴立案资本税捐。为此三位局长于12月26日会签上呈市长，至民国32年1月19日批准。此十八家拟新设女部的澡堂，即桐园、怡和园、宝泉堂、万聚园、裕华园、松竹园、德颐园、鑫园、福海阳、兴华池、东升平园、清华池、清香园、春庆堂、一品香、汇生池、海滨园、新华池（参见图1）。继而海滨园申报其空间狭小，难以增设女部；浴堂公会于是改以同华澡堂替代。[1]

1　《北京特别市工务、社会、警察三局关于令浴堂公会转饬各澡堂增加附设女浴所办理情形的会呈及警察局的来函等》，北京市档案馆藏，档号：J017-001-02532。

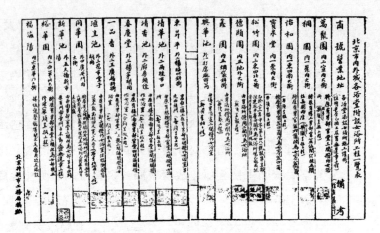

图 2　民国 32 年初男澡堂附设女浴所工程一览

　　3月1日，北京市浴堂业公会会长祖鸿逵呈称：前此奉令，指定内二万聚园、外二清香园等十八家附设女部，现在除了裕华园、福海阳两家女部仍在筹办，一俟工程完竣即行开业外，其余十六家均已就绪开业。[1] 但后来，福海阳因澡堂内房间不足，一直无法开设女部，实际开业者为十七家（参见图 2）。[2] 即使如此，女浴所在日本军方的压力下，瞬间增至二十五家，增长了两倍多，而男女混浴的违警案件，自此极少见于报纸。

　　在抗战后期，北京的女浴所，主要消费群为日本妇女。然而，成也萧何，败也萧何，这一不自然的突然增长，很快就走到经济"悬崖"。女浴所大幅扩增后两年多，抗日战争终获胜利，紧接着日侨遣散回国，消费客源大量流失，女浴所的经营，应该是大不如前。抗战胜利，还有多少女浴所继续营业，笔者

1 《北平市警察局关于浴堂业会长申请设立女部、各地赴满劳工随伴家族需限制、球业会员需加球费、住宅内安收音机需缴纳收听费、任职免职局长等的训令》，北京市档案馆藏，档号：J183-002-24405。

2 《北京特别市工务、社会、警察三局关于令浴堂公会转饬各澡堂增加附设女浴所办理情形的会呈及警察局的来函等》，北京市档案馆藏，档号：J017-001-02532。

未能确悉。民国 37 年，马德增出版之《北平名胜游览指南》，推荐著名浴堂八家，其中有润身女浴所。[1] 同一年，有一绰号"小蝴蝶"的女窃贼王锡珍，在德颐园等女子澡堂入浴，趁机盗取女宾客财物。[2]

国共易帜之后，价位高昂、设施奢侈的女浴所，逐渐丧失了存活空间。1949 年 3 月 13 日"北平市浴堂职业工会登记会员名册"，入册者约四十六家，并没有女浴所。[3] 而润身女浴所则改名"三八浴池"，[4] 不再是华奢的女子澡堂。

结　语

理想与实践，未必能同步。民国以来，女浴所的发展，就面临这样一个问题。以上海为例，民国 15 年，上海龙泉女浴室开设后，生意清淡，除了老板倒抽一口冷气，开明之士也感到意外，一家女浴室尚不能大发利市，更不用说推广增设，只能说上海人虽开通，独对于女浴室，尚未到开通的时代。[5] 迄至民国 22 年，上海《晶报》上仍有文章提到："女澡堂多附设于男澡堂内，平、津已司空见惯，沪渎凡百开风气之先，女汤仅龙泉一家，生涯似尚未臻发达，以较平、津，瞠乎后矣。"[6] 就此而言，民国 3 年，金秀卿在北京开设润身女浴所，其勇气确实值得赞誉。

1　马德增编《北平名胜游览指南》第 7 章"食与住"，马德增书店，1948，第 71 页。

2　《专靠女澡堂行骗为生》，《青岛晚报》1948 年 9 月 20 日，第 4 版。

3　《北平市纺织染业同业公会、浴堂职业工会登记会员名册》，北京市档案馆藏，档号：J002-004-00840。

4　肖素均：《八大胡同里的金枝欲孽》，第 136 页。

5　小补：《对于女浴室的一个贡献》，《大世界》1926 年 9 月 25 日，第 2 版。

6　天壤：《长春澡堂之男女对盆》，《晶报》1933 年 8 月 31 日，第 3 版。

　　不过，润身女浴所的经营仍是举步维艰，面对的不仅是观念尚未开通的问题，还存在社会上对娼妓"更生"的蔑视，以及对女浴所的污名化，甚至新闻媒体也影射中伤。由于润身女浴所背负妓女开设的"原罪"，及光顾者多半是妓女的社会想象，从而有澡间"不干净"、怕被传染花柳病的疑虑。因此，虽然有所谓的百年专利，社会上总希望有一家"非妓女"的女浴所。就在千呼万唤之时，头品香澡堂改装为头品香女浴所，于民国12年开幕，是为北京第二家女浴所。讽刺的是，"非妓女"的头品香女浴所，生意却不见得好，毕竟当时风气未开，正经的妇女不便像妓女一样在外沐浴，前来沐浴的客源更少。在学界高喊女子沐浴卫生的大旗下，商家前卫而高尚的营业目标，无法冲破保守的社会氛围，加上地点都在外城，鹬蚌相争的结果是，头品香女浴所败下阵来，于民国16年重整，改为男女沐浴合营；其后，或许因为投入资金未能回收，又遭逢国府南迁与七七事变，最后竟退出沐浴市场。

　　随着北伐以后民智渐开，女性对沐浴卫生越发重视，需求带动供给，女浴所开设渐多，主要多在内城。然而，润身、头品香的惨淡经验，使业者再也不敢专营女性，华宾园、浴清池、德丰园、清华园等均以男澡堂添设女浴部。诸多女浴部之开设，必然影响到润身女浴所的生意，其经营应该更加困难，民国21年整修改装，此时产权可能已经转让给张维度。即使如此，仍然有记者造谣，说北京女浴所的女役，大半系娼妓及女招待充任，服务特别势利，所以门可罗雀。另外，民国23年，华宾园澡堂安排男役为女宾客扞脚之事曝光，警方为此安排女警监视润身女浴所、清华园、华宾园、浴清池这四家女浴所，可见保守势力依然对女浴所抱持不安与敌视心态。实际上，女浴所之所以无法大幅扩展，除了社会风气未尽开通外，还与浴价昂贵有关。而截至民国31年底，北京的女浴所仅有八家，远远比不上男澡堂。

　　历史的偶然性，有时出人意料。日本侵华期间，将其本国的沐浴文化带至占领区，致使中国的澡堂营业规则发生改变，北京亦不例外。北京的澡堂向来不准女性进入，自此则日本女子出入澡堂，逐渐司空见惯。北京警方严格禁止男女共浴，即使夫妻亦不得同浴，自此则受到挑战。一开始，市政当局准许澡堂经营男女共浴。民国28年3月，因发生澡堂迷奸案，于是下令禁止混浴。但禁不胜禁，禁令形同具文。原因在于既开复禁，本就困难，加上日本侨民有其需求，而且游娼伴浴卖淫层出不穷。关键在于警方处理相关案件，对日侨犯禁者网开一面，以致问题未能根绝。民国31年9月，北京市市长余晋龢下令"不分国籍，一律从严禁止"，试图控制这一混乱情况，却得罪日本军方，被降职为警察局长，并令其处理增设女浴所一案。北京女浴所之扩增，竟出于这样的背景，不得不说造化弄人。次年年初，女浴所瞬间增至二十五家，日本妇女的沐浴需求获得极大改善，但对北京的澡堂业者而言，内心可能不太情愿。民国34年秋冬，女浴所的主要消费者，如海啸退潮般撤走，留下顿时冷清的业绩。几年后，随着局势变化，独室而奢华的沐浴空间黯然离场，取而代之的是普罗的形式。

附表1 "北京市浴堂业同业公会会员各号设备状况调查表 润身女浴所"

字号	润身女浴所
地址	外二区李铁拐斜街 胡同门牌一九号 电话自备三局三九四号
铺东姓名	张维度　年龄五九　籍贯河北沧县　出身商业
铺长姓名	张泽新　年龄五九　籍贯全右　出身全右
营业资本	营业执照金额壹万元　现经查营在金额两万元　合独资：独资　租赁
营业执照	号码(行号)八九八　黄色牌照号码一一一零三七
开业年月	民国三年十二月
营业设备等级种类	价目等级：甲等；来水：有水井一眼；吸水机种类：电泵；发人数目：十九；汽炉：汽炉一部份；盆池、雅、汤塘座部：盆池、椅三个、容三人；普通：楼房十八间、平房三间、暖棚四间、床三十二、共计三十四、同客人
每月流水	贰仟六百余元
营业税数目	每月季　每季七十贰元
所得税年纳量	四百壹拾元零九角
店员人数	司账一人　司事一人　工师二人　理发工师三人　茶役十二人　共十九人
入本会会牌号	
商会会证号码凭单号	
入会年月	民国三十一年三月
入会铺保	东升平　地址：外三区杨梅竹斜街　胡同门牌 号
曾否加入其他团体过	无
其他	
备考	加盖承印
中华民国三十二年一月 日	

附表 2 "北京市浴堂业同业公会会员各号设备状况调查表 清华园女浴所"

中华民国	三十二年 一月 日
备考	加盖承印
其他	无
曾其否他加团入体过	无
入会铺保	华宾园 地址 内四区 西四 街天福大院胡同门牌四号
入会年月	
商会证号凭单码	
入本会牌号	
店员人数	司账司事四人 工师 人 理发工师三人 茶役八人 共十五人
所得税年纳量	与男部同纳
营业税数目	每月季 与男部同纳
每月流水	壹仟五百余元
营业设备等级种类	价目等级 特等／自来水水机种类 井水眼 吸水机／火汽 火炉 汽炉／总计客人数目 二十八人／池理发部 一部份 椅三个 客三／盆池／汤塘／座池 000 个／普通雅座／官堂床客 000 个／楼房同 十一／平房二十五间／暖棚三同／共计二十八 同人
开业年月	民国三十年七月
营业执照	号码(行号) 二九零七 黄色牌照号码 零零五九
营业资本	营业执照金额三百元 现在营业金实金额八万元 独合资 合资 赁租
铺长姓名	租鸿逵 年龄三十九 籍贯河北定兴 出身小学
铺东姓名	租鸿逵 年龄三十九 籍贯河北定兴 出身小学
字号	清华园女浴所 地址 内一区 人西槽 街锡拉胡同门牌四号 电话自备五局三九〇号 附

附表 3 "北京市浴堂业同业公会会员各号设备状况调查表 华宾园女部"

字号	华宾园女部
地址	内四区天福大院街胡同门牌四号　电话自备(三)三六一号　附
铺东姓名	祖鸿钧　年龄 三六　籍贯 河北定兴　出身 商业
铺长姓名	自兼　年龄 全右　籍贯　出身
营业资本	营业执照金额　经理在营金额　独合资　贷租
营业执照	号码(行号)　黄色牌照号码
开业年月	民国二十一年五月
营业设备等级种类	官 楼房 同 平房 同 暖棚 同 共计 同；普通 堂座 十 床客 三十 ；雅 ；普 池塘 ；盆池 理发部 一部份 椅 三个 客 三 ；池理发部 一部份；总计 容人数目 三十八；火汽炉 汽炉；自价目 等级 特等；来水 井水 眼 吸水机种类
每月流水	
营业税数目	每季月
所得税纳年量	
店员人数	司账司事 一人　工师 人　发理工师 三人　茶役 人　共十一人
入会牌号 本会	
会商会证凭单号码	
入会年月	
入会铺保	地址 区 街 胡同 门牌 号／地址 区 街 胡同 门牌 号
曾否加过其他团体 其他人体	
备考	加盖承印

中华民国 三十二 年 一 月　日

附表4 "北京市浴堂业同业公会会员各号设备状况调查表 浴清园女浴所"

字号	浴清园女浴所	地址	内三区衔堂香子衕巷胡同门牌九号 电话自备无局 号			附
铺东姓名	苏孟侯	年龄	三五	籍贯 北京	出身 商业	
铺长姓名	苏孟侯	年龄	仝右	籍贯 北京	出身 仝右	
营业资本	营业执照金额 壹佰贰拾元	现在实在资金额 壹万贰仟元	独资合资 独资	货租		
营业执照	号码(行号) 三六三零	黄色牌照号码 一零四五六				
开业年月	民国三十年七月					
营业设备等级种类	价目等级	乙等				
	自目来水	井水 眼	吸水机 水种类			
	火汽火炉	火炉	十九人			
	理发总计	发人数 部份	一部份			
	池盆	塘汤堂座 盆池椅 一个	个			
	普普通 雅	床位				
	官房 平房	楼房 同 平房十三间 暖棚九 同 共计十三间	同人人			
每月流水	叁百余元					
营业税数目	每季月 拾五元六角					
所得税年纳量						
店员人数	司账司事一人 工师 人 理发工师一人 茶役三人 共五人					
入本会牌号						
商会会证号凭号单码						
入会年月	民国二十七年七月					
入会铺保	隆泉堂 地址 内四区阜内大街堂子胡同门牌四号 / 地址 区 街 胡同门牌 号					
曾其否他加入体过	无					
其他	加盖承印					
备考	中华民国三十二年一月日					

附表 5　民国 32 年 1 月北京市浴堂业调查表所载浴堂设施及员工数

店名	价位等级	房间数（间）			澡堂设施						员工数（人）				
		楼房内	平房内	暖棚	官堂	普通雅座	盆汤	池塘	理发部	容人总数	司账司事	工师	理发工师	茶段	员工总数
洗清池	甲	14	8	2	5	37			1	84	3	4	5	16	28
天有堂	丙		33			55		3	1	55	1	1	1	3	6
涌泉堂	丁		38			39	2	3	1	78	1	2	2	6	11
文庆园	丁	3	5					3	1	60	1	1	1	10	13
南柳园	丁		21			54		3	1	54	4	2	2	10	19
玉兴池	丁		30	3		50		3	1	104	3	3	4	10	20
荣宾园	甲	3	8	4		5		3	1	16	2	3	2	9	16
永新园		36	10	15	7	44	5	3	1		7	6	6	27	46
东明园	乙	7	3	2		42		1	2	84	3	3	2	10	20
新明池	丁		8			15		2	1	60	2	1	1	5	9
新华园	丙		36		2			1	1	11		1	2	8	11
四顺堂	甲		14	3		32		3	1	67	1	3	3	7	14
同华园			20			36		3	1		3	2	2	12	19
永顺园			16			10		3	1	48	2	1	2	5	10
德浴堂	丙		26			30		3	1	60	2	2	1	9	14
天新园			25			36		3	1	76	4	2	4	20	30
永来堂	甲		23			25		3	1	50	2	2	2	8	14
义泉堂	丙		28			34			2	72	2	2	2	9	15
华盛池	丙	(7)	28			20		3		83	1	2	3	4	
德诚园	丙	2	12			23		3	1		2	2	1	5	10
瑞品香	丙	14	19			49		3	2	98	1	2	2	9	14
万华园	乙		20			26		3	1	86	1	1	1	5	8
中华园	甲	24	15	3	9	43	4	5	1	94	4	3	5	20	32
三乐园	乙		21	3.5		83			1	83	4	4	4	14	26
西乐园	乙		14	3		63		3	1	63	3	2	2	7	14
大东园	乙		23			27		3	1	54		2	2	12	18
西润堂	乙	12	11			34	2	3	2	68	2	2	2	9	15
澄华池	乙		20				4	2	1		1	1	2	8	13
浴清园女浴所	乙		13		9				1	19	1		1	3	5
浴清园	乙		27		2	41		3	1	69	2	2	2	15	21
裕兴园	乙		24					3	1	21	2	3	3	13	21

续表

店名	价位等级	房间数（间）			澡堂设施						员工数（人）				
		楼房内	平房内	暖棚	官堂	普通雅座	盆汤	池塘	理发部	容人总数	司账司事	工师	理发工师	茶段	员工总数
北浴源堂	甲		21				2	3	2	60	2	2	1	3	8
隆福泗	乙	2	19			68	1	3	1	70	2	2	2	14	20
德华园	乙		25	3		29	3	3	2	68	3	3	3	9	18
福澄园	乙	12	11			39		3	2	79	1	2	2	14	19
浴清池	乙	16	12	1		76		3	2	84	2	5	3	20	32
中乐园	乙	16				28	2	3	1	58	1	2	2	16	21
聚庆堂	乙	5	28	4		40		3	1	84	2	2	3	17	24
日新园	乙		19			26		3	1	54	1	1	1	4	7
浴兴堂	丙		12			34		1	1		2	2	2	6	13
聚香园	乙		18			34		3	1	68	2	2	2	10	16
明华池	乙		19			29		3	1	54	2	1	2	12	17
宝泉堂			12			32		2	1	66	2	2	3	7	14
平安园	乙		39	3		49	2	3	1	102	2	2	2	11	17
兴隆池	乙		32			70		3	1		2	2	2	12	18
华丰园		4	9	1		23		3	1	46	1	2	2	9	15
四美堂	乙		25			35		3	1		2	2	2	9	15
长乐园	乙	10	12	3	2	45	3	3	2	90	4	2	2	11	19
儒芳园	乙		53			40	1	1	1	83	4	2	3	18	27
隆泉堂	乙		16			27		3	2	54	2	2	2	6	12
瑞滨园	乙	12	13	6		46		3	2	92	4	3	3	17	27
振亚园	乙		15			24		2	1	49	1	1	1	5	8
洪庆堂	乙		25			35	1	3	1	70	1	1	2	9	13
聚义丰	乙		38		1	40	1	3	1	85	3	3	3	18	27
广澄园	乙	12	7	3	6	11		3	1	65	1	3	2	10	16
汇泉堂	甲		23	4		75		3	1	79	3	4	4	22	33
浴德堂	甲	33	3			100	2	3	2		6	6	7	26	45
华兴池	乙	18	5			82	1	3	1	82	4	2	3	19	28
德颐园	甲	12	20	6	3	76		4	1	82	3	4	4	21	32
裕兴池			25		2	61		3	1		2	1	3	13	19
洪善堂	甲	35	15			60		3	2	127	2	3	4	28	37
北天佑			17	3		70		3	1		2	2	3	12	19

续表

类别／数量（店名）	价位等级	房间数（间）			澡堂设施						员工数（人）				
		楼房内	平房内	暖棚	官堂	普通雅座	盆汤	池塘	理发部	容人总数	司账司事	工师	理发工师	茶段	员工总数
义丰堂	甲	25	11			50		3	2	100	3	3	4	26	36
三益池	乙	34				45	4	3	1		3	3	4	30	40
英华园		8	16			32		3	1	64	3	2	2	14	21
宝泉澡堂	甲		81	24	12	73	4	4	2	174	10	6	11	51	79
永顺堂	甲		20			35	4	3	1	77	2	3	4	15	24
华清池	甲		22			32		3	1	64	3	3	3	11	20
永新园	甲		20			13		3	2	66	1	1	1	6	9
海滨园	甲		18			33		4	1	66	1	1	4	7	13
东乐园	甲		26	9		52		4	1	104	5	3	4	16	28
广清园	甲	6	30		2	47	3		2		5	15	5	20	45
洪生堂	甲	8	22	3	3	40		3	1	86	3	2	3	14	22
汇生池	甲	8	30			52		3	1	104	4	3	3	25	35
忠福堂	甲		15	1		32		3	1	64	2	3	3	9	17
玉尘轩	甲	14	8	17	4	61	7	3	2	119	3	2	3	14	22
兴华池	甲	32	14		7	33	5	4	6	78	9	4	6	18	37
福海汤	甲		30	4	3	40		3	1	86	4	3	5	21	33
同心澡堂	甲		20		4	50		3	1	55	1	1	1	4	7
天佑堂			29			61		1	1	126	2	3	3	18	25
汇泉池	甲	26	31			70	2	1	1	134	3	4	4	18	29
恒兴池	甲		21	3	9	45	4	3	1	68	4	3	5	18	30
荣华园	甲	10	9	2	8			3	2	98	4	3	5	16	28
卫生池	甲	18	14			52	5	3	2	104	4	5	6	15	30
润身女浴所	甲	18	2	4		20			1	19	1	2	3	13	19
浴德园	特	33	8	6	14	82		3	2	82	5	5	5	16	32
恒庆澡堂	甲	2	36	6		62	2	4	1	56	8	8	8	32	56
鑫园	特		32	2	5	78	4	3	2	96	4	4	4	20	32
东升平园	特	49	3		16	53	16	5	2	144	8	13	11	69	102
桐园	特	46	14		9	40	7	3	2	98	3	5	6	33	47

续表

类别\数量\店名	价位等级	房间数（间）			澡堂设施						员工数（人）				
		楼房内	平房内	暖棚	官堂	普通雅座	盆汤	池塘	理发部	容人总数	司账司事	工师	理发工师	茶段	员工总数
裕华园	特	9	43		6	59	7	6	1	138	3	7	8	32	50
春庆堂	特	25	8	10	9	48		3	1	115	5	6	8	32	51
德义声	特		37		4	40	3	4	1		3	4	5	26	38
德丰园	特	3	52		3	42		4	1		4	6	6	30	46
松竹园	特		35	7	10	44		3	1	108	5	7	8	35	55
新华池	甲		52		2	67	2	4	2	137	6	5	8	16	35
万聚园	甲	31	17		6	40	5	3	2		4	4	5	22	35
清华园女浴所	特		25	3	12				1	21	4		3	8	15
清华园	特	60		4	27	110	10	5	2	178	7	14	14	78	113
一品香	特		9		9	80		3	1	104	6	5	6	27	45
义新园	特		19	3		37	4	3	1	74	2		6	22	34
华宾园北号			31	12	6	50	4	3	2	112	3	4	7	26	40
清华池文记	甲	51		8	14	88	21	2		180	6	11	11	50	78
华宾园女部	特					10			1	28	1		2	8	11
华宾园	特		82	6	18	52	5	3	5	140	6	7	9	47	69
怡和园	特	14	28	4	15	42		3	5	108	4	7	7	29	47
清香园	特	45	9	3	7	118	2	5	2	132	6	12	10	49	77
卫生池	特	40	15		8	52		3	2	86	4	6	5	9	24
沂园	特	36	3		5	38		5	3	88	5	8	8	46	67
兴华园	特	44	37	8	13	138	5	2	2	162	6	13	16	50	85

说明：（1）华盛池在"楼房"一栏内填写"瓦房7间"。（2）填写者所填数字，加总多有不符之处，此处未予更改。

附表1—附表5资料来源：北京市档案馆。

清代北京五城司坊官的出身、待遇与行政困境

刘仲华 *

摘　要： 清政府在北京实行八旗驻防与五城制度并行的二元管理模式，五城即中、东、西、南、北城，分设正指挥、副指挥、吏目，掌管所属各城坊的命案、缉盗等事务。司坊官品级低，无论是正指挥、副指挥，还是吏目，职位往往不受正途出身的科举人员看重，其出身大多来自捐纳。司坊官所管理的区域，虽然面积不大，但人口众多，事务繁杂，而五城职官人手少，往往不能兼顾，行政力量不能适应城市治理需要的弊端颇为突出。另外，五城司坊官由于其品级过低，导致其在面对涉及京官的纠纷案件时，往往调度不灵，权威失效，还经常因盗窃案问题而被停俸、罚俸。这些问题都不同程度地损坏了清代北京城市治理的行政能力。

关键词： 清代北京城市管理　五城制度　司坊官　地方行政

　　在近现代城市政府出现之前，五城在清代北京城市管理中发挥了重要作用，但五城司坊官始终面临着品级低、奖惩无序、升迁无路等诸多困境。这些问题不仅是清代北京司坊官行政效率低下的重要制约因素，而且在很大程度上影响了清代北京城市治理的行政能力。

---

* 刘仲华，北京市社会科学院历史研究所。

一 五城官员主要由捐纳出身

五城设官主要包括巡城御史和五城兵马司。巡城御史定额每城各设满、汉御史一人，五城共计 10 名御史，职掌涉及监察、司法、行政等。五城兵马司由正指挥、副指挥、吏目组成，俱为汉缺，由汉官担任，主要负责缉捕盗贼、各城民事。

京师五城坊官"职守甚要，必得精明强干之员，始于地方无误"，[1] 但实际的情形是，司坊官的品级低，吏目甚至不入流品，无论是正指挥、副指挥，还是吏目，这些职位往往不受正途出身的科举人员看重，其出身大多来自捐纳。而这些捐纳出身的官员，其为官之操守参差不齐，加之升转无望，很容易蝇营狗苟，勒索受贿。

例如，道光年间的北城吏目赵大观，山东监生，"遵南河捐输例，报捐兵马司吏目"，嘉庆十四年（1809）选授北城吏目，一度因事革职，后又捐复原官，并于道光十二年（1832）八月坐补北城吏目，"才具平庸，办事竭蹶，询以所司公件，应对多不明晰"。[2] 又如西城副指挥马树型，也是捐纳出身，"才识平庸，办公竭蹷"，甚至"遇事颟顸，任内所有承缉窃案并无一获，西城外坊所辖地面辽阔，词讼纷繁，断非该员所能胜任"。[3] 再如，光绪年间的南城正指挥刘景韶办案时勒索银两，其人"籍本天津，

---

1 《署理巡视北城户科给事中阿布纳、巡视北城监察御史徐以升奏参北城吏目徐成章劣绩事》（乾隆七年二月十九日），录副奏折：03-0067-020。中国第一历史档案馆藏，以下同。

2 《巡视此城吏科给事中春和、巡视此城吏科给事中孙善宝奏参北城吏目赵大观办事竭厥缉捕不力请勒令休致事》（道光十二年十月十六日），录副奏折：03-2629-051。

3 《巡视西城工科掌印给事中萨霖、巡视西城掌山西道监察御史郭柏荫奏为西城副指挥马树型才难称职请撤任并委令李广元署理副指挥事》（道光十九年十一月初三日），录副奏折：03-2688-012。

以浙江籍充书吏，以山西籍捐指挥"，于光绪五年（1879）补东城正指挥，七年（1881）被参开缺，十八年（1892）复补南城正指挥。[1]

为提升五城司坊官的素质，光绪五年（1879）七月，河南道监察御史田翰墀奏请将五城司坊各官由捐纳改为用正途出身的科举人员。在田翰墀看来，"京师为首善之区，司坊有亲民之责，尤不可不急为变通"，但五城司坊各官"多由捐纳出身"，其中"公事勤慎者固不乏人，而行止卑污者指不胜屈"。历年五城司坊官所暴露出的弊政，究其原因是这些坊官"未泽以诗书，故行同乎市侩"，要求这样出身的官员"洁己爱民，能乎？"因此，他建议"将捐纳五城兵马司正、副指挥暨吏目等例一并停止"，全部改由举人考取，由吏部铨选。[2]然而，此议未获批准。光绪二十二年（1896），掌山东道监察御史秀林同样痛陈捐纳官员的弊端，"自捐例一开，膺是职者非致富之商人，即年满之书吏，平时未读诗书，不知礼义廉耻为何物，遇有词讼，专视人情财贿之重轻，以叙供招，以判曲直，仕宦之场，竟同市侩"。通过捐纳任职的五城司坊官在处理盗窃案时，如果案件"出在宦家者，不过往验一次"，如果发生在平民之家，则"置之不理，又安望破案乎？"甚至"纵役庇贼，坐地分赃"。因此，要想正本清源，"非将司坊官改用正途不可"。[3]秀林的奏请同样未能引起清政府的重视。

---

1 《巡视南城掌广西道监察御史穆腾额、巡视南城掌福建道监察御史裴维俟奏为遵旨查明南城正指挥刘景韶确有勒索银两等情请旨革职事》（光绪二十二年十一月十二日），录副奏折：03-5918-068。

2 《河南道监察御史田翰墀奏为五城司坊各官多由捐纳出身行止卑污请停止捐输改用正途以清吏治事》（光绪五年七月初三日），录副奏片：03-7182-034。

3 《掌山东道监察御史秀林等奏为司坊官承办词讼有专视人情财贿重轻以判曲直拟改用正途人员事》（光绪二十二年），录副奏片：03-5516-045。

捐纳作为清代选任官员的一种途径，在一定程度上弥补了科举制度下选用人才的不足，其弊端在清前期尚不明显，但在清后期，由于捐纳泛滥，已成为卖官鬻爵的代名词。五城司坊官的官员基本来自捐纳一途，尽管职位重要，"非公正廉明之员不能胜任无愧"，无奈清后期政府已经走上饮鸩止渴之途，尽管有御史田翰墀、秀林等人先后力陈其弊，也已经无济于事。

二　品级低，行政效能差

京城作为政治中心，不仅皇亲国戚、王公贵族云集，而且朝廷文武百官蚁聚蜂屯，在在皆是。作为管理京城事务的五城司坊官由于品级低、官职小，在处理涉及以上达官贵人的案件时往往尚未辨别是非曲直，便已自矮三分。这种情形，北魏时期的洛阳河南尹甄琛在主张提升管理都城人员的级别时就指出，京邑诸坊"皆王公卿尹，贵势姻戚，豪猾仆隶，荫养奸徒，高门邃宇，不可干问。又有州郡侠客，荫结贵游，附党连群，阴为市劫，比之边县，难易不同"。[1] 明代北京五城尽管"兵马之设，职专防察奸宄，禁捕贼盗，疏通沟渠，巡视风火，其责颇重"，但是"内外官及诸势要不循旧制，凡事无分公私大小，皆属干理，又从而凌辱之"。[2] 清代也没有多大改观，像嘉庆初年敢于将权臣和珅奴仆所乘之车烧毁的谢振定毕竟是极少数。[3] 因此，五城司坊官虽然等同于地方州县官，管辖的区域也不大，但其实施行政管理所面临

1　《魏书》卷 68《列传第五十六·甄琛列传》，中华书局，1974，第 1514 页。
2　孙承泽：《天府广记》卷 2《城坊》，北京古籍出版社，1982，第 22 页。
3　"嘉庆初，和相当权时，其奴隶抗纵无礼，无敢忤者。公（谢振定）巡南城，遇其妾兄某，驰车冲驺从，公立命擒之，杖以巨杖，因焚其毂，人争快之。"见昭梿《啸亭杂录》卷 10《谢芗泉》，中华书局，1980，第 369—370 页。

的困境，绝非地方州县可比。

即便是统领五城的巡城御史也是如此。康熙五十四年（1715）九月，巡视南城御史任奕曩先是遭到左都御史刘谦家人柴敬臣等人及其婿侍卫王廷梅家人顾光祖等十余人"登门毁骂"，之后刘谦又亲自携其子翰林院编修刘自洁闯入任奕曩寓所，令家人击伤任奕曩头面手足诸处。[1]贵为一城之统领官，巡城御史被在京高官如此欺凌，简直惨不忍睹。

首先提出建议提升司坊官的品级的是，乾隆元年（1736）五月十七日，陕西道监察御史福德奏请提高五城兵马司吏目的品级。在五城司坊官中，尽管正指挥、副指挥品级也低，但好歹也是正六品和正七品，唯有五城吏目一官，"系由未入流铨选"。福德查考雍正五年（1727）谕旨，"五城兵马司拣选补授，吏部议以吏目缺出，将应选、应补主簿等官拣选引见补授"。因此，他认为五城吏目"虽未定有品级"，但也不应该"等于未入流之员"，更何况"外州吏目尚系从九品"。相比之下，堂堂京师首善之地，"五城为紧要之区"，管理一坊事务的吏目职责与正六品之正指挥、正七品之副指挥"任均责一，分办城务"，然而长期以来却将吏目"列于未入流之项"，"揆以度制，似未允协"。为此，福德奏请"可否量增五城吏目之品级，俾得与八九品之佐杂一体恭受恩荣"。[2]只是此奏未能得到乾隆帝批准。

在传统社会的官僚体系下，行政权力的运行，虽然首先与职责权限的划分相关，但官员的品级也往往成为权力能否顺畅运行的秩序保障。名不正则言不顺，五城司坊官负责京城官民事务，品级过低导致其在面对涉及京官的纠纷案件时，司坊官往往调度

---

1 《清圣祖实录》卷265，康熙五十四年九月乙卯。

2 《陕西道监察御史福德奏请量增五城兵马司吏目品级事》（乾隆元年五月十七日），朱批奏折：04-01-12-0003-016。

不灵，权威失效。例如，司坊官在编查保甲时就不敢认真稽查，往往有名无实。道光二十一年（1841）十二月，宗人府奏请将居城外的宗室觉罗也一体纳入编查保甲，但因"司坊官员职分较小"，"不敢认真稽查，转致有名无实"。[1]

三　惩罚多，待遇低

对五城司坊官的失职行为，清政府历来惩处较严。康熙五十八年（1719）六月，都察院题准，如果五城所办案件迟延，"不于限内完结，或有纵容衙役、混行讹诈等事，即行题参议处"。[2] 自乾隆朝开始，又加大了对五城司坊破获盗窃案的监管。乾隆二年（1737）规定，五城窃案由都察院山东道代为督察，定于每月初三、十七日，由各城坊官将以往所报窃案造册一本，开明事主所失物件并承缉各差的姓名，呈堂查核，同时造册令正身捕役赴山东道"听比"，[3] 对捕役完成任务的情况进行考核勘验。乾隆三年（1738）三月，御史周绍儒奏请建立五城司坊官追责制度，一方面，"令该管五城御史督饬司坊官，实力缉捕盗贼，设法严比，捕役务获赃贼，究拟如司坊官有仍前纵容捕役养贼及苦累失主等弊，该城御史立即指名查参"。另一方面，"许受害失主具呈刑部、都察院衙门审实，从重究拟，其有满贯窃案，半年不获者，亦照地方官之例，一体题参议处"。同时，建立奖惩制度，"令该管官将各城司坊申报窃案按月严加查核，如十案之中缉获过半者，准记

1　《清宣宗实录》卷 364，道光二十一年十二月戊戌。

2　《清圣祖实录》卷 284，康熙五十八年六月丁巳。

3　《掌山东道监察御史英奎等奏为五城各司坊窃盗案案延不呈报请申明定章据实详报以重捕务事》（光绪三十年十二月二十三日），录副奏折：03-7227-061。

功一次，全获者准记大功一次，过半不获者记过一次，仅获一二案者记过二次，一案无获者记大过一次。如一年之内所管地方窃贼稀少及缉获甚多者详记档案，遇有保题之时，即行开明保奏。其有一年之内窃案甚多、全无拿获者，以玩盗殃民题参议处。"[1] 经都察院奏准，自乾隆六年（1741）以后，五城窃案正式"归并山东道，按限责比，至年底逐一查核新旧被窃若干案，拿获若干案，汇题注销"。[2]

　　惩处多，责任大，但是仕途升迁之路渺茫。巡视西城两年、署理东城半载的江西道监察御史陈治滋，甚至感慨司坊官"有奔走竭蹶之劳而参罚日至，有拮据办公之苦而养廉无资，因公降革者则不得照内外官查核之例，京察一等者则不得援各衙门报送之条。至于处分各案，部议尤不画一办理，殊属偏枯，微员难免向隅"。有感于此，他于乾隆五年（1740）七月奏请改善司坊官这一窘境。

　　陈治滋认为，五城司坊官所承担的职责重要，其繁重程度一点都不亚于地方州县。"京师五城各设正、副指挥二员、吏目一员，分理人命、逃盗、赌博、赌具、平粜、饭厂、批审词讼，兼部院提督各衙门大小差务，虽无经征钱粮之责，实与冲繁疲难州县相同。"不仅如此，司坊官所面临的参罚案件"较州县为尤多"，反而仕进之途几无希望，"是以降革者不一其人，而升转者百不一见"，很多司坊官"一经违误，遂至放废终身，情既堪悯，才更可惜"。司坊官既然承担着京官之责，就应当在考核、升转待遇上享有京官之权益。陈治滋颇为五城司坊官鸣不平："今司坊各官有地方之责，原为都察院属员，实与京员一体食俸，一体京

1　《汉军监察御史周绍儒奏为五城地方窃贼颇多民间畏惧报官请专委五城御史督饬实力缉捕究拟事》（乾隆三年三月十二日），朱批奏折：04-01-01-0024-037。

2　《掌山东道监察御史吴鸿恩奏为京城内外被窃之处较往岁尤多请饬步军统领衙门暨五城御史严饬查拿事》（同治十一年），录副奏片：03-5061-045。

察。但因原议内司坊讳误各官未经声明，故有因公降革之司坊官员，都察院移送吏部，未准查办。且查巡捕三营参、游、守备等官，遇有降革等事，亦照在京八旗武职之例一体查办，岂独各城司坊转不能与小京官照例画一办理？"而且，五城司坊官还没有养廉银。"今司坊各官承办地方事务，向未设有养廉，办公每至拮据，虽有历俸三年保举之条，升转亦属无期，若不通融升转之路，何以鼓舞下吏竭蹶之心？"因此，他建议以后五城司坊官员，除贪污不职者无庸置议外，其余则由都察院"一体带领引见"，给予适当的升职机会。

再者，是要厘清责任，减少对司坊官不必要的惩罚。例如，五城三营文武官弁在命盗缉凶的处罚上要厘清责任。按照惯例，清政府强调无论是五城，还是巡捕营，乃至顺天府等，都对京师地方巡捕缉盗负有责任，"京城前三门外设立五城司坊、三营参、游、守、千等官弁，凡有地方奸宄拐逃窝娼、缺主重役、废员逗留等案，文武均有稽查之责"。遇有失察之处，清政府也往往将以上文武官员一并追责，"每至文员拿获而武职仍有处分，武职拿获，文员亦仍有处分，偏重偏轻，例不画一"。实际上，这种共同负责的方式，很容易导致无人担责，即便一并追责，也无济于事。因此，陈治滋认为应将责任厘清，凡是该管官到任未及半年者，免其议处；如果未经事发拿获者，"文员拿获，武弁免议，武弁拿获，文员免议"。再者，内外城地面的责任主体要分清，"内城既系八旗提督衙门，设有番役按地派拨，日夜巡查，而专责不在五城司坊"，[1] 因此内城凡有拿获赌博一切等案，均应免除五城司坊官的处分。以上，陈治滋关于厘清责任的建议，获准施行，但关于放宽司坊官仕进之途的建议未能通过。

---

1 《江西道监察御史陈治滋奏为敬陈京畿五城司坊官奖罚事宜请定条例以昭划一一事》（乾隆五年七月二十二日），朱批奏折：04-01-01-0052-034。

　　与陈治滋同情五城司坊官境遇的出发点不同，协理山东道监察御史吴文焕则认为应当加强对五城司坊官破获盗窃案的考核力度。此前按照惯例，五城窃案都是由五城捕役奉命承缉，而五城捕役的考核向来由都察院十五道之一的山东道负责，所谓"比较五城缉凶缉盗贼捕役，此定例也"。但在吴文焕看来，由都察院的山东道专门监管五城捕役拿凶犯、盗贼的做法，无异于杀鸡用牛刀。他认为："五城所属皆在辇毂之下，自不至有明火持械、大夥横行之事，不过三五成群，狗偷鼠窃，此辈潜踪有所出入，有时与捕役声息相通，线索最密。若肯上心踩缉，自可不至漏网，无如平居则利其常规，事发则互相容隐。此惟司坊官有专辖之责，分地则易周，亲临则知畏，苟能严立程限，按期比较，未有不可弋获者。"从实际的操作来看，由中央衙署进行监管的效果并不好，"乃臣其受事以来，翻阅循环档册，五城窃案申报累累，而捕获十无一二，至有压经五六年之久尚未注销者"。究其原因，吴文焕认为，此乃"不责成司坊官之故也"，因为"山东道之比较捕役，每月不过两次，每次则是七八十人，势难按人责比，不过就其赃多时近者量行责罚，此辈哄然而集，哄然而散，曾无所加警惧于其心"。更重要的是，五城捕役之监管应交由司坊官负责，"司坊官则以比较有人，遂尔优游事外，此在山东道以风纪之司而下行有司之事，是为侵官；在司坊官以专辖之任，而反袖手旁观，是为旷职；在捕役则可以彼此推卸，彼此躲闪，有纵盗之利而不受纵盗之害，是为养奸"。因此，他奏请将捕役缉盗作为五城司坊官的职责考核内容，而不是由都察院来督办，"司坊官事务繁多，不宜以此增其烦扰，夫缉盗安民，事无有重于此者，此不办而顾办何等事乎？"[1] 以上吴文焕所条奏办法，经

---

1 《协理山东道监察御史吴文焕奏请将五城司坊官缉盗定为考成稽察事》（乾隆八年三月初四日），录副奏折：03-0070-026。

吏部议准，规定"嗣后该坊官遇有窃案，勒限肆个月，如限内不获，议以住俸，再勒限壹年，限内不获，议以罚俸"。[1] 实际上，清政府进一步加大了对司坊官的考核力度。

相对于一贯重视对五城司坊官缉捕盗案的考核而言，自乾隆八年（1743）始，罪行稍轻的窃案也开始纳入五城司坊官的考核之中。至于五城司坊官此前没有因失窃议处之例的原因，乾隆八年七月，巡视北城工科给事中吴炜所给出的解释说："查五城坊官既不能如外省州县之有养廉，可以补其罚俸之需，又不能如三营武弁尚有马干、薪红、坐粮等项，可以无藉于俸，故前此数十年失窃之例，不议处五城坊官者，原有深意，非遗漏此条也。"但因没有处罚，造成京城司坊官即便接到失窃报案，也"视同膜外，无所儆惕"，听任捕役"豢贼殃民，迄无底止"。为加强管理，在明确司坊官监管之责，而司坊官又无养廉的情形下，吴炜建议对京城窃案加以区分，因为京城人来人往，流动人口规模大，窃案频发，"寓于京城者多属候补、候选及现任官员，而北城尤多，每有窃取纤微物件，值钱无几，一经呈报，即成窃案。又有长随雇工人等，每有乘隙偷取，朦主报窃，及查验窗户门壁，俱无出入踪迹，一经呈报，亦成窃案。此向来窃案多于外省州县，而将来处分亦多于外省州县也"。在这种情形下，"若不分别设立科条，概以四个月停俸"，则司坊官更不免岌岌可危。因此，吴炜建议："请于处分之中，稍为区别，或计赃估值若干两以上，分别参罚；或查照外省州县之例，计案若干，汇行参罚；或行迹并非外窃而出入无踪者，免其处分；或拿获别案赃贼，亦请量加纪录，准予抵销；或事属因公而居官尚优者，量宽住俸、停

---

1 《巡视北城工科给事中吴炜奏请弭息窃贼源流分别惩劝以靖地方以敦吏治事》（乾隆八年七月初二日），朱批奏折：04-01-01-0090-031。

俸之例。"[1] 也就是说，将窃案按照失窃财物多少、窃案发生次数、以拿获赃贼案予以抵消，以及司坊官平日表现等等，予以区别对待。或许是因为吴炜奏请的办法过于烦琐，乾隆帝未置可否，但五城司坊官因窃案频发而面临惩处则是不争的事实。

然而，吴炜的担忧和建议毕竟是符合实际情况的，后来清政府对五城司坊官破获盗窃案不再限定在四个月内进行题参，而是统一放宽到考核期限内，即五城司坊官缉捕窃案如果"缉获过半，许其保题"，"如不能过半者，量予记过"。但即便如此，御史冯钤在乾隆十二年（1747）的条奏中依然认为："京师为五方杂处之地，查拿匪窃，原以肃清辇毂，考核自应较严。但地广人稠，奸良莫辨，其觉缉之案甚多。若定例过严，则司坊官动辄参处，永无上进之阶，亦非鼓励微员之意。"鉴于此，乾隆帝命吏部会同都察院妥议具奏。随后，规定："嗣后司坊官考课，除勒限承缉、初参、二参，分别处分，及每年内缉贼多寡，分别功过，仍照旧例遵行外，其三年俸满保题时，司坊内有堪保荐者，应将该员三年任内事主被窃未报、当经捕役觉获赃贼有据之案，入于承缉已未获各案内，计案通算。获贼过半者，准其保题。如不能过半者，仍行记过。记过后果能上紧访缉拿获，仍许保奏。如该管地方内窃案累累，不能实力查拿及纵捕豢贼等弊，经该城御史察出，照例参处。"[2] 此后，清政府对司坊官缉捕盗窃案的考核，以三年俸满为限。

由于盗窃案件破获的成功率直接关系到司坊官员的仕途升迁，在提升案件破获率又如此困难的情形下，即便是已经放宽考核期限的奖惩激励措施，依然导致五城司坊官不断"讳窃不报"。以

1 《巡视北城工科给事中吴炜奏请弭息窃贼源流分别惩劝以靖地方以敦吏治事》（乾隆八年七月初二日），朱批奏折：04-01-01-0090-031。
2 《清高宗实录》卷289，乾隆十二年四月乙亥。

至于乾隆十四年（1749）五月御史范鸿宾奏请对五城司坊官讳窃不报的现象进行严惩，"如窃案经事主呈告，隐讳不报者，该城御史即将该司坊官查参，照例降一级留任"；"倘坊官、事主扶同讳匿，一经发觉，将该坊参处外，并将事主照不行首禀例治罪"。[1] 但尽管如此，五城司坊官为逃避惩处，依旧选择匿而不报。例如，嘉庆九年（1804）九月，北城横街地方编修朱方增家发生"贼伙突入、捆缚事主孙宗起"一案。吏目冷暄同都司佟国良得知后，前往事主宅内，"恳请暂缓行文，希图讳盗不报"。[2]

长期以来，对五城司坊官破获窃案的考核，一般都是将案件次数作为统计标准，即"五城坊官侦缉窃案，定例一年内，五案以上未获一名者，降一级留任。十五案以上未获一名者，降一级调用，限内获一二案者免议"。也就是说，对司坊官的考核是"计案不计赃"，只要任期限内未获一案，虽然只有五案，也要议处；如果能"偶获一二案"，其余虽然还有数十案未获，也可以免议，这种做法的确"殊未平允"。鉴于此，乾隆五十一年（1786）二月，经御史苏楞额奏准，规定："嗣后五城窃案，令各城御史估赃，随案报明存案，年终汇办时，分别赃数百两上下若干案、已未获若干案，十案内获二案，免议。不及十分之二，赃少，量予查议。赃多，仍就未获之案，计案议处，不准以赃少获案抵算。"[3] 即各城窃案要按照失窃财物金额多少进行分类，然后再区分已获与未获。如果是金额量大的案件能够破获十分之二，则可免议处分；破案者不到十分之二，如果赃物少，应量加处分；如果未破获的都是金额大的案件，则不准用破获赃物少的案件进行抵算。

---

1 《清高宗实录》卷341，乾隆十四年五月甲戌。

2 《清仁宗实录》卷134，嘉庆九年九月丁未、庚戌。

3 《清高宗实录》卷1249，乾隆五十一年二月丁酉。

在嘉庆五年（1800）之前，京城缉捕不力的责任往往由司坊官承担，与御史毫无关涉。但在嘉庆五年后，这一情形发生了改变，此后京城缉捕不力也要追究五城御史的责任。嘉庆五年正月十四日，副都御史赓音布奏请严惩五城缉捕不力的御史。经赓音布统计，嘉庆四年（1799）五城上报的窃案通共有一百零九件，已获者二十案，未获者尚有八十九案之多。即便屡饬各城御史督令司坊严行缉捕，也是所获甚少，"不但窃贼未能捕捉，即小窃拿获者亦属寥寥"。而且五城每年发生的窃案远不止这些，"往往失主呈报司坊，司坊官希免处议，或转求失主息事，或纵令胥吏捕役故意耽延"，究其缘由，"皆由巡城御史恃无处分，袒护属员所致"。因此，赓音布奏请，"嗣后凡有五城司坊官承缉不力者，仍照向例议处外，其该巡城御史并着交部分别议处"。[1] 正月十四日，嘉庆帝肯定赓音布"所奏甚是"，谕令吏部"明定巡城御史处分"。不久，经吏部议奏准，"五城窃案，如巡城御史不严行催缉，应罚俸三个月，其任内一年期满，所报窃、盗已满初限者，窃案获不及十之二三，罚俸六个月。盗案三案未获，罚俸三个月。五案未获，罚俸六个月。六七案以上未获，罚俸一年"。[2] 此后，盗窃案的破获案数也开始纳入到了五城御史的考核之中。

关于五城司坊官待遇低的问题，早在乾隆二年（1737）十二月，御史钟衡就曾经奏请给予五城司坊官员量给养廉，但部议认为五城司坊官"按季支食俸银，按月支领公费，复蒙赏给双俸，日用已无不敷"，予以驳回。到了乾隆九年四月，钟衡再次提出给予五城司坊官员养廉银两的建议。理由是，五城司坊官本不充裕的俸银，因经常面临住俸和罚俸，以至于愈加拮据。"近复奉

---

1 《副都御史赓音布奏为将五城缉捕不力之御史文通交部议处事》（嘉庆五年正月十四日），录副奏折：03-234 7-003。

2 《清仁宗实录》卷 57，嘉庆五年正月丁卯。

命署巡视东城，见司坊各官日用愈窘，办理事务亦愈加拮据，细
询其故，则以各官任内参罚甚多，至无俸可领也。查正指挥正俸
双俸每年一百二十两、副指挥九十两、吏目六十一两零四分，公
费每月二两二钱，一年所需用度原属不敷，然犹曰有俸可领也。
今则住俸、罚俸之案十居八九矣。"按照乾隆八年（1743）确
定的惩罚标准，司坊官如有窃案在四个月内没有破获便"住俸"
（即停支俸禄），如果一年未破获则"罚俸"。现实又比较残酷，
"以五城地方辽阔，旗民杂处，统计一年中所报命案、窃案累累
不可数计也"。照此一来，"一案不获则住俸，住俸不已则罚俸，
积而至于数十案，住俸、罚俸又累累不可数计也，将任内终无领
俸之日矣"。相比之下，外省州县虽然也有住俸、罚俸之案，但
地方州县官"所恃以资用者有养廉"，至于京城司坊"所恃者俸
耳，俸之外无有也。若无俸可领则办理一切事务，费何所出？"
况且，五城司坊官虽然"无经征钱粮之责"，但需要经费的事务
一点也不少，"不知领采米石、解易银钱、煮赈给贫，非全然无
关钱粮之事"。如此一来，"司坊参罚既多，养廉并无，茕茕微
员，势难免于枵腹，情必至于向隅，此亦大可悯恻者也"。基于
以上情形，钟衡奏请为十五名司坊官"量给养廉银两，使之俯仰
有资"。[1] 乾隆帝命户部就钟衡所请会议具奏。

然而，户部以养廉银出自公项而驳回了钟衡的奏请："查各
部院衙门饭食银两，俱系从前各该衙门将归公银两奏明，给与官
吏以为饭食纸张之用，其余除奉特旨赏给外，并无另给之项。原
以养廉银两出自公项，如无公项可动，即不便别议通融。且五城
司坊官既有双俸，即属养廉，亦未便以参罚过多、无俸可领，复
为该员等奏请养廉。应将该给事中所请量给养廉之处，仍毋庸

---

[1] 《署理巡城御史钟衡奏请量给五城司坊官员养廉银两并办理窃案不获参处文武划一事》
（乾隆九年四月二十二日），录副奏折：03-0075-024。

议。"[1] 户部将钟衡所奏再次驳回，此后基本无人再就这类问题上折奏请。

除了司坊官的待遇低外，五城具体办理事务的经费也是捉襟见肘，例如承办缉捕的费用就严重匮乏。

具体承办缉捕任务的是五城司坊各衙门捕役、步军统领衙门番役和各城门海巡等人员，但是这些人员的缉捕经费几乎都很少。"五城司坊额设捕役，工食甚微，其承缉时购觅眼线，每多需费。该捕役等糊口不敷，或豢贼养奸，或畏法求退，皆因有惩无劝，遂至捕务无从整顿。"[2] 道光二年（1822）二月初七，掌山东道监察御史许乃济任职山东道后，发现五城捕役不仅人员少，而且额定办案经费也根本不敷用。"访察捕务玩延之故，缘各城关内坊、关外坊额设捕役各二十四名，每名每月工食银五钱，由户部支领，该捕役等承值三法司及各部院衙门票传事件，差役本多，至其承缉时购觅眼线，添雇帮伙，种种费用更复不少。惟时每月工食银五钱，糊口不敷，焉能捕贼？"在这种情形下，捕役往往敷衍了事，"比较严急"之下，捕役往往"传送一二小偷塞责，而积惯滑匪依然漏网，甚至豢贼养奸，坐赃索赌，诸弊皆所不免"。有点良心的捕役，因为工作不好干，"其奉公畏法者辄各坚求退役"，以至于"现者五城捕役缺额甚多，司坊官患应募乏人，不能更加选择"。许乃济认为捕役人手短缺，而且经费拮据，是造成京城捕务废弛的重要原因，"此京师窃案频闻而捕务莫由整顿之实在情形也"。因此，他建议首先要筹办捕役经费："敕下户部、都察院会同核议筹拨部库银两，发典生息，每年酌给捕务较繁之西、北两城赏需银各三四百两，即责成巡城御史核实支

1 《户部尚书海望、户部尚书阿尔赛题为遵议署巡抚东城给事中钟衡奏五城司坊官请给养廉事》（乾隆九年六月十四日），题本：02-01-04-13755-016。
2 《清宣宗实录》卷 29，道光二年二月甲申。

用，年终造册咨部报销。毋许浮冒，仍以一半息银归还部款，此后如查有豪贼延案之捕役，立即重治其罪，所有虚悬额缺务择勤干可靠者充捕，视获案之多少，定赏赉之重轻，劝惩分明，实效自见"。对于许乃济的建议，道光帝非常赞同，朱批："所奏俱系实在情形，且必应酌办之事。"[1] 二月初八，道光帝谕令，照许乃济所请，"筹拨部库银两，发典生息。每年所得息银，酌给捕务较繁之西、北两城，赏需银各四五百两；捕务稍简之中、东、南三城，赏需银各三四百两"。[2] 三月初四，户部遵照道光帝旨意，从户部拨部库银三万两，发典生息，以资京师五城缉捕。[3] 这些生息银两虽然未能根本改善五城捕役的办差经费短缺情况，但毕竟聊胜于无。

四　升转无望，被候选官视为畏途

五城司坊官除了经常面临住俸、罚俸之处罚外，仕途之路也非常窄。以各城正六品的正指挥为例，按照规定，其内升有四部主事一项，外升唯有同知一项，但同知一缺，"班次多人"，排队等候者多，四部主事"出缺无几"，结果导致"候升候补者壅滞已久"，铨选之日遥遥无期，有些正指挥甚至等待"十数年亦不能得缺"，如此一来，"以保举升用之员而使之多年不调，在年力可待者志气渐致堕懈，而年力近衰者日久即思告休"。毫无疑问，

1　《掌山东道监察御史许乃济奏请酌筹五城缉捕事宜事》（道光二年二月初七日），录副奏折：03-3913-018。

2　《清宣宗实录》卷29，道光二年二月甲申。

3　《户部尚书英和奏为遵旨筹拨部库银两发典生息以资京师五城缉捕事》（道光二年三月初四日），录副奏折：03-9495-036。

五城官员不受重视，官员视其为畏途，导致官员素质下降，从而直接造成了城市治理的行政能力下降。

为了解决司坊官的仕途升转问题，提升司坊官的工作积极性和职位吸引力，同时也是为了司坊官的自律，自乾隆朝后，先后有不少御史提出了相应的变革建议。乾隆十年（1745）六月，署理巡视西城户科给事中周祖荣奏请改善五城司员升转之例，扩大升迁的途径，凡是保举之指挥，"内则令其在各部额外主事上行走，该部堂官试看一年，遇有本部主事缺出，准其题补"，外升则以同知、知州二项并用。[1] 这比此前正指挥只能"内升主事、外升同知"的途径显然要开阔一些。

五城司坊官"管理命盗逃匪，事务繁剧"，在升转中还经常面临一难题，就是这些司坊官经常身背各种处罚，"往往因处分不能升转"。为疏通这一困境，乾隆三十一年（1766）七月，巡视北城御史素尔讷提出了司坊官升职时将这些处分带至新任岗位的建议，即五城司坊官"三年俸满，即保送引见，附于即升人员之末，以次升用，将降革留任处分，带于新任"。经吏部议复，"应如所请办理"。[2] 这种允许五城司坊官身背处分而升职的新规定，也算是一种无可奈何之下的创新之举。

尽管如此，司坊官的仕进之途并未柳暗花明，虽然"正副指挥引见后，一二年即可升用"，但是吏目自乾隆三十一年（1766）定例至三十七年，"未升一人"。乾隆三十七年（1772）三月，都察院奏请敕部酌议，将吏目"或另立一班，或于现行班次，量为变通，俾一体得邀升转"。对于都察院的建议，吏部议复："查正、副指挥应升缺易出，即升人员无多，故报满后早得升用。吏

---

1 《署理巡视西城户科给事中周祖荣奏请酌定五城司员升转之例以励人才事》（乾隆十年六月初八日），朱批奏折：04-01-30-0427-021。

2 《清高宗实录》卷 764，乾隆三十一年七月壬午。

目系未入流，应升缺少，即升员多，且有议叙选用、例不积缺计算人员，相间铨补，是以至今未升一人。"并规定，嗣后吏目俸满后，以引见之日起，"按各该员应得之缺，归双月、十缺后升选"。[1] 兵马司吏目三年俸满后，可以升任府知事、县主簿、府同照磨。但实际上，知事、主簿、照磨"缺分本少，难于积缺，故十缺后选用人员从未铨选到班"，因此对于吏目而言，其升职前景也大多停留在纸面上而已，"徒有三项升阶而无得缺之实"。[2]

再者，正指挥和副指挥升职路径的差异，也在一定程度上导致了候选候补人员视为畏途。按理说，正指挥管理人命相验事件，副指挥管理批发缉捕事件，两者"职守并重，其考核保举、历俸年分亦同"，但在铨选规定上，"例于副指挥既分作两途升选，而于正指挥则有原衔升转之例，并无原衔升转之官"。结果正指挥升职前景反而不如副指挥。对此，道光十年（1830）闰四月初四日，巡视西城掌山西道监察御史宋劭毂就指出："查通判所应升原有京府通判、同知、直隶州知州、府属知州等官，及经拣补正指挥三年称职奉旨升用后，转不能照衔升选，而通判拣补竟与知县拣补者无异，且较之副指挥迟速迥殊，似不足以示公允。"正指挥和副指挥的铨选差异，导致候补、候选者往往规避正指挥，"是以向来候补、候选人员一遇拣选正指挥时，往往先期设法推避，殊非策励办公之道"。[3] 到光绪十一年（1885），御史李贵所反映的还是同样的问题："正指挥职司相验，吏目专司缉捕，均时有交传案件，差务极其繁琐，一经得缺，皓首无路，以致人

---

1 《清高宗实录》卷 904，乾隆三十七年三月癸丑。
2 《奏为呈兵马司吏目三年俸满升用请敕下部议量为变通以示鼓励事》（道光四年），录副奏片：03-2551-085。
3 《巡视西城掌山西道监察御史宋劭毂奏为五城兵马司指挥铨选则例正副两歧请敕查明画一办理事》（道光十年闰四月初四日），朱批奏折：04-01-16-0136-055。

人视为畏途。"[1] 又，光绪二十五年（1899）十月十八日，御史文瑛奏称："正指挥一官，管理地方命案，又兼刑部及步军统领衙门委检，责任綦重，事务极繁，若永无升途，未免向隅。"[2] 可见，尽管有以上诸多御史的建议，但直到清末，五城司坊官的升迁之途也没有多少改观。

另外，长期以来奉行的五城司坊官补缺章程，也不利于选任"熟手"。自嘉庆朝后，五城司坊官，除了实缺的正副指挥、吏目各一员外，还设有拣发各一员，又有差委人员。根据司坊定例，只有实缺人员三年俸满后与各项小京官一体升转，"独至拣发、差委人员转因格于成例，虽经在城当差有年，公事熟悉而补缺竟至无期"。以致五城地面官员，"得缺者概系生手，而素称公事练习者，至十数年不得补一实缺"。为此，御史刘庆于同治元年奏请，要重视这些已有五城实地办事经验的拣发、差委人员，建议"所有五城拣发、差委各员役以一年学习，期满奏留补用，遇有缺出即由都察院酌定，先用奏留资格较深一员，次用部选一员"，即先留用合格的拣发、差委人员，如此"五城地面亦借资熟手整顿矣"。[3]

由于司坊官官员任务重、参罚多、待遇低、升转无望等诸多因素，以至于被候选官员视为畏途，即便上任，也百般寻找机会捐升离任。"五城地方设立司坊各员，原为稽查弹压办理地方政务，最关紧要。近年以来因参罚案多，候选之员视为畏途，每遇缺出，往往挑选之人经吏部奏明，司坊官员三年俸满，即有降级

---

1 《李贵奏为五城正指挥吏目皓首无路请旨饬部疏通选缺班次并照截缺章程补用事》（光绪十一年），录副奏片：03-5752-042。

2 《掌山东道监察御史文瑛等奏为兵马司正指挥升途迟滞请饬部量为变通办理事》（光绪二十五年十月十八日），录副奏折：03-5093-055。

3 《御史刘庆奏请酌拟变通京城司坊等官补缺章程事》（同治元年），录副奏片：03-4603-172。

留任等案，亦准照例升用。于是，缺出始有赴挑之人，然究之得缺到任后，不过数月即行捐升离任"。乾隆十九年（1754）十月十八日，都察院左副都御史杨锡绂奏称"计本年自二月至今，正副指挥共捐升者已有八人，虽在彼循例急公难禁不行报捐，但一官而一年之内屡易其人，不过彼此递相交待，安望其实心办理政务，仍于五城地方无益"。为能稳定司坊官，杨锡绂建议强制性规定，司坊官官员到任一年后方准捐升，"其未满一年者，概不准行，如此则既不阻其急公之心，而于城务亦有裨益"。[1]十月十八日，朱批奉旨照所请行。

综上，五城行政体系在清代北京城市管理中发挥着重要作用，但其弊端也不少。在办理案件时，五城官员渎职失责、贪赃事件时有发生，巡城御史常受他人请托而徇私，司坊官及其下属杂役借各种时机勒索，几乎司空见惯。司坊官还经常因盗窃案问题而被停俸、罚俸，为逃避追责，司坊官要么讳报，要么抓捕小盗小窃，以充破案数量。恶性循环之下，京城治安难以得到有效治理，已经从偶然走向必然。除了司坊官互不统属、各自为政的体制弊端之外，司坊官地位低、待遇低、升转无望等诸多限制，也是导致五城行政困局的重要因素。

---

1 《都察院左副都御史杨锡绂奏请定五城司坊捐升之例事》（乾隆十九年十月十八日），录副奏折：03-0090-037。

清代太医院医生的公共事务

李逢源[*]

摘　要：清代太医院在机构设置上多沿明旧，但在部门职能上则有较大
变化，尤其在社会公共事务方面有更多的扩展。清代太医院的
医生不仅在紫禁城中为皇室成员及宫中其他人员诊疗，还走出
深宫，为社会上其他阶层群体提供医事服务，如在外军队、关
押囚犯、疾疫平民、关外藩属、科举考生等，还编著书目总结
和传承历代先贤的医学精华。他们救死扶伤、治病救人，对国
家安定及社会稳定起到了重要作用。

关键词：御医　清代　太医院　公共事务

　　御医，官如其名，"御"，与皇帝有关的；"医"，即医生。
御医是专门为皇帝、皇室家眷和宫中成员提供医事服务的专职
人员团体的统称。[1] 这一职业到了清代已经趋于成熟，并且随着
国家统治和社会发展的需要，延伸出更多的职能。御医们不再
仅仅局限于皇宫之内，为皇家办事，而且被派到社会上，接触
不同的阶层，为更多的群体服务，发挥自己的特长，彰显自己
的价值。

* 李逢源，故宫博物院宫廷历史部馆员。

1 此处的"御医"代指清代隶属于宫廷太医院的医生群体，而非专指太医院中等级职位为
　"御医"的医生。

一 随护军队

军队无论是驻防还是打仗，染病受伤的可能性都非常大，需要业务能力精湛的医生尽快医治。清朝统治者明白，有优秀军医的军队，其持续作战的能力将大大增强，因此他们很早就看重御医对官兵的陪护和治疗。

康熙十一年，康熙帝在赤城行宫召见兵部尚书明珠，下达谕旨，"闻随来官兵多有疾病，凡有病官兵，着领来与太医院官诊视医治，其病重不能来者，着太医院官前去医治，其传谕众人咸使闻知。"[1] 派太医院御医给军队看病，还要医生主动前去诊疗病重者，可见康熙帝对军队健康情况的重视。相距数千公里之外的军队，康熙也常常挂念。康熙二十年，三藩之乱接近尾声，平乱大军进入云南，谕礼部，"闻云南官兵，疾疫者甚多，彼地苦无良医，其令太医院医官胡养龙、王元佐，驰驿前往调治。"[2] 皇帝担忧染病的出征将士在西南边地因为没有好的医生而延误治疗，钦派两名御医速去照看。同样在黑龙江边境，俄国经常袭扰挑衅，清朝出动军队捍卫领土主权。康熙二十六年，谕黑龙江将军萨布素，"自雅克萨城解围以来，闻军士间有患疾者，此皆属满洲精兵，朕甚悯焉。今特遣太医院官二人，赍药前往治之。至于罗刹，虽与我兵对垒，但我兵攻雅克萨城，从未诛戮其人，如城中有患疾之罗刹，亦应听其就医，使还彼国，传布德意。"[3] 太医院医生不仅治疗本国军队，还治疗敌方伤军，让他们能够顺利回国，借此举向对方传递善意与仁德。

---

1 《清圣祖起居注》卷 1，康熙十一年二月二十六日。
2 《清圣祖实录》卷 97，康熙二十年八月己亥。
3 《清圣祖实录》卷 129，康熙二十六年正月戊子。

从康熙朝开始，因军需派遣御医逐渐形成定制，《清会典》载："凡军前需医，奉旨差官医治，由礼部选派二员，具题驰驿前往，并遣兵部官一员，送至军前。"[1]由皇帝根据军队的情况下旨派出，之后礼部选择两名御医，和兵部的一名官员一起，赶赴前线。"凡关外差遣，康熙三十四年，谕，黑龙江默尔根地方紧要，着从京城遣良医二人前往，一年一更换。四十五年停止。"[2]康熙中期因有对俄对蒙的战争杀伐和战略威慑的需要，清廷在东北地区要塞墨尔根部署了大批军队。或许是因为当地气候严寒、环境恶劣，军医采用轮换制度，周期为一年，从康熙三十四年开始，一直到四十五年结束，持续了十年之久。

到了雍正和乾隆时期，随着朝廷用兵的增多，军医轮换周期的时长逐渐增加到三年，并且开始将御医随军制度纳入医生等级评定考核体系之中。乾隆二年鄂尔泰上奏："雍正十三年二月二十二日奉旨，现在军营大夫着换班，尔等议派大夫或有情愿去的，或二年三年一换，照旧例请旨，其换回大夫该议叙着议叙。"[3]奏折中还说明了随军医生等级考核的标准和后续的人事处置，"将报效官兵分为三等，造册送部，其效力超越者列为一等，一切应升之处即用，平常效力者列为二等，酌量加恩，将未曾效力者列为三等。"[4]之后还评述了十三名随军医生的具体情况，效力时间有长有短，最早的到雍正六年，最晚的到雍正十年，雍正六年距离乾隆二年已有九年，远超过了规定周期，因此给这些已随军八九年的医生定为二等，将雍正九年和十年开始随军的医生

---

1 《清会典·康熙朝》卷 161《太医院》。

2 《清会典·雍正朝》卷 248《太医院》。

3 《为核议太医院效力军营九品吏目等官题请议叙事》（乾隆二年二月初四日），中国第一历史档案馆藏，档号：02-01-006-000172-0004。

4 《为核议太医院效力军营九品吏目等官题请议叙事》（乾隆二年二月初四日），中国第一历史档案馆藏，档号：02-01-006-000172-0004。

评为三等。这些医生虽然效力时间很长，但并没有评为一等，应该是因为这几年间没有什么突出表现，可见等级考核还是非常严格的。但也有能够得到一等评级的医生，乾隆十八年，吏部尚书史贻直向乾隆皇帝报告："查军营太医院衙门九品吏目侯玉，于乾隆十五年正月到军营之日起，扣至乾隆十八年正月，三年期满……出具考语议叙，将侯玉作为一等。"[1] 乾隆三十二年，吏部尚书托恩多奏称："查吏目邹旋吉于乾隆二十八年七月二十五日到营，连闰扣至三十一年六月二十五日，三年期满，该员人谨慎、医学好，相应出具一等考语，送院办理等因到院，查本院派往军营人员三年期满，由该将军出具考语咨院，本院转咨吏部议叙。"[2] 与二等、三等的医生相比，一等的评定考语增加了对个人优点的陈说，并且透露了随军医生考核评级的人事流程，在军营三年期满后，先由所属军队的管辖将军根据医生这三年的情况出具评定意见，再报给太医院询问和商量，最后转到吏部，给出一个最终的考核结果。

对于随军医生考核后的人事优先任用规定，曾出现过争论，主要是对御医晋升的优先考虑因素有不同的观点。有大臣认为太医院职位晋升人选应该唯才是举，但也有官员觉得被评定嘉奖的医生肯定本身也业务精湛，应该让受过奖励的先晋升："不论议叙未及议叙，并年久之员，只按其医学堪用、勤慎小心者拣选，请旨补用，似为妥协。若论议叙以及年久之员先行归补，实难鼓舞勤惰之别……太医院官员专司医理，自应拣选医学优长之人充补，方为有益，至各项议叙人员亦系因其医学堪用着有劳绩，始

1 《题为议准定边左副将军请将军营太医院九品吏目侯玉列为一等议叙事》（乾隆十八年八月二十六日），中国第一历史档案馆藏，档号：02-01-03-05039-001。

2 《题为议准太医院吏目邹旋吉军营期满照例加级事》（乾隆三十二年闰七月二十五日），中国第一历史档案馆藏，档号：02-01-03-06188-005。

得邀恩议叙……军营议叙人员升补之处，仍令遵照原议办理。"[1]
最终张廷玉向皇帝汇报了讨论结果："查太医院九品吏目额设十五
缺，约计每年可出三四缺不等，其军营议叙人员列为一等者，经
臣部议，以遇缺即行升用，列为二等者，三缺之后升用。计一年
之内议叙一等者，方用一缺，二等者三缺之后始用一人，在京供
职人员可得二缺，与两项人员俱得补用，未为壅滞。况军营效力
议叙系三年一换，三年之内亦只三员，为数无多。"[2] 将晋升名额分
开，两者互不影响，是一个两全其美的决定。至此，对随军医生
和在京医生谁优先晋升补缺的问题，终于有了一个定论。

除了规定的按期轮换之外，在宫中因错受罚的御医也会被派
到边疆军队中戴罪立功。乾隆元年，署理宁远大将军查郎阿上奏：
"查太医院革职御医刘裕铎系雍正九年奉旨前往巴尔库尔军营效
力赎罪之员，自到营以来，凡有差遣，不辞劳苦，尽心竭力，加
意医治，冲风冒雪，即酷冷严寒不敢稍懈，在营在卡满汉官兵
内，凡遇病症，刘裕铎医治痊愈者独多，甚为出力，且自备鞍马
军前效力，历今五载，已属力尽筋疲，实无力量行走，殊可矜
悯。"[3] 医生随军与宫中轮值相比，所处地方的环境更加恶劣。长
年的奔波劳苦也让部分医生疲弱的身体雪上加霜，雍正朝的太医
院吏目方菲本就残疾，军营生活让他"旧病复发，腰腿疼痛，不
能行走"，[4] 难以继续工作，只好回京治疗休养。与伤病相比，更

1　《为核议太医院军营回京额外吏目王瑞等员出差年久题请议叙事》（乾隆五年五月初十
　　日），中国第一历史档案馆藏，档号：02-01-006-000296-0011。

2　《为核议太医院军营回京额外吏目王瑞等员出差年久题请议叙事》（乾隆五年五月初十
　　日），中国第一历史档案馆藏，档号：02-01-006-000296-0011。

3　《奏为革职御医刘裕铎在巴尔库尔军营效力年满请宽免回京等事》（乾隆元年四月二十六
　　日），中国第一历史档案馆藏，档号：04-01-01-0011-040。

4　《为知照随军太医院吏目方菲患病回京事》（雍正十一年十一月十四日），中国第一历史档
　　案馆藏，档号：03-0010-022。

令人痛心的是死亡，长期跟随军队的医生不可避免地要面对危险。汤裔死于清朝和准噶尔的和通泊之战，"汤裔系江南寿州霍邱县人，七品御医，戴六品顶带之职……将七品御医汤裔遵照七品州判例加增布政司经历，准荫一子入监读书，其应得赠衔敕命揭送内阁撰给，并按其加赠品级给与全葬之价，并给与一次致祭银两，遣官读文致祭"。[1] 但即便在如此恶劣的环境和残酷的战斗中，依然有医生主动放弃升迁的机会，申请扎根边疆，治病救人。"今在军营行走太医院额外九品吏目陈催，自乾隆五年六月起，至八年六月，三年期满，例应换回，而陈催具呈，情愿再走三年。"[2]"现在军营太医院九品吏目陈催，应于乾隆十一年八月内更换班，又恳乞再住三年效力……今自办理军机处文到之日起，扣至乾隆十四年九月止，陈催又满三年。"[3] 从乾隆五年到十四年，这十年中他一直守护着国家军队，履行着自己身为医者救死扶伤的天职。

军医在一支军队中至关重要，无论是规定的轮换惯例还是突发的传染疾病，出征在外的军队需要医生之时，就是宫廷太医院御医起程之日。

二　防疫医民

防治疫情是太医院医生公共事务的重要组成部分之一。由于

1　《题为遵议和通呼尔哈阵亡太医院御医汤裔应升品级赠都司经历准荫一子入监读书事》（乾隆二年七月二十三日），中国第一历史档案馆藏，档号：02-01-03-03469-010。

2　《题为会议派驻定边左副军营行走太医院吏目陈催三年期满议叙事》（乾隆八年十一月二十六日），中国第一历史档案馆藏，档号：02-01-03-04138-008。

3　《题为会议原任定边左副将军策凌咨称太医院吏目陈催应在营效力期满请议叙事》（乾隆十五年三月二十五日），中国第一历史档案馆藏，档号：02-01-03-04829-003。

瘟疫传播快速，平民百姓患病后，死亡率非常高，民间的医疗条件和能力不足以有效地控制和消灭疫情，因此清代一旦发生瘟疫，统治者立刻组织相关部门采取措施，共同防治。太医院作为国家最高等级的医疗机构，拥有众多医术精湛的医生，于情于理都应加入，发挥重要的作用。

乾隆皇帝在听闻徐州遭受水灾后决定前往当地视察，事后写下一首《灾余》述说灾后情况。"灾余病必行，古人言之矣……铜山莅古邑，菜色嗟怒视。蓝缕鲜完衣，跟跄或无屦。实泽果遍及，仍然故何以。太医虽庸医，玉缺珷玞美。四乡分往救，所司拨药饵。"[1]俗语说，大灾之后必有大疫，乾隆看着百姓衣不蔽体、食不果腹，忧思伤痛。在他看来，太医虽然资质能力平庸，但基本的疫病预防和治疗还是能够胜任的。因此他命令太医前往周围地区支援救灾，相关部门也要立刻拨发防疫所需的药物。

有档案记载了太医院医生们在疫病防治的过程中具体从事了哪些方面的工作。嘉庆七年，宗人府府丞徐绩上奏其亲自调查的京师地区的瘟疫情况，"奴才等三月间奉命放赈，彼时黄村即有瘟疫，奴才与太仆寺少卿邵自昌携带除瘟药饵，见有病者即行散给，医活颇多。近闻京城亦有瘟疫，仰乞皇上敕下太医院检查除瘟良方，配合丸药，交九门提督分发所属，遇有病人讨药即行给与，以免传染"。[2]道光元年，内阁奉上谕："朕闻京师内外时疫传染，贫民不能自备药剂，多有仓猝病毙者，甚或无力买棺敛埋，情殊可悯，着步军统领衙门、顺天府、五城慎选良方，修和药饵，分局施散，广为救治。"[3]同治六年二月初八日，陕西道监

1 《清高宗御制诗文全集》（四），《御制诗二集》卷72，台北故宫博物院，2011。

2 《奏请敕太医院检配除瘟丸药分发病人事》（嘉庆七年五月三十日），中国第一历史档案馆藏，档号：03-1619-054。

3 《上谕档》道光元年七月二十六日，第1条。

察御史李德源因为北京白喉流行，死亡率很高，情状悲惨，请求太医院拟方散药，"今自去年春间，京城又患喉症，秋令少觉平复，入冬以来又复盛行，今春更甚，患此症者喉痛起白、饮食不下，不过三四日即便殒命，而且最易传染，一家之中数日之内竟有连毙数口者，目睹情形甚为可惨"。[1]同日，皇帝览奏后命令，"着太医院即行拟方刊刻，并将药饵发给五城，随时散放，以育群生而消沴厉"。[2]十四日，太医院右院判李德立奉旨监查修合解瘟丸药。[3]从以上几处事件可知太医院医生们在疫情防治中参与的环节应该主要是开具药方和监查制药。

太医院在配制药物的选择上，基本以祛毒解表、散热理气为主，剂型多用丸类，制作简便快速，成本不高，便于服用，还容易运输储存。嘉庆十九年闰二月，河南巡抚方受畴奏报豫省瘟疫盛行，上谕："特命太医院开写清瘟解毒丸、藿香正气丸二方，发交方受畴精选药材，按方修合，广为施散，俾染疫者饮药得痊，以冀稍减疫疠。"[4]太医院六品医官傅仁宁称，二者都是医治瘟疫很有功用的药物，然后开写药方，寄给方受畴，让他组织有关人等依据此方制造药丸。[5]五月，直隶南部时疫形势严重，上谕中抄录有所发丸药的详细药方，恰好还是这两种。"清瘟解毒丸，牛蒡子二两、马勃二两、薄荷五钱、连翘二两、黄连一两、元参二两、板兰根二两、黄芩一两、僵蚕一两、柴胡一两、甘草五钱，共研细末，蜜丸重三钱，每服一丸，白开水送下，此方治瘟疫时

1 《奏为时疫流行请饬太医院拟方散药事》（同治六年二月初八日），中国第一历史档案馆藏，档号：03-5005-043。
2 《上谕档》同治六年二月初八日，第2条。
3 《为着传明善派太医院右院判李德立眼同监查修合解瘟丸药事》（同治六年二月十四日），中国第一历史档案馆藏，档号：05-13-002-000785-0148。
4 《上谕档》嘉庆十九年闰二月二十五日，第3条。
5 《上谕档》嘉庆十九年闰二月二十五日，第5条。

毒。藿香正气丸，藿香二两、陈皮一两、枳壳一两、苏梗一两、大腹皮一两、桔梗一两、苍术一两、白芷一两、赤茯苓二两、厚朴一两、半夏曲一两、甘草一两，共研细末，蜜丸重三钱，每服一丸，白开水送下，此方治四时一切不正之气。"[1] 此二药在太医院开列的疫情防治用药中频繁出现，故宫博物院如今的藏品中依然能够找到御制清瘟解毒丸和御制藿香正气丸的药方和仿单，内容大体相同。

除了开具药方和监查制药之外，太医院医生也亲临过抗疫一线。"顺治十一年，奉旨于景山东门外筑房三间，由礼部奏派太医院官施医给药。康熙二十年，经五城御史奏准，设厂十五处于五城地方，派佥都御史督同五城御史发内帑办理，施医由太医院奏派，每厂医官医生各一人。二十一年改设东西南北四厂，照旧办理，奉旨以为常例。乾隆五十八年奏裁。"[2] 医生们被派驻在各个防疫点，在医药方面进行指导，与其他有关人员一起参与对疫情患者的救治。

在灾荒之年，即使没有疫情发生，太医院医生们依然要前往赈济地点诊看灾民，以防出现大规模的病亡。不幸遭遇灾荒的百姓在得到官府赈济的同时，也受到了太医院医生们的悉心调理与医治。以康熙十八年多省发生的饥荒为例，灾民流离失所，其中有一部分朝京师聚集。后来京城内开始设粥厂煮粥，赈济饥民。随着灾民越来越多，卫生医疗问题逐渐凸显。康熙十九年四月初一日，上谕："展限两个月，仍煮粥赈济，其饥民内有患病者，应令太医院及五城医生诊视，遣员管理。"[3] 两个月后，康熙感念灾民暑热难当，回籍辛苦，于是又命令"展限三月，

---

1 《上谕档》嘉庆十九年五月二十六日，第 2 条。

2 （清）任锡庚：《太医院志》，《奏派差务》，民国 12 年石印本。

3 《清圣祖实录》卷 89，康熙十九年四月庚申。

复遣太医院医生三十员，分治五城抱病饥民，以全活之。"[1] 对于让人难耐的酷暑，雍正皇帝更是设立了一项对百姓进行人文关怀的制度。《清会典》载："（雍正）十年，谕，现今天气炎热，着步军统领于各门设立冰水、解暑汤药，以解行人烦渴，即以工部所窖冰块应用，如尚不敷，动用崇文门宣课司余银采买办理，永著为例。其解暑汤药交太医院官定方配制。"[2] 在每年的盛夏时节，京城各城门处都有路人能够解暑的地方，其中的汤药依旧是由太医院医生开具药方和配制药料。故宫博物院现藏的医药类文物中就有一块名为"暑汤方证简明说"的水牌，上书"暑汤方治"，方子以香薷和藿香为主药，配以滑石、麦冬、白术等，共计十六味中药材，其后写明了阳暑、阴暑病人不同的体征表现和服暑汤法，以及暑汤的治疗作用，可谓"时当暑热，无病亦宜"。

在官方举办大型的公共活动时，太医院医生同样在场保证着参与者的身体健康。康熙五十二年，为庆祝康熙皇帝六十寿诞而举办了清朝第一次"千叟宴"。因为受宴请者都为各地的年长老人，所以康熙发布上谕："朕闻各省为祝万寿来京者甚众，其中老人更多，皆非本地人，时届春间，寒热不均，或有水土不服，亦未可知。尔等即传与汉官等，倘有一二有恙者，即令太医院看治，务得实惠，以示朕爱养耆老之至意。"[3] 当时赴宴者有千余人，社会各个阶层的人物都有，下至花甲，上达耄耋，有的老人虽距京城数千里，仍不辞辛劳前来参加，太医院医生的看视治疗是对他们生命的保障与尊重。

---

1 《清圣祖实录》卷90，康熙十九年六月丁丑。
2 《清会典·嘉庆朝》卷880《步军统领六》。
3 《清圣祖实录》卷254，康熙五十二年三月乙酉。

三 诊疗囚犯

与征战的军队和受灾的平民一样，被关押在监狱中的囚犯同样有着很高的疫病患病率和传染率。阴暗潮湿的生存环境、日常群聚的集体活动、营养不良的身体境况、悲观焦虑的心理状态、资源匮乏的医疗条件等因素，都使得犯人这一群体容易患病，进而可能因医疗不当或不及时导致加重以致死亡。

绝大部分囚犯虽然有罪，但罪不至死。康熙二十二年，刑部向皇帝题奏，有四十多名犯人在狱中死亡，康熙闻此，认为"人命关系重大，无辜枉死，上干天和，朕念狱中犯人自作罪孽，理固应死，但恐死于非命，曾命御医给与药物，疗治有疾之人"。[1] 此言表明了清朝皇帝派太医诊囚的缘由，虽然犯人有罪，但不能死得不明不白，有罪要惩罚，有病也要治疗。作为清朝统治者体现其"仁治"治国理念的重要举措之一，对待犯人与军人同样设立了医生坐班当差和定期轮换制度，对犯人进行基本的诊疗。

康熙二十三年，"刑部司狱司添设医生一名，调治监犯，咨礼部行令太医院添送，每日增给药价银八分，年终，定为考成，治痊病犯数多者，照六年已满定例咨授吏目，如治死数多者，责革，另行咨换"。[2] 大概是因为"以此差医治病犯，多不乐为"[3] 的实际困境，这一年在诊囚制度的基础上，增加了进一步的奖惩措施，治愈多的医生奖励升职，治死多的医生惩罚革职。

雍正六年，在太医院呈上关于八旗包衣诊囚医士的奏折中，

---

1 《清圣祖起居注》卷 15，康熙二十二年十二月十九日。

2 《清会典·康熙朝》卷 130《刑部二十二》。

3 （清）任锡庚：《太医院志》，《咨派差务》。

议定医士自己准备药物，以两年为一期，轮换治疗，如果干得好就奖励。雍正批复："所用药物着医士备办深属不合，当着落尔衙门，在一处传取销算方好……二年一更换为期太久，当六个月一更换……医士或现在疗治犯人一件大病，用药有效，则患病者必须专服伊之药，倘适逢更换之时，必致换医，又恐耽误病症……与新换之人一同调治，俟此人病愈再为具结存案，不许再往。至于小病不得以此为例。"[1] 可见雍正皇帝并不满意太医院的想法主张，进而提出了三点意见。一是在药物筹备方面，将诊疗犯人所需的全部费用统一纳入太医院的奏销体系中，不能让医生自掏腰包。二是在更换周期方面，两年太长，改为六个月。三是在治疗病情方面，具体问题具体分析，以病患为中心，制度实行要灵活不能死板。

到了清代中期，医生诊囚制度已经非常成熟，但也出现了太医院官员和医生钻空子的案例。嘉庆十三年，管理太医院事务的总管内务府大臣苏楞额在一次人员检查中，发现推选到刑部效力的医生檀国馨不在太医院的现有医生名单里，后来经过进一步调查，原来檀国馨"于本年正月告假，现亦未到衙门销假，原不应咨送，系花堂官吩咐将其保送"。[2] 花堂官即时任太医院院使花映墀，嘉庆十年时被加恩赏给四品顶戴。[3] 此事被发现后，太医院另外推选了一名医生到刑部效力，檀国馨被开除出太医院，至于花映墀遏抑本在太医院当差的医生，而拣选不在册之人，也受到了议处。

---

1 《清世宗起居注》卷 3，雍正六年三月初六日。

2 《为奉旨咨送太医院未销假医士至刑部当差事》（嘉庆十三年闰五月二十七日），中国第一历史档案馆藏，档号：05-08-001-000015-0005。

3 《着太医院院判花映墀赏四品顶戴事奉旨单》（嘉庆十年二月二十七日），中国第一历史档案馆藏，档号：05-0513-085。

　　晚清在宫中太医院曾担任过御医的任锡庚在其所著《太医院志》中对清朝太医诊囚的历史有详细准确的记载，"顺治八年，刑部设常差医士一名，每月由部给发药价银米，期满六年咨回本院升预授吏目，所差医士如本院需用，随时咨取回署，遗差另行咨派……光绪年间刑部奏准，仍专咨派医士，三年期满，以九品吏目即补。宣统元年该部奏准，医官作为本部实缺，此次即以太医院前派之王德浚改补，以后由部自行遴选，毋庸由院咨取。"[1] 这段文字交代了太医院派遣医生到刑部监狱治疗犯人的起始时间、派遣名额、派遣年限、人员和期限中间的变化与原因以及最后此项制度的终止，是太医诊囚历史的总概述。文中提到的最后一任由太医院推选到刑部当差的医士王德浚，其对病人的脉案在中国第一历史档案馆中收录有很多，仅以光绪三十四年六月和八月两条档案为例，六月脉案为："本部医士王德浚诊看得审录司两广科秋后人犯椿碌，系气虚脾湿之症，以致周身浮肿，腹胀少食，拟用利湿之法调治。"[2] 八月脉案为："本部监医佐王德浚诊看得审录司两广科秋后人犯曲受谦，系脾虚日久，元气衰惫之症，以致头面腿足浮肿，精神困倦不支，脉细气乏不食，拟用补脾益气之法救治。"[3] 从"医士"到"监医佐"的称谓变化，不仅体现了为囚犯诊病的医生的来源部门的转变，也宣告了清代太医院医生诊囚制度的终结。

1　（清）任锡庚：《太医院志》，《咨派差务》。
2　《为诊看审录司两广科秋后人犯椿碌病状事》（光绪三十四年六月），中国第一历史档案馆藏，档号：16-02-003-000096-0097。
3　《为诊看审录司两广科秋后人犯曲受谦病状事》（光绪三十四年八月），中国第一历史档案馆藏，档号：16-02-003-000081-0076。

四　出关种痘

清初天花肆虐，天花也叫痘疹，是一种极具传染性且死亡率较高的病，但治愈后就不会再患。康熙朝时种痘预防之法传入宫中，并在全国得到推广，天花逐渐淡出人们视野。太医院的医生们就在其中扮演着实际操作者的角色。

康熙帝曾言："国初人多畏出痘，至朕得种痘方，诸子女及尔等子女皆以种痘得无恙。今边外四十九旗及喀尔喀诸藩俱命种痘，凡所种皆得善愈。尝记初种时，年老人尚以为怪，朕坚意为之，遂全此千万人之生者，岂偶然耶？"[1] 从中可知清朝在蒙古地区推广种痘的过程中曾经遇到过阻力，但在康熙的坚持下，还是推广成功，挽救了千万人的性命。"康熙辛酉[2]，圣祖仁皇帝命江西巡抚考送善种痘医二人，纯嘏[3]与焉，选种试苗皆效，随授御医，直内庭，旋出使各蒙古，自在辇毂及往来外藩三十余年。"[4] 这位善于种痘的医生朱纯嘏从四十多岁被推荐进入太医院以来，连续三十多年供职宫廷，多次前往蒙古各部帮助当地人种痘，直到年老休致回乡，侧面表明了康熙朝种痘政策施行的持续性和康熙本人对蒙古种痘的重视。让他如此看重蒙古的种痘完成程度的原因，是皇宫与蒙古的频繁交往和关外与关内温度的巨大差异。"蒙古地苦寒，一入关则温燠所感，往往以痘症死，故诸藩未出痘者免入京师，未出痘者谓之生身，已出痘者谓之熟身。闻国初岁遣太医赴诸部种痘，以便朝觐往来，不知信否。"[5] 蒙古每年都

1　（清）胤禛：《圣祖仁皇帝庭训格言》。
2　即康熙二十年，1681年。
3　朱纯嘏（1634—1718），江西新建人，清代医学家，著有《痘疹定论》。
4　（清）沈大成：《学福斋集》文集卷2。
5　（清）吴振棫：《养吉斋丛录》卷5。

要派人到北京朝觐皇帝，因为担心前来的蒙古各部外藩患上痘疹，所以太医院每年都会派医生前往蒙古给还未患上痘疹的人种痘。

这种制度不仅贯穿整个康熙朝，到雍正时期依然继续实行。雍正三年四月初八日，上谕："看来新满洲、蒙古等艰于子息者，大都为出痘所伤，此亦无力种痘之故耳。新满洲、蒙古侍卫官员等有未经出痘之子弟，欲行种痘者，着告知太医院，交刘声芳看好时候，派种痘之医生，令其诊视，若痘疹科医生不敷用，着奏请添取。"[1] 雍正不仅没有废止种痘制度，还在其父的基础上，扩大了范围和人数，将新满洲也纳入到了种痘体系中，侍卫、官员等都在种痘之列，所需的太医院医生数量自然也就快速增长了。雍正四年，考虑到察哈尔蒙古与关内旗人经常在一起打猎和出征，而其中还有很多蒙古人没患过痘疹，所以"于左右两翼差在京医生二人，带好痂苗前去，相度彼处气候如法种痘。每年种过小儿若干，曾否伤损之处，令总管等咨呈报院，交太医院，将种痘好者议叙，劣者惩治。"[2] 这段记载体现了种痘制度有了两个新的变化，一是要求医生每年记录种痘人数，并报太医院存档，以便朝廷对种痘的整体进度有一个清晰的认识。二是开始对种痘的医生实行相关的奖励与惩戒，以调动医生的工作积极性。雍正六年，下旨，"本年医生停止前往，明年察哈尔旗下有要种痘者，总管等皆于年前请医报院具奏，再令医生前往"。[3] 由皇宫直接派遣医生前往，改为当地先统计上报需种痘人数再分派医生，这些改变都是清代统治者对种痘制度的逐步细化与完善。

1 （清）允禄编《世宗宪皇帝上谕八旗》卷3。
2 《清会典·乾隆朝》，《钦定大清会典则例一》卷142《理藩院》。
3 《清会典·乾隆朝》，《钦定大清会典则例一》卷142《理藩院》。

满文档案中还有派遣太医院医生跟随运送治疗痘疹的药物赴蒙的记录。译文为："乾隆二十年三月初二日，奉旨，交付太医院，派两位善于治疗痘疹的医生，将药驰驿给阿睦尔撒纳等人，捎去鄂尔坤、乌里雅苏台等地，钦此。"应是派太医院医生携带药物前往蒙地，组织预防和治疗痘疹等有关疾病。

五　助力科举

在国家科举考试方面，也能看到太医院医生的参与。康熙十八年颁布新规，在会试开始之前，由礼部向太医院行文，借调一名医官到贡院，听候差遣，配合考试的顺利举行。[1]会试是科举制度乡试、会试、殿试中的中央一级的考试，由礼部组织，场所就在贡院，考生是来自各省的乡试举人。之所以在考场安排医生待命，应该是担心考生在极度紧张或兴奋的情况下，可能会出现意外状况，尤其在武会试时，考生难免会受伤。在会试时，规定："例取医士一名，入场供事，至期，本院遴选通晓医理、熟谙方脉者申送礼部委用，如有用过药材，开单量给药价。"[2]单独一人负责考试现场众人的身体健康，选择能力出众、经验丰富的医生肯定要更加稳妥些，治疗所花的药费也全额报销。后来也许是觉得一个医生负责整个考场有些力不从心，就变为"文场派官二员、武内场派官一员入场供事，差毕与各执事官一同赴宴。由嘉庆丙辰科以后，专派医士"[3]。在增加医生数量的同时，更多地使用和培养年轻医生，能够让他们更快地积累从医实践经验，得以

---

1 《清会典·康熙朝》卷53《礼部十四》。

2 《清会典·康熙朝》卷161《太医院》。

3 （清）任锡庚：《太医院志》《咨派差务》。

迅速成长。

六　整编医书

　　康熙就有过让太医院整理编制一本大型医学综合性书目的设想，他一直非常重视古代医学文化的传承，认为之前的各种医书名目众多，各执一词，有的医理不深，有的文义不通，因此倡导要编纂新的医学全书，并曾谕令太医院医官"当兹海宇升平，正宜怀保吾民，跻春台而登寿域。尔等可取医林载籍，酌古准今，博采群言，折衷定论，勒成一书，以垂永久，副朕轸恤元元至意"。[1] 可惜，康熙的想法很好，但也许是政务繁多或其他原因，并没有下文。

　　到了乾隆朝时，朝廷终于决定开始纂修医书，修书地点就在太医院衙门内，将旧有闲置的房屋整修使用，方便医生来往。御医吴谦和刘裕铎为总修官，"其余纂修官八员应令太医院堂官并吴谦、刘裕铎等将平日真知灼见、精通医学，兼通文理之人保举选派，如不足数再于翰林院及各部院官员内有通晓医学者酌量查派"。[2] 同时还向全国发出医书征集告示："直省除书坊现行医书外，有旧医书无板者、新医书未刻者，并家藏秘书及世传经验良方，着地方官婉谕购买或暂借抄录，或本人自愿呈献者，俱集太医院。"[3] 人员配置齐全，资料搜集完善。历经数年，这部医学巨著终于编纂完成。乾隆八年四月十三日，"纂修《医宗金鉴》书

1　《清圣祖实录》卷 120，康熙二十四年四月辛丑。
2　《上谕档》乾隆四年十二月十二日，第 3 条。
3　《上谕档》乾隆四年十二月十二日，第 3 条。

成，总修以下官，议叙有差"。[1] 一年多后，参与书目纂修的人员都得到了皇帝赠书。"和亲王，大学士鄂尔泰，暨本馆经理、总修、提调、纂修、校阅、收掌、誊录等官，并该院官员人等，着各赏给一部，吴谦亦着赏给一部，再各直省布政司，俱着发给一部，听其翻刻刷印颁行。"[2] 这部官修医书虽然在太医院内编著而成，但它的使用范围并没有受到限制。与康熙对西洋医书的使用只局限于宫廷不同，乾隆支持和要求这部医书传播到各省地方，作为全国医生从医的必读书目。江西巡抚开泰曾奏报该省刷印《医宗金鉴》的费用情况，"据布政使彭家屏详称，查医宗金鉴一书刊刻工竣，现应刷印颁行，共需刷印纸张装订匠工并贮板木架等项银三百三十九两三钱六分七厘零"。[3] 在朝廷和地方的共同推动下，医书得以在全国流传开来。太医院医生们编纂的这部《医宗金鉴》总结和传承了我国传统医学文化的精华，促进了清代宫廷和各地方医学事业的发展。

清代太医院在公共事务方面与前代相比有了更多的扩展，御医们走出皇宫，走进军营、监狱、街巷、边疆和考场，为更多的阶层群体提供专业科学的医事服务，执笔编书，传承和弘扬中华医药优秀文化价值。他们用自身精湛的医术为国家和社会的长治久安做出了卓越的贡献，不愧悬挂于太医院大堂之上的康熙御赐院臣黄运诗："神圣岂能再，调方最近情。存诚慎药性，仁术尽平生。"[4]

1 《清高宗实录》卷188，乾隆八年四月丙申。
2 《清高宗实录》卷228，乾隆九年十一月辛巳。
3 《奏报动用税契银两刷印医宗金鉴一书及兴修桥道衙署事》（乾隆十三年十月二十一日），中国第一历史档案馆藏，档号：04-01-35-0890-037。
4 （清）于敏中：《日下旧闻考》卷71《官署十》。

清代末届京官（1912年春）人事分析

王志明 *

摘 要：1912年春京官为清朝最后一届中枢官员，由内阁大臣袁世凯执掌。总额8786缺。由于优待皇室，宫室相关京官占京官总数14.5%。外籍京官138人，主掌海关。京畿和江南一带籍贯官员居多。清代最后一届进士39.6%出任最后一届京官，废科举以后接受新式教育的官员约占京官总数的27.2%，可见京职广泛接纳新旧社会资源。部分袁世凯的班底特别是旧交通系的人员在这届京官居要职。这届京官有71人任职南京临时政府，数百人后来任职北洋政府，反映了中枢人事变迁的延续性，并非由"革命"切断。

关键词：1912年 清末京官 袁世凯 南京临时政府 人事分析

　　清帝溥仪于1912年2月12日退位，清朝灭亡，因此1912年初任职北京中枢机构的人员是晚清最后一届京官。对这届京官的人事分析，有利于探讨清末政权性质以及清末民初中枢机构的人事演变。这一届京官的人事记录很周全，见于《职官录（宣统四年春）》（下文统称"1912年《职官录》"）。[1] 清代文官的《职官录》由吏部负责修订，又称《缙绅录》《搢绅录》，可信度高。

* 王志明，上海财经大学马克思主义学院。
1 《清代缙绅录集成》第95册"文职京官表"，大象出版社，2009，第1—137页。

宣统三年（1911）六月，内阁负责接收吏部印信文件及其相关事务，《职官录》的编纂划归印铸局管理。[1]因此，1912年《职官录》即由内阁印铸局发行。按常规，《职官录》一年发布春、夏、秋、冬四期，由于清朝灭亡，1912年《职官录》只有春季一期。宣统在位只有三年，所谓"宣统四年"之说，只是追随帝制的少数人沿用的纪年方式，实际上就是指1912年。[2]

　　1912年初北京政权实际上已由袁世凯接掌。清末立宪后，于1911年5月实行新的责任内阁制，由奕劻任总理大臣，此即"皇族内阁"。武昌起义爆发后，摄政王载沣的权力被迫移交给了手握重兵的袁世凯。1911年11月1日，清廷宣布解散皇族内阁，任命袁世凯为内阁总理大臣。接着在12月6日，袁世凯逼载沣退位，大权独揽。时人刘潜的日记描述其变迁道："武昌事起，京师震惊，京朝官相率南归，或送眷至津，暂避各使馆保卫界内赁屋，有人满之患。正阳门东车站乘客拥塞，几无隙地。……京师戒严，官民愈恐，纷纷迁徙，十室九空。自袁总揆世凯组阁命下，新阁成立，人心渐安。……监国摄政王载沣奏准解职，朝政由内阁总理大臣拟定，奉隆裕太后盖用御宝宣旨施行。"[3]袁世凯替代载沣执掌内阁，朝廷危机四伏，工薪难筹，人心涣散，各衙门人员纷纷辞职，人事更迭频繁。1912年《职官录》所录为频繁更迭前的人事编制，可谓大而全。本文根据这一资料计量分析清代最后一届京官的相关人事结构，并比较分析民国时期中央政府职官与其人事传承。

1　阚红柳：《缙绅录与清代北京》，《北京档案》2013年第10期，第55页。

2　桑兵：《走进新时代：进入民国之共和元年——日记所见亲历者的心路历程》，《华中师范大学学报》2012年第1期，第84页。

3　《粹庐自订年谱》，《北京图书馆藏珍本年谱丛刊》第197册，北京图书馆出版社，1999，第317—319页。

一　清末届京官缺额、大臣、兼职与空缺

各京衙缺额分析。清代将职官分为各种类型的"缺"，缺额即人数编制。据 1912 年《职官录》记录统计，清最后一届京官总计有 8786 缺，因此一般可以说京官总数约八九千人（有一人兼任数缺的现象，见下文探讨，故不能说京官有 8786 人）。平行的京官衙门有 29 个，按照《职官录》先后排列秩序为：内务府（977 缺）、宗人府（57 缺）、内阁（16 缺）、弼德院（57 缺）、军谘府（331 缺）、外务部（330 缺）、民政部（782 缺）、度支部（1186 缺）、仓场（24 缺）、税务处（416 缺）、学部（393 缺）、陆军部（463 缺）、海军部（137 缺）、法部（881 缺）、大理院（189 缺）、总检察厅（18 缺）、审判检察厅（212 缺）、农工商部（469 缺）、邮传部（669 缺）、理藩院（243 缺）、翰林院（327 缺）、典礼院（45 缺）、都察院（125 缺）、给事中（54 缺）、钦天鉴（85 缺）、太医院（76 缺）、銮舆卫（114 缺）、部军统领（49 缺）、寝陵官员（61 缺）。

由上可知，属于国计民生部门的度支部、税务处、农工商部、邮传部、仓场等共计 2764 缺，占京官总缺 31.5%。属于"刑名"职能部门的民政部、法部、大理院、总检察厅等共计 1870 缺，占总缺的 21.3%。可见"刑名钱谷"类京官占半数多。从法理上说，此一时期行君主立宪制度，与皇权相关的内务府、宗人府、銮舆卫、太医院、寝陵官员等，共 1285 缺，占京官总缺 14.6%。如此庞大的皇权相关京官编制，说明袁世凯内阁十分优待皇室。属于军事部门的军谘府、陆军部、海军部共 931 缺，占总缺 10.6%。刑名钱谷、皇室、军事相关的官员编制占八成，其余事项官员编制较少。

袁世凯内阁时期的大臣，相当于各部门的首长，是地位最高的京官。据 1912 年《职官录》，大臣、副大臣计有 55 人（有 6

人兼任别部门大臣）。首要大臣为内阁总理大臣袁世凯。外务部大臣 11 人：梁敦彦（监生，广东顺德人）、刘玉麟（广东香山人，驻英使馆）、刘式训（监生，江苏南汇人，驻法使馆）、陆征祥（江苏上海人，驻俄罗斯使馆）、梁诚（广东番禺人，驻德使馆）、汪大燮（举人，浙江钱塘人，驻日本使馆）、施肇基（进士，浙江仁和人，驻美使馆）、沈瑞麟（荫生，浙江归安人，驻奥地利使馆）、吴宗濂（贡生，江苏嘉定人，驻意大利使馆）、刘镜人（监生，江苏人，驻荷兰使馆）、李国杰（荫生，安徽合肥人，驻比利时使馆）。

军谘府大臣荫昌（陆军学生，正白旗满洲人）。弼德院顾问大臣 16 人：那桐（举人，镶黄旗满洲人）、徐世昌（进士，直隶天津人）、荣庆（进士，正黄旗蒙古人）、载振、陆润庠（进士，江苏元和人）、增祺（举人，镶白旗满洲人）、陈宝琛（进士，福建闽县人）、丁振铎（进士，河南罗山人）、姚锡光（举人，江苏丹徒人）、沈云霈（进士，江苏海州人）、诚勋（荫生，正红旗满洲人）、清锐（翻译进士，镶黄旗蒙古人）、朱祖谋（进士，浙江归安人）、陈邦瑞（进士，浙江慈溪人）、吴郁生（进士，江苏元和人）、恩顺（翻译进士，镶白旗满洲人）。

其他各主要部门大臣为：

民政部大臣赵秉钧（河南汝州人）、副大臣乌珍（正白旗汉军人）。

度支部大臣严修（进士，直隶天津人）、副大臣周自齐（贡生，山东单县人）。

税务处大臣胡惟德（举人，浙江归安人）、那桐（兼军谘府顾问大臣）。

学部大臣唐景崇（进士，广西灌阳人）、副大臣张元济（进士，浙江海盐人）。

陆军部大臣王士珍（陆军学生，直隶正定人）、副大臣田文烈（北洋武备学堂毕业，湖北汉阳人）。

海军部大臣萨镇冰（福建人）、副大臣谭学衡（海军学生，广东新会人）。

法部大臣沈家本（进士，浙江归安人）、副大臣曾鉴（举人，四川华阳人）。

大理院大臣刘若曾（进士，直隶盐山人）。

农工商部大臣张謇（进士，江苏通州人）、副大臣熙彦（进士，正白旗满洲人）。

邮传部大臣梁士诒（进士，广东三水人）、梁如浩（监生，广东香山人）。

理藩部大臣达寿（进士，正红旗满洲人）、荣勋（贡生，正白旗满洲人）。

与皇权有关的有钦天监衙门大臣世铎、銮舆卫衙门大臣那彦图，与皇权有关还有内务府大臣 5 人：奎俊（监生，正白旗满洲人）、世续（举人，正黄旗满洲人）、增崇（监生，正黄旗汉军人）、达寿（由理藩院大臣兼）、景丰（监生，镶白旗满洲人）。

翰林院衙门大臣 5 人：荣勋（贡生，正白旗满洲人），其余陆润庠、那桐、世续、徐世昌 4 人皆兼其他部门大臣。

京官兼职问题。在统计 1912 年《职官录》人数时，兼职问题必须注意。清代官员有兼任现象，有的是临时性的，如知县暂时兼署邻近的知县缺。有的带有差遣性质，如学政使、盐政使等，差满回原职。有的是荣誉性的虚衔，如总督加兵部尚书衔。兼任实职的俸禄一般也增加，地方官则增发养廉银，如直隶总督兼管北河，加支养廉银 1000 两。苏淮扬海道兼淮南盐务，加支养廉银 750 两，兼淮北盐务，又加支 1000 两。也有兼职而不兼领养廉。兼领的养廉银额远比标准低。[1]

1　薛瑞录：《清代养廉银制度简论》，《清史论丛》第 5 辑，中华书局，1984，第 139—157 页。

　　兼职较多是官员权力显赫和能力超群的体现。如清末新政时袁世凯曾兼职参预政务、会办练兵事务、办理京旗练兵、督办电政、督办山海关内外铁路、督办津镇铁路、督办京汉铁路、会议商约等八项，这些兼差并非都有名无实。由于官职改革权力斗争的失败，也由于个人兴趣问题，1906 年 11 月袁世凯奏请罢免全部兼差。[1]

　　1912 年《职官录》中，计有 418 人有兼职。其中 1 人任 8 职：奎俊，正白旗满洲监生，任内务府大臣、内务府造办处大臣、内务府御药房大臣、内务府上驷院大臣、内务府圆明园大臣、宗人府银库大臣、太医院衙门大臣、内务府宁寿宫大臣。[2]1 人任 6 职：世续，正黄旗满洲举人，任内务府大臣、内务府造办处大臣、内务府武英殿大臣、内务府颐和园静明园静宜园大臣、内务府御茶膳房大臣、翰林院衙门大臣。[3]2 人任 5 职：增崇，正黄旗汉军监生，任内务府大臣、内务府造办处大臣、内务府圆明园大臣、内务府颐和园静明园静宜园大臣、内务府宁寿宫大臣；[4]宋寿征，浙江山阴举人，任度支部田赋司郎中、度支部财政处帮办、度支部银行分行广西代理总办、度支部广东清理财政正监督、税务处第一股总办。[5] 以上奎俊、世续、增崇主要都是在内务府各部门兼职，分管内务府多个相关部门事务。内务府而外，兼职较多的是度支部。任 4 职的 3 人，任 3 职的 26 人，其余 385 人皆任 2 职，即兼 1 职。兼 1 职的名人如严复，任学部编订名词馆编纂、海军部衙门一等参谋官；[6]罗振玉，任学部参事厅农科大学监督参事

1　苏全有：《1906 年袁世凯奏辞八项兼差问题考订》，《江汉论坛》2009 年第 12 期，第 89—93 页。

2　《清代缙绅录集成》第 95 册，第 27、33—36、39、43、132 页。

3　《清代缙绅录集成》第 95 册，第 27、33—35、40、121 页。

4　《清代缙绅录集成》第 95 册，第 27、33、34、39、40 页。

5　《清代缙绅录集成》第 95 册，第 63、70、72、74、75 页。

6　《清代缙绅录集成》第 95 册，第 85、94 页。

官、学部京师大学堂监督。[1]

关于空缺问题。《职官录》职位下方无人名，一般认为这是空缺的职位，是谋职的重要信息。1912年《职官录》这类空缺额计有190个，主要在军咨府（60空缺）和邮传部（36空缺）。弼德院顾问大臣空缺16位，大概是虚位以纳贤。

空缺主要为中下级官阶，为数不大，相对于8786总缺数，空缺仅占2.2%。说明京官候补已是人满为患。

二 国籍、省籍与民族

自英国人赫德任清朝海关总税务司司长以来，海关税务部门陆续高薪聘用外国人任职，于是清末京官有外籍人士。据1912年《职官录》，京官税务处的外籍人士共计138人。当时税务处共计416缺，外籍人士占170缺，可见外籍人士占税务处官缺40.9%。[2]外籍官员的待遇高，品秩也不低，三品衔的计有46人，四品衔的计有62人。二品官衔的有潮海税务司德国人阿理文、江海税务司英国人墨贤理、厦门税务司英国人巴尔，在税务司任职的英国人好博逊、安格联也是二品衔。[3]这些二品"洋大人"或对海关事业有贡献。如阿理文（Ernst Ohlmer），1868年后陆续在厦门、广州、福州、北海等处任副税务司、税务司职。1898年德国强租胶州后，被委派为胶州税务司。他在中国海关任职46年，委巡各口款项事税务司，几乎走遍各口，帮助建立海关统计

---

1 《清代缙绅录集成》第95册，第82、85页。
2 外籍京官兼1职有32人，故外籍占170缺，此为外籍占税务处官缺的比例。
3 《清代缙绅录集成》第95册，第76、77页。

制度。[1]但也有侵夺中国的海关自主权方面，如安格联（Francis
Arthur Aglen）历任天津、南京、上海等地海关税务司、副总
税务司等职。武昌起义后继赫德出任总税务司，拒绝将海关税款
交给各地革命政府。[2]

外籍官员以英国 138 人为最，其余依次为德国 38 人，日本
34 人，法国 31 人，俄国 15 人，美国 12 人，意大利 9 人，丹麦
7 人，比利时、挪威、葡萄牙各 6 人，荷兰 5 人，奥地利、瑞典
各 3 人。外籍官员也有获得进士、举人赏赐的，在税务处不同部
门兼 1 职的有 32 例。

籍贯和民族构成分析，是判断不同省籍、地域和民族占有选
官权力资源的依据之一。1912 年《职官录》京官写有籍贯的计
7967 人，[3]以其官员数量顺序排列如下（顺天府、奉天府为省籍
行政单位，与各省并列）：

旗籍 3027 人，江苏 631 人，浙江 531 人，直隶 498 人（其
中天津府 68 人），广东 346 人，安徽 326 人，顺天 312 人，湖
北 262 人，湖南 257 人，福建 248 人，江西 224 人，山东 222
人，河南 201 人，四川 200 人，山西 68 人，陕西 64 人，广西
62 人，贵州 61 人，奉天 44 人，云南 42 人，甘肃 23 人，吉林
3 人，黑龙江 1 人，新疆 1 人。

旗籍 3027 人，占有籍贯的京官总数 7967 人的 38%。其中
满洲 1724 人，汉军 943 人，蒙古 345 人，另 15 人不明族别。
满洲、汉军、蒙古的百分比例约为 57∶31∶12。旗人人数多，因

1　李盛平：《中国近现代人名大辞典》，中国国际广播出版社，1989，第 785 页。

2　石林主编《经济大辞典　对外经济贸易卷》，上海辞书出版社，1999，第 507 页。

3　总缺额 8786 人额，应减去空缺 190 额，还需减去兼职重复计算的官额。前述 418 人兼职，
　　兼 7 职 1 人、兼 5 职 1 人、兼 4 职 2 人、兼 3 职 3 人、兼 2 职 26 人、兼 1 职 385 人，兼
　　职因素减去 466 额。由此，该季京官计有 8130 人实际任职。8130 人中，163 人不明籍贯，
　　写有籍贯的计 7967 人。

为内务府、宗人府、銮舆卫、步军统领、陵寝这类衙门大多以旗人充任，旗人任职这类衙门达 904 人，占旗人总数的 29.9%。尤其是内务府，旗人任职者达 911 人，其中汉军旗人 656 人，占汉军籍官员的七成。满人在都察院、军谘府、陆军部等衙门任职比例居高。旗籍官员中有旗色记录的 1417 人，其中正黄 164 人、镶黄 199 人、正白 167 人、镶白 162 人、正红 154 人、镶红 172 人、正蓝 205 人、镶蓝 194 人，各旗份相对均衡。

　　旗人基本生活在北京，顺天府和直隶省也属于京畿区域，因此京畿区域籍贯的京官最多，旗籍和顺天府、直隶省籍官员总数 3837 人，占有籍贯的京官总数 7967 人的 48.2%。

　　京畿外，长三角一带的人才最突出。江浙一带明清以来一直是全国的经济和文化中心，历来人才众多。广义上说江浙和皖南一带属于"江南"，江苏、浙江、安徽地域涵盖今天的"长三角"，三省京官人数计 1488 人，占有籍贯的京官总数的 18.7%。

　　有些领域的专门人才地域特色明显。如税务处主要由外国人任职，国内以广东省 25 人最多，这与广东省一直为通商口岸、税务经验较好有关。直隶省任职军事部门的人员较多，如陆军部直隶籍 36 人，军谘府直隶籍 31 人，居各省首。海军部直隶籍 25 人，与福建籍官员一样多。直隶军事人才多，与直隶军事学校多、袁世凯的军事大本营在直隶地区有关。福建籍海军人才在清代一直居高，因其海军技能高。浙江绍兴府山阴县籍京官高达 45 人，绍兴府的会稽县也有京官 20 人，他们大多任职法部、都察院、审判检察厅等属于"刑名"部门，很具地域特色，因为绍兴府历来是吏员的重要产地，"绍兴师爷"曾闻名天下，他们凭自己的行政和专门管理才干为衙门服务。[1]

1　关于清代各朝人才地理的分析，可参见王志明《清代职官人事研究——基于引见官员履历档案的考证分析》，上海书店出版社，2016。

地近都城和重要省城、府城的人才集中。顺天府以北京区域的大兴县 71 人，宛平县 62 人，最为显耀。福建人才高度集中在福州府，其中侯官县 63 人，闽县 57 人，皆地处福建省城和福州府城。其他如江苏吴县 32 人（地处苏州府），浙江仁和县 23 人、钱塘县 21 人（皆地处浙江省城和杭州府城）。广东广州府属的南海县 32 人、番禺县 29 人、香山县 23 人、顺德县 21 人，这与晚清广州风气开化有关。安徽北方人才稀少，但合肥籍京官 21 人，居安徽之首，这与李鸿章和淮军因素有关。直隶天津 68 人，为直隶省人才渊薮，因天津是清末新政和袁世凯活动的重要地区。

上述 55 个大臣的籍贯，满人 15 人，浙江、江苏各 9 人，广东 6 人，直隶 4 人，与全体京官的籍贯构成正相关。

三　功名出身

科举功名是做官的重要资历，但 1905 年废科举后，旧的科举功名仍是任职的条件。科举教育以外的学历也得到官场认可。清末洋务运动和实行"新政"以来，有一些学习西方科技文化和法政的新式学校学生、出国留学生（这里权且谓之"新式学生"）任职的比例也逐渐增加。

废科举后，朝廷对一些留学生或法科、商科等学有专长被委用的人，往往也赏给进士、举人等功名，如法科进士、商科举人等等。这类科举功名与以往通过乡试、会试中式不同，仅仅是一种荣誉性的，应加以区别。1912 年《职官录》京官中，651 人标注进士出身。但对照清代进士题名录的名单，其中 452 人在榜，可见另 199 人为恩赐进士，恩赐进士占 30.6%。清代最后一榜光绪三十年（1904）进士中试者 273 人，其中 108 人任职本届京官，可见最后一榜进士 39.6% 任职最后一届京官。

废科举后恩赐举人现象，如师范举人、法科举人等。举人数量多，难于统计，这里以浙江省为例进行探讨。宣统四年春《职官录》所录官员中，浙江籍举人 164 人。对照清代浙江籍举人题名名单，其中 47 人在乡榜，其余 117 人应为恩赐举人，可见恩赐举人占 71.3%。[1]

宣统四年春京官 8130 人中，有科举功名和学历等身份记录的计有 6439 人，其详情见表 1。

表 1　1912 年京官出身

身份		人数	身份		人数
进士	进士	651	监生	增监生	3
举人	举人	1707	新式学生 335	毕业生	106
贡生 1238	贡生	455		陆军学生	106
	拔贡生	233		学生	49
	附贡生	229		海军学生	39
	副榜贡生	91		军校学生	19
	廪贡生	85		其他	16
	优贡生	81	生员 507	翻译生员	178
	岁贡生	35		附生	157
	监贡生	15		生员	108
	增贡生	10		廪生	44
	恩贡生	4		增生	20
监生 1828	监生	1513	官学生	官学生	96
	荫生	263	义学生	义学生	14
	附监生	41	俊秀	俊秀	12
	恩监生	4	供事	供事	51
	廪监生	4	合计		6439

说明："进士""举人"含恩赐进士、恩赐举人。贡生目下的"贡生"为不明何类细目的贡生，监生目下的"监生"、生员目下的"生员"同例。新式学生目下的"毕业生""学生"不明何类学校，"其他"含医学、农学、法政等各数人，新式学生恩赐进士、举人者计入"进士""举人"。

1　清代浙江乡试中式名录由浙江大学教育学院吴宣德教授提供，特此感谢。

　　表 1 功名大致可区分为四大层次，第一为进士、举人出身，即所谓科甲出身，占 36.6%。进士任职最集中的部门为翰林院、弼德院。翰林院本来就是进士观政研习的场所，弼德院为元老名贤，他们望重功名高。都察院御史也是进士任职集中的职位，传统上也是如此。第二为贡生、监生、新式学生，新式学生较突出的赏赐了进士、举人，没有获赏的大致与贡监生相当，这类占 52.8%。内务府任职者多为贡监生，科甲出身稀见。第三类为生员、官学生、义学生，生员是最低级的功名，官学生和义学生主要是旗人学校的学生，入学比汉人生员容易，这类占 9.6%。第四为俊秀、供事，没有功名，俊秀实际上就是童生，供事即吏员，这类占 1.0%。

　　若与清代引见文官的出身比较，宣统四年春季京官的出身显然偏低，尤其是废除科举后科甲出身者大幅减少。据笔者对 31726 名引见文官的统计，其科甲出身占 54.6%，贡监生占 37.3%，贡监生以下占 8.1%。[1] 而宣统四年京官科甲出身占 36.6%，贡监生类占 52.8%，贡监生以下占 10.6%。清代引见文官一般在七品以上，而缙绅录的京官还包括八九品以下和未入流的官员。

　　这届京官出身的一个重要特点是学堂肄业、留学生比重较高。表 1 中"新式学生"335 人，如果将恩赐进士、恩赐举人都计为新式学生，则恩赐进士 199 人，恩赐举人可能为 1217 人（以举人的 71.3% 比例测算），这样新式的学生总数为 1751 人，占总数 6439 人的 27.2%。而光绪朝引见文官 5807 人中，属于这类新式学生的仅 26 人，比例微不足道。[2] 这说明袁世凯内阁非常注重新式人才，与时俱进。当然也有学者认为这类新式学生见识甚

1　王志明:《清代职官人事研究——基于引见官员履历档案的考证分析》，第 160—161 页。
2　王志明:《清代职官人事研究——基于引见官员履历档案的考证分析》，第 118—122 页。

至品德有限，于吏治不利。在表 1"新式学生"栏目中，明确注明属于军事类学校的学生占半数，他们基本在军事部门任职。新式学生接受民主和革命思想的人数较多，他们任军职，应该会使军队具有民主革命的倾向性。

四　袁世凯班底

1912 年的清朝中枢，实际为袁世凯操控。有些阁臣即为袁世凯的人选，他们深得袁世凯的信任，[1] 如王士珍，直隶正定人，任陆军部大臣；徐世昌，直隶天津人，任军谘府顾问大臣；严修，直隶天津人，任度支部大臣；赵秉钧，河南汝州人，任民政部大臣。袁世凯集团人物出任重要职位的还有：梁士诒，广东三水人，任邮传部邮政局局长；叶恭绰，广东番禺人，任邮传部铁路局局长；阮忠枢，安徽合肥人，任内阁法制院参议；金邦平，安徽黟县人，任典礼院衙门秘书。

袁世凯拔识的人才很多，难以厘清。其中"交通系"是袁世凯支持的重要政治集团，这一系统的人事线索较为清楚。1906年梁士诒协助唐绍仪主持铁路事务，开始形成所谓"旧交通系"。1916 年曹汝霖任交通总长兼署外交总长后，形成了"新交通系"。据贾熟村的研究，袁世凯集团的"旧交通系"成员有 66人，马平安认为这些人属于袁世凯"第三层次"的交际圈，非骨干人员。笔者比对这届京官，辨出旧交通系 66 名成员中有 21 人任职袁世凯内阁，列表 2 以备深究者参考。

1　以下关于袁世凯的亲信和核心人物姓名，参见马平安《清末变局中的袁世凯集团》，福建教育出版社，2016。

表2　1912年京官中旧交通系人员

序号	姓名	籍贯	出身	任职
1	陈福颐	江苏清河	举人	邮传部额外主事
2	陈威	浙江山阴	举人	度支部额外郎中
3	方仁元	江西南昌	监生	邮传部路政司小京官
4	冯懿同	广东高要	供事	邮传部额外小京官
5	关赓麟	广东南海	进士	邮传部承政厅金事
6	关冕钧	广西苍梧	进士	邮传部铁路局总办
7	何锐	广东顺德	举人	民政部参议厅七品小京官
8	黄开文	广东镇平	监生	邮传部电政局总办
9	蒋尊祎	浙江海宁	进士	邮传部邮政员外郎
10	李景铭	福建闽县	进士	度支部财政处署总核
11	梁士诒	广东三水	进士	邮传部大臣
12	刘蕃	湖北安陆	举人	民政部参议厅七品小京官
13	施肇基	浙江仁和	进士	施肇基当时是"出使美墨秘古四国大臣"
14	水钧韶	江苏阜宁	毕业生	邮传部铁路局总办
15	孙多钰	安徽寿州	进士	邮传部铁路局总办
16	夏昌炽	江苏青浦	举人	邮传部额外小京官
17	颜德庆	江苏上海	进士	邮传部额外郎中
18	叶恭绰	广东番禺	廪贡生	邮传部铁路局局长
19	张心澂	广西临桂	举人	邮传部额外小京官
20	张祖廉	浙江嘉善	举人	弼德院一等秘书
21	赵庆华	浙江兰溪	毕业生	邮传部铁路局总办

　　说明：以姓名音序排列，便于检索。旧交通系人员名单参见贾熟村《北洋军阀时期的交通系》，河南人民出版社，1993，第33—37页。又参见马平安《清末变局中的袁世凯集团》，福建教育出版社，2016，第123—128页。籍贯、出身、任职源于宣统四年春《职官录》。

　　清代选官人事权名义上归属皇帝，但1912年的末代皇帝溥仪还只是儿童，而摄政王载沣又已被袁世凯赶下台，手握兵权的内阁总理袁世凯实际上独揽北京政权，但他在京官选用方面的权力渗透尚不明确。京官的任用一般是由部臣保举题补，然后报吏部审核，最后由皇帝认可。不重要的下级京官选任，多由抽签决定，清末官制改革后不再抽签，而是由考试选拔人才，类似招考公务员。表1中的"七品小京官"类，不可能由袁世凯亲自过问。"旧交通系"在总体上支持袁世凯，表2所列京官虽是旧交通系人员，但他们的选官与袁世凯个人因素尚不清楚。

五　任职南京临时政府

袁世凯的知人、用人，及其行政和治理能力已为越来越多的研究者所肯定，"治世之能臣"的形象也为更多的人接受。1912年2月12日清帝退位，袁世凯内阁和末届京官自然终止。此后，北方政权演变为袁世凯北洋政府。1912年元旦孙中山为临时大总统的南京临时政府成立，南京临时政府运行92天，终止于1912年4月1日孙中山辞职。南京临时政府任命的官员计有755人（不计重复任命），其中71人出自清末届京官，占9.4%，见表3。南京临时政府任用如许旧衙人员，一方面说明袁世凯内阁延揽人才之广，另一方面也说明"革命"并不是简单化全盘否定既有一切。因此，一味强调北洋政府任用旧衙的"封建官僚"是历史的倒退，甚至列举个案来全盘否定袁世凯的用人行政，都是片面的态度。

表3　1912年京官中出任南京临时政府人员

序号	姓名	籍贯	出身	清末内阁任职	南京政府任职
1	蔡元培	浙江山阴	进士	翰林院编修	教育部总长
2	曾鉴	四川华阳	举人	法部副大臣	法部副首领
3	曾牖	福建闽县	举人	邮传部小京官	陆军部军医局卫生材料厂厂长
4	陈承修	福建闽县	举人	学部七品小京官	实业部工政司科长
5	陈嘉会	湖南湘阴	附贡生	学部事务厅二等书记官	陆军部军法局局长
6	陈晋	湖南浏阳	举人	军谘府总务厅副官	陆军部二等顾问官
7	陈俊	福建闽县	陆军学生	陆军部搜简科科员副军校	陆军部军衡局一等科员

续表

序号	姓名	籍贯	出身	清末内阁任职	南京政府任职
8	陈履祥	贵州	拔贡	民政部参议厅额外司员七品小京官	交通部邮政司总务科科员
9	陈廷骥	广东新会	举人	农工商部额外司员七品小京官	交通部邮政司司长
10	陈同纪	广东新会	举人	学部额外主事	财政部库务司司长
11	陈蔚	浙江平阳	陆军学生	陆军部辎重队科科长	陆军部高等顾问官
12	陈文海	浙江山阴	举人	军谘府地形股班员	禁烟公所调查科二等科员
13	但焘	湖北蒲圻	举人	法部额外司员外郎	公报局局长
14	方擎	福建侯官	进士	翰林院检讨	陆军部军医局局长
15	高近宸	福建侯官	举人	农工商部额外司员七品小京官	实业部工政司科长
16	龚家仕	湖南长沙	监生	军谘府第三科录事	陆军部军需局科员
17	何福麟	湖北武昌	举人	度支部财政处科员学习七品小京官	财政部赋税司科长
18	黄笃谥	湖南湘潭	毕业生	军谘府第二科科员	参谋部陆地测量局局长
19	黄郛	浙江钱塘	举人	军谘府第一科科员	大本营兵站局局长
20	李光启	浙江镇海	监生	邮传部额外司员主事	财政部公债司科员
21	李华英	云南大关厅	陆军学生	陆军部工程队科科员	陆军部军务局一等科员
22	李怀亮	湖南湘乡	举人	民政部参议厅额外司员七品小京官	法制局调查员
23	李实茂	湖北孝感	陆军学生	陆军部搜简科科员副军校	陆军部军学局炮兵科科长
24	李书城	湖北潜江		军谘府第一科科员	陆军部二等顾问官
25	梁宓	广东南海	法科举人	海军部主计处科长	财政部秘书
26	廖炎	四川华阳	进士	翰林院检讨	实业部秘书长
27	林凤游	湖南长沙	军需学生	陆军部粮服科科员副军校	陆军部军需局局长
28	林文庆	福建长汀		外务部驻英使馆二等通译官	内务部卫生局局长
29	刘健	湖南安福	举人	民政部参议厅额外司员七品小京官	法制局秘书长
30	陆定	江苏上海	附贡生	度支部财政处署总核候补主事	财政部赋税司司长
31	罗文庄	广东番禺	附贡生	法部额外司员主事	外交部秘书处秘书
32	骆通	湖南	举人	学部额外司员七品小京官	司法部参事
33	梅荫绅	江西南昌	廪贡生	度支部额外司员主事	财政部赋税司科员
34	倪谦	江苏金匮	举人	军谘府第三科科员	陆军部二等顾问官
35	彭树滋	江苏吴县	举人	民政部参议厅额外司员七品小京官	陆军部军医局卫生材料厂厂长

续表

序号	姓名	籍贯	出身	清末内阁任职	南京政府任职
36	钱崇固	江苏震泽	举人	法部额外司员七品小京官	内务部民治局科长
37	钱应清	江苏崇明	举人	度支部各省清理财政监督官、浙江副监理度支部候补主事	财政部会计司司长
38	屈爔	浙江平湖	举人	邮传部额外司员小京官	实业部参事
39	沙曾诒	江苏江阴	举人	学部额外司员七品小京官	财政部会计司科员
40	沈复	江苏长洲	举人	法部额外司员七品小京官	内务部警务局科长
41	沈尚朴	湖北施南府	陆军学生	陆军部步兵科科员副军校	陆军部军学局步兵科科长
42	孙德全	浙江鄞县	监贡生	农工商部额外司员员外郎	财政部钱法司司长
43	孙光宇			农工商部额外司员七品小京官	财政部收支员
44	孙润宇	江苏吴江		民政部参议厅额外司员	内务部警务局局长
45	汤化龙	湖北蕲水	进士	法部额外司员主事	陆军部副官处秘书长
46	唐景崇	广西灌阳	进士	学部衙门大臣	学部正首领
47	唐璋			军谘府印刷所科员	陆军部军衡局副官
48	唐豸	湖北应山		军谘府第三科科员	陆军部军学局骑兵科科长
49	王淮琛	安徽六安州	举人	大理院额外庭员主簿	司法部参事
50	王世澄	福建侯官	进士	邮传部额外司员员外郎	财政部公债司科长
51	王治辉	湖北黄陂	法政学生	陆军部步队科科员	外交部商务司签事
52	魏宸组	满洲正蓝旗	监生	外务部额外司员主事	外交部次长
53	吴洪谦	安徽泾县	监生	法部额外司员主事	陆军部军学局三等科员
54	吴经明	湖北建始	陆军学生	陆军部教育科科长正军校	淮扬各军兵站分局军需监理员
55	吴世翔	福建闽县	举人	学部额外司员七品小京官	交通部路政司工务科科员
56	吴源	湖南平江	监生	军谘府第三科录事	司法部法务司主事
57	辛汉	江苏江宁	举人	民政部参议厅额外司员主事	南京图书局局长
58	薛宜琪	江苏武进	进士	翰林院检讨	陆军部军医局卫生材料厂厂长
59	颜德庆	江苏上海	进士	邮传部额外司员郎中	交通部路政司司长
60	杨汝梅	湖北随州	举人	度支部额外司员主事	财政部赋税司司长
61	尤桐	江苏金匮	副榜贡生	法部典狱司主事	交通部秘书
62	余焕东	湖南龙阳	举人	农工商部额外司员七品小京官	实业部矿政司司长
63	虞熙正	福建侯官	举人	民政部参议厅额外司员主事	财政部秘书
64	张华辅	湖北应城	陆军学生	陆军部搜简科科员协军校	陆军部军务局军事科科长
65	张謇	江苏通州	进士	农工商部衙门大臣	实业部总长

续表

序号	姓名	籍贯	出身	清末内阁任职	南京政府任职
66	张叙忠	湖北枝江	陆军学生	陆军部建筑科科员	陆军部军需局军需校长
67	张毓骅	江苏崇明	举人	邮传部额外员外小京官	财政部钱法司科员
68	赵连璧	江苏江都	举人	农工商部额外司员主事	财政部库务司科长
69	郑诚	福建侯官	学生	邮传部额外司员外郎	实业部工政司科员
70	朱鹏	浙江海宁州	附生	民政部参议厅额外司员九品录事	司法部秘书
71	朱文焯	江苏昆山	举人	法部额外司员七品小京官	内务部警务局科员

说明：以姓名音序排列，便于检索。"姓名""籍贯""出身""清末内阁任职"，资料皆源于宣统四年《职官录》。"南京政府任职"资料源于"中华民国政府官职数据库"（http://gpost.ssic.nccu.edu.tw/）。该数据库关于民国南京临时政府时期的官员任职情况，是据《南京临时政府公报》录入的，信息简略，基本无出身、籍贯等记录。关于同一姓名属于不同人可能的情况，无法查考。

据表3，袁世凯内阁出任孙中山临时政府高级官员的有：蔡元培（序号1）任教育部总长，唐景崇（序号46）任学部正首领，张謇（序号65）任实业部总长，魏宸组（序号52）任外交部次长。任南京政府局长的有：陈嘉会（序号5）任陆军部军法局局长，黄郛（序号19）任大本营兵站局局长，但焘（序号13）任公报局局长，黄笃谦（序号18）任参谋部测量局局长。由袁世凯内阁转任南京临时政府陆军部副官处秘书长的汤化龙（序号45），后来成为立宪派重要人物，转任南京临时政府陆军部二等顾问官的李书城（序号24），1949年后任中央人民政府农业部部长，其上海宅邸为中共早期活动的重要场所。

出任南京临时政府军事部门的官员最多，为24人，他们原来主要任职旧衙的军谘府和陆军部。因为南京临时政府尚未建立全国统一的政权，以军事斗争为主，军方官员最多，从北方吸纳的军事人才为数也多。南京临时政府财政部有15人出自旧衙的度支部和农工商部，其他部门来自旧衙的只有数人。

南京临时政府很多部门实际上并没有很好地运作，特别是由于没有财政基础，财政部形同虚设，很多官员并没有到南京任职。尽管如此，南京政府任命旧衙 71 人，说明袁世凯内阁政府的官员其品德和行政能力得到认可。

南京临时政府解散后，部分人员并入北方的北洋政府。在北洋政府初期，也吸纳不少 1912 年《职官录》人员。据笔者对"中华民国政府官职数据库"统计，北洋政府唐绍仪内阁时期（1912 年 3 月 13 日—1912 年 6 月 27 日），中央政府任用官员中出自末届京官者 217 人；陆征祥内阁时期（1912 年 6 月 29日—1912 年 9 月 22 日），中央政府任用官员中出自末届京官者 512 人；赵秉钧内阁时期（1912 年 9 月 25 日—1913 年 7 月 16日），中央政府任用官员中出自末届京官者 913 人。可见随着国家治理事务的日益增多，旧衙官员较多得到任用。尤其是外交部和内务部，需要训练有素的专门人才，所以从旧衙转来的人员比例居高。

唐绍仪内阁时期任命的官员，是以孙中山为首的南京临时政府与以袁世凯为首的原北京政府妥协的结果。论者一般关注这一时期各部部长的人选，即政治型官僚层面，认为教育部长蔡元培、司法部长王宠惠、农林部长宋教仁、工商部长陈其美等皆为同盟会元老，南方人士在南北统一的第一届内阁中有一定地位。但实权尤其是军权由袁世凯牢牢把控。袁世凯特设军事处，实际上是临时大总统的一个参谋班子，常常代替大总统与参谋部、陆军部、海军部进行联络协调。为平衡南方，袁世凯任命革命党人李书城为军事处处长。李书城置身袁世凯的核心圈，心知肚明，对军事事务很少有主张，只做南北之间的联系工作。[1]

若考虑到中下层官员的南北比重，则能更好地观察南北用人纷争。笔者根据"中华民国政府官职数据库"统计，属于南京临

1　严昌洪：《北京临时政府的组建过程》，《历史教学》2004 年第 7 期，第 15 页。

时政府任命的官员 755 人，主要是武官，这些官员在唐绍仪内阁时期获得任命的计有 94 人，任命率为 12.5%。而 1912 年袁世凯内阁时期的清最后一届京官总计有 8786 缺（扣除空缺和兼职因素，实际 8130 人），在唐绍仪内阁时期获得任命的仅有 217 人，任命率为 2.7%。虽然这一统计较为粗略，但大致反映了在技术官僚层面上，对南方人士的歧视更少。

大和至会昌年间幽州镇与唐廷的信息沟通[*]
——以奏事官为中心

翟明杰[**]

摘　要：本文通过分析李载义讨横海镇之叛的捷报上奏、"主帅失律"时期的弭乱信息沟通、张仲武伐回鹘的军事情报传递这三件事，发现在大和至会昌年间，幽州镇与唐廷形成了一种以奏事官为纽带的动态信息沟通体系。幽州节度使派遣奏事官持续上报信息，唐廷得以充分掌握幽州镇情况，用"官爵威命"进行礼仪性控制；同时，奏事官的谒相、召对与接受唐廷赏赐，也促进幽州镇确立政治合法性、稳定政局。奏事官具有临时性、代表节度使个人的特点，在中晚唐朝藩信息沟通中起到重要作用。

关键词：幽州镇　信息沟通　奏事官

河朔藩镇作为唐代藩镇的重要组成部分，历来备受研究藩镇类型、朝藩关系等学者的关注，产生了诸多成果。[1]目前，学界基

---

* 本文受国家社科基金重点项目"隋唐五代城市社会各阶层研究"（项目编号：18AZS006）专项资助。

** 翟明杰，北京师范大学历史学院。

1 日野開三郎：《支那中世の軍閥》，東京：三省堂，1942，又载氏著《日野開三郎東洋史学論集》第 1 卷《唐代藩鎮の支配体制》，東京：三一書房，1980 年；Charles A. Peterson, "The Autonomy of the Northeastern Provinces in the Period Following the An Lu-shan rebellion", Ph.D. diss., University of Washington, 1966；Denis Twitchett, "Varied Patterns of Provincial

本承认河朔藩镇具有"游离性与依附性并存的特点",[1] 与唐廷存在"彼此之间制约、依存的关系",[2] 力求揭示河朔藩镇自身的特殊性。[3] 正如被广泛引用的李德裕之语:"河朔兵力虽强,不能自立,须借朝廷官爵威命以安军情。"[4] 这之中的幽州镇,也是如此。它虽然跋扈,但无法彻底否定中央政权,要利用朝廷节钺稳定自身统治;同时朝廷虽也无法实际控制幽州镇,却能利用其间接平定叛乱或防御北族。[5] 这种关系意味着唐廷与藩镇之间具有完善的信息沟通渠道。学界对朝藩信息沟通的论述,集中于进奏官和监军这些派驻在对方的官员,[6] 但史乘中散见的"奏事官",则并未引起太多关注。奏事官是唐后期藩镇入朝奏事的使者,[7] 对奏事官的先行研究多为概括性介绍,以及分析它和进奏官的联系和区

Autonomy in the T'ang Dynasty", in John C. Perry and Bardwell L. Smith eds., *Essays on T'ang Society*, Leiden: E. J. Brill, 1976, pp.90-109;王寿南:《唐代藩镇与中央关系之研究》,台北:大化书局,1978;张国刚:《唐代藩镇类型及其动乱特点》,《历史研究》1983 年第 4 期,又载氏著《唐代藩镇研究》,湖南教育出版社,1987。

1 张国刚:《唐代藩镇研究》,第 88 页。

2 张天虹:《唐代藩镇研究模式的总结和再思考——以河朔藩镇为中心》,《清华大学学报》2011 年第 6 期,第 59 页。

3 冯金忠:《唐代河北藩镇研究》,科学出版社,2012;李碧妍:《危机与重构:唐帝国与地方诸侯》,北京师范大学出版社,2015;仇鹿鸣:《长安与河北之间:中晚唐的政治与文化》,北京师范大学出版社,2018;张天虹:《中晚唐五代的河朔藩镇与社会流动》,社会科学文献出版社,2021。

4 《资治通鉴》卷 248,会昌四年八月条,中华书局,1956,第 8010 页。

5 尤李:《唐后期卢龙镇的佛教与社会》,《中国边疆民族研究》第 7 辑,中央民族大学出版社,2013,第 46 页;蒋爱花:《身份、记忆、变迁:从墓志看隋唐时期的幽州》,《光明日报》2019 年 9 月 2 日,第 14 版。

6 详见张国刚《唐代进奏院考略》,《文史》第 18 辑,中华书局,1983,第 83—91 页;黄楼《神策军与中晚唐宦官政治》,中华书局,2019,第 333—430 页。

7 胡三省对奏事官的解释有"诸道遣官入京师奏事者""方镇遣牙职入奏事""唐末藩镇遣其属奏事",见《资治通鉴》卷 221 上元元年六月条、卷 248 会昌四年闰七月条、卷 256 光启二年正月条胡注,第 7093、8003、8330 页。

别。黎虎认为奏事官多以军吏充任,是唐后期朝藩联系的重要纽带。[1]王静列举史料中的奏事官,强调进奏院是奏事官的落脚点、进奏官对奏事官具有监督作用。[2]王使臻认为,奏事官是幕府临时性差遣,进奏官则是常设使职。奏事官是藩镇与进奏院之间的信息中介,在沟通朝藩联系上的作用大于进奏官。[3]但是,奏事官参与朝藩信息沟通的过程,一直缺乏案例性的细致研究。奏事官在唐后期史料中普遍出现,而以河朔藩镇为多,因为军乱和战争频发,需要经常传递情报、斡旋关系。北京地区恰巧出土了数方幽州镇军将、文士的墓志,集中记载了志主的入朝奏事经历。本文即尝试利用这些奏事官墓志,结合传世史料,揭示大和至会昌年间幽州镇与唐廷的信息沟通情况。

一　李载义讨横海镇之叛的捷报上奏

李载义是宝历至大和前期的幽州节度使,他恭顺朝旨,因参与平定横海李同捷之叛而受到唐廷肯定。宝历二年(826),横海节度使李全略去世,其子同捷擅立为留后,希望继任藩帅。[4]大和元年(827)五月,文宗移同捷为兖海节度使,同捷不受诏。[5]此时李载义上表请讨同捷,“累破贼军”,并于大和三年平定横海之叛。[6]实际上,此次受诏讨伐横海的并非幽州一镇,而是临近七

1　黎虎:《汉唐时期的“军吏”》,《阴山学刊》2006年第6期。

2　王静:《朝廷和藩镇的联络枢纽:试探中晚唐的进奏院》,邓小南主编《政绩考察与信息渠道:以宋代为重心》,北京大学出版社,2008,第235—273页。

3　王使臻:《浅析晚唐藩镇与中央朝廷之间的信息沟通》,《中华文化论坛》2010年第1期。

4　《资治通鉴》卷243,宝历二年三月条,第7850页。

5　《资治通鉴》卷243,太和元年五月丙子条、七月条,第7854、7855页。

6　《旧唐书》卷180《李载义传》,中华书局,1975,第4674页。

镇的集体进攻。[1]李同捷反抗朝命后，先对历来胶固的河朔藩镇进行收买："以玉帛子女赂河北三镇，以求旌钺……又表朝廷加载义左仆射、王廷凑司徒，以悦其心事"。[2]这在成德、魏博都起到了效果。魏博史宪诚先"密以粮助之"，在被宰相韦处厚警告后才"不敢复与同捷通"。成德王廷凑则先为同捷邀钺，后又出兵魏境以援同捷。[3]唯有李载义忠于朝廷，史载他"初受朝命，坚于效顺，乃囚同捷侄及所赂玉帛妓女四十七人表献"，[4]之后也一直勠力平叛。但事实全部如此吗？

幽州镇军将周元长之墓志记载道：

> 宝历岁，横海阻命，太保武威王总戎，有诏伐叛。由是命君爪牙，委之心膂。或敷奏天阙，或将命临封。陈七纵之机权，结两地之欢好。遂见鸿恩曲鉴，四境钦承，事合于宜，抗辞必直。[5]

志文中"横海阻命"指此次李同捷叛乱，"太保武威王"即李载义。志主周元长此时受命承担了幽州镇伐叛的外交事务。"敷奏天阙"，当指进京奏报伐叛事宜。但是，志文中的"结两地之欢好"却让人费解。前文并没有提到其他藩镇，故应是指和横海镇的关系。"欢好"意味着和平，并非战争状态，这与伐叛相冲

---

1 《资治通鉴》卷243，太和元年八月庚子条，第7855页。

2 《旧唐书》卷143《李同捷传》，第3907页。

3 《资治通鉴》卷243，太和元年八月条，第7855页。

4 《旧唐书》卷143《李同捷传》，第3907页。

5 周绍良、赵超主编《唐代墓志汇编续集》开成014《故幽州卢龙节度都押衙银青光禄大夫检校太子宾客使持节檀州诸军事檀州刺史兼殿中侍御史充威武军团练等使汝南周府君墓志铭》，上海古籍出版社，2001，第933页。考释见鲁晓帆《唐周元长墓志考释》，《首都博物馆丛刊》第14期，北京燕山出版社，2000，第59—63页。

突。细检史料发现，伐叛早期，用力发兵藩帅的只有天平乌重胤、武宁王智兴二人。[1] 而其他节度使却在暗中帮助李同捷，同时以小胜虚报战果、邀求赏赐，"实欲困朝廷而缓贼也"。[2] 直至大和二年九月王智兴攻陷棣州，唐廷特下诏褒奖，[3] 加之王廷凑策反魏将亓志绍造成的危机，才使观望的藩帅纷纷出兵，加入讨逆的行列。[4] 在此之前，大部分伐叛藩镇与横海只是处于"相持"的状态。正如《讨李同捷诏》所言，"宜令四面节度使，各蓄兵锋，共固疆守……随机御遏，以自保完"，[5] 与其说是伐叛，不如说是防守待变。加之此时河朔三镇藩帅新立、根基不稳，对于究竟支持唐廷还是横海，也还持观望的态度。[6] 可以认为，李载义在平叛早期故作姿态，并没有真正出力，而是逡巡不进、虚奏胜利，所以才有"结两地之欢好"之说。再结合志文中的"陈七纵之机权"，李载义当通过周元长与李同捷进行了斡旋，帮助其缓和与唐廷的紧张关系，尽力使其服膺朝命。[7] 李载义愿意充当横海与唐廷的"调解人"，应与其袭位受到唐廷支持有关，这也符合河朔藩镇互相支援的一贯表现。之后，或许是沟通不畅，加之棣州失陷，大势已去，叛乱后期的李载义抛弃了"欢好"的李同捷，主动出击，成了讨伐李同捷叛乱的功臣。

李载义并非如史乘中描绘的一直尽心平叛，而是与横海镇有

1　《资治通鉴》卷 243，太和元年十月条，太和二年三月己卯条、九月丁亥条、十二月丁巳条，第 7855、7856、7859、7860 页。

2　《旧唐书》卷 143《李同捷传》，第 3907 页。

3　《唐大诏令集》卷 60《大臣·将帅·赏功》，《王智兴等加官爵制》，中华书局，2008，第 327 页。

4　贺钢：《横海镇与李同捷叛乱史事考论》，硕士学位论文，兰州大学，2018，第 37 页。

5　《全唐文》卷 70《讨李同捷诏》，中华书局，1983，第 744 页。

6　李碧妍：《危机与重构：唐帝国与地方诸侯》，第 363、364 页。

7　周元长出使横海可能与其担任过瀛莫镇衙将，临近沧州，熟悉横海事务有关。

过接触和斡旋。而周元长往返于幽州、横海之间，传递情报，互相知会，在李同捷叛乱初期维持了两镇的和平。不仅如此，叛乱平定后周元长还参与了献俘，墓志云：

> 沧海既定，获凶帅四人以献，对扬天颜，备论边事。上嘉之，赐锦彩、银器、衣服，诏所司转殿中侍御史。[1]

此时，入朝奏事的周元长成了皇帝称赞的忠臣，与叛臣交通之事则隐没不闻。这样的入奏，其他幽州镇僚佐的墓志中也有记载。《周玙墓志》云：

> 大和初，诏讨浮阳，公屡贲胜捷，兼奏其军营进退之度。前后八受赐，皆御服、缯锦、玉带、金卮。四改官至侍御史、国子祭酒、兰陵郡王。文宗尝谓公曰："朕观卿非河塞之间也。朝中卿士，动有千百，□若卿一言，抒朕忧计。"侍臣者见公应对无方，相顾披靡而叹服焉。[2]

又《华封舆墓志》云：

> 大和初，沧帅死，其子同捷擅命。诏幽帅李公载义率兵征之。李公将陈密略，未获其人。素奇府君智辩，因命驰传

1　周绍良、赵超主编《唐代墓志汇编续集》开成 014《故幽州卢龙节度都押衙银青光禄大夫检校太子宾客使持节檀州诸军事檀州刺史兼殿中侍御史充威武军团练等使汝南周府君墓志铭》，第 933 页。

2　周绍良、赵超主编《唐代墓志汇编续集》大中 056《唐故平州刺史卢龙节度留后周府君墓志铭并序》，第 1009 页。考释见鲁晓帆《唐周玙及夫人刘氏墓志考释》，《首都博物馆丛刊》第 17 辑，北京燕山出版社，2003，第 89—97 页；盛会莲《唐〈周玙墓志〉考释》，《南方文物》2017 年第 4 期。

上闻。文宗诏对三殿，陈事称旨，面锡章绶，拜监察御史。
议者咸以此拜恩□□中外稀得。[1]

这说明李载义在平叛时期，曾通过上述奏事官与朝廷有着充
分的信息交流。据《册府元龟》载，李载义在讨横海时持续向朝
廷上奏捷报：

> 李载义为幽州节度。太和元年十月，奏破沧州贼六千
> 人，戮杀一千五百人，生擒一百五十人，即时召其奏事官对
> 于麟德殿，赐锦彩、银器。二年十月壬午，又奏于长芦县破
> 贼二万，生擒四百三十人。三年正月，又奏攻破沧州长芦县，
> 杀戮五千余人，生擒七百五十五人，内二百八十五人是镇州
> 贼，其县已差兵固守。二月，奏于木刀沟南镇破贼二万人，
> 图一轴。[2]

前文已述，李载义在伐叛前期并未用力，而是采取观望的
态度。李载义首次上奏破贼的大和元年十月，史乘仅载乌重胤
对李同捷的进攻，[3]且之后几次上奏为大和二年十月至三年二月，
与第一次相距较远，使我们有理由怀疑首次捷报的真实性。李
载义的首次奏捷并受赏，可与前引幽州镇奏事官墓志相对应。
其中，华封舆有"诏对三殿"的经历，"三殿"即麟德殿；周
元长则有"赐锦彩、银器、衣服"的经历。但是，考虑到首次

1　中国文物研究所、北京石刻艺术博物馆编《新中国出土墓志·北京〔壹〕》上册二九《唐
　　故幽州节度两蕃副使朝散郎检校秘书少监兼御史中丞上柱国赐绯鱼袋平原华府君（封舆）
　　墓志铭》，文物出版社，2003，第29页。考释见鲁晓帆《唐华封兴墓志考》，《首都博物
　　馆丛刊》第23辑，北京燕山出版社，2009，第16—21页。按，兴当为舆。

2　《册府元龟》卷434《将帅部·献捷一》，中华书局，1960，第5163页。

3　《资治通鉴》卷243，太和元年十月条，第7855页。

奏捷在叛乱初期，周元长是"沧海既定"时奏捷的，故此次奏事官并非周元长；而华封舆入奏目的为"陈密略"并非奏捷，也未获赏赐物品，故也不是首次奏捷的奏事官。这样看，首次奏捷的奏事官应为周珝。周珝在李同捷叛乱期间，代表李载义"屡赍胜捷"，并上奏幽州军队的动向，受到宰相和文宗的喜爱。他"前后八受赐"，均为贵重礼物，四次改官，甚至被封为兰陵郡王。一般节度使才有资格被封为郡王，[1] 可知其备受殊遇。周珝应为幽州镇专门负责奏捷的奏事官，《册府元龟》中记载的四次奏捷，或均为周珝所为。

除了周珝，华封舆和周元长在此期间也有入朝奏事的行动。华封舆作为奏事官向文宗传递军事谋略，时间可能在李同捷刚叛乱的大和元年。文宗下诏伐叛后，李载义为表明决心和军事计划，遣华封舆入奏朝廷。周元长在伐叛初期也曾"敷奏天阙"，当为汇报军情的性质。但他主要作为奏事官入奏，是叛乱平定后的献俘，时间当为大和三年，并且也和文宗"备论边事"，讨论了军情。

可见，幽州镇在讨伐横海之叛中，前期是华封舆和周元长二人入奏，汇报军情和伐叛计划，此时周元长与横海另有接触；战争进行时，周珝持续向朝廷奏捷；[2] 战争结束后，周元长向朝廷献俘。这三位幽州镇奏事官在横海之叛中可谓各有使命。周珝多次向朝廷上奏捷报，处于叛乱时期的朝廷能持续掌握幽州镇的军情信息，获得了稳定的"安全感"，故其赏赐、授官更高，还有超资封爵的现象。

---

1 盛会莲：《从墓志看中晚唐幽州社会与政局——以周珝墓志为中心》，《北方文物》2019年第3期，第91、92页。

2 盛会莲认为周珝是当时的进奏官，而华封舆是周珝进奏的随从，这一观点值得商榷。见氏著《从墓志看中晚唐幽州社会与政局——以周珝墓志为中心》，第91页。

李载义在自请伐叛、伐叛期间和结束时分别被授予检校右仆射、司空、同平章事。[1]朝廷不断给李载义加衔，固然与其不断派遣奏事官虚报胜捷以邀赏有关，也有顺势而为，收买、稳定幽州镇的考虑。这既是赏赐，也是一种笼络和控制。在这场伐叛中，幽州镇奏事官通过上奏捷报完成了信息沟通的任务，成为维系唐廷与幽州镇双方信任和政治稳定的纽带。

二 "主帅失律"时期的弭乱信息沟通

李载义平定横海之叛后的大和五年正月，唐廷颁赐其德政碑文。正当他与中使击鞠、宴饮时，军将杨志诚发动军乱掌握了幽镇权力，李载义只得赴阙。[2]会昌时李德裕曾指出李载义被逐是因为立德政碑劳民伤财，引起众怨。[3]但朝廷派遣中使出使幽州镇，并赐德政碑文，属于朝藩双方的积极互动。李载义在镇讨伐横海，抵御奚族入侵，可谓"有功于国"。被赐予河朔藩镇德政碑，对藩帅具有重要的政治合法性意义。[4]李载义设宴款待赐碑中使，表明了他对朝廷恩命及情报的重视，同时唐廷派遣中使也有获取幽州镇情报的考虑。可知李载义与唐廷应有着通畅的信息沟通渠道，但因军乱，信息沟通已被破坏。牛僧孺力主姑息处理，听任杨志诚袭位，希望他以忠顺报效朝廷的信赖。[5]故朝廷比照"宝

---

1 《旧唐书》卷180《李载义传》，第4674页。

2 《旧唐书》卷180《杨志诚传》，第4675页；《资治通鉴》卷244，太和五年正月庚申条，第7874页。

3 傅璇琮、周建国校笺《李德裕文集校笺》文集卷18《进献·让张仲武寄信物状》，中华书局，2018，第440页。

4 仇鹿鸣：《长安与河北之间：中晚唐的政治与文化》，第129、162、285页。

5 《旧唐书》卷180《杨志诚传》，第4676页。

历年样"的继任惯例，[1] 先以嘉王运遥领节度大使，二月授杨志诚为留后，四月才正授其节度使。[2] 朝廷尝试恢复双方的信息沟通体系，想将杨志诚变为第二个李载义。可是，杨志诚在镇十分跋扈，从他的进奏官的表现就可见一斑：

> ［大和］七年，转检校吏部尚书。诏下，进奏官徐迪诣中书白宰相曰："军中不识朝廷体位，只知自尚书改仆射为迁，何知工部转吏部为美？且军士盛饰以待新恩，一旦复为尚书，军中必惭。今中使往彼，其势恐不得出。"及使至，其傔奔还，奏曰："杨志诚怒不得仆射，三军亦有怨言。春衣使魏宝义、兼他使焦奉鸾、尹士恭，并为志诚繫留矣。"志诚遣将王文颖谢恩，并让官，复赐官告批答，文颖不受而归。朝廷纳裴度言，务以含垢，下诏谕之，因再遣使加尚书右仆射。[3]

进奏官徐迪谒见宰相，本意是为杨志诚求得更高的检校官，但也传递了军中"盛饰以待新恩"的信息，是一次幽州镇向唐廷的情报传达。然而，宰相却不以为意，忽略了这个信息。果然，三位中使如徐迪所言被杨志诚扣留，只有傔人得以逃回。[4] 宝历时幽帅朱克融就曾扣留朝廷春衣使，[5] 如此举动传递着杨志诚和幽州镇的跋扈气息。杨志诚派遣奏事官王文颖让官以及不受官而归，更表明了不受朝命的态度。朝廷只得妥协，任命杨志诚为尚书右

1　仇鹿鸣：《长安与河北之间：中晚唐的政治与文化》，第 249—251 页。

2　《旧唐书》卷 180《杨志诚传》，第 4676 页；《资治通鉴》卷 244，太和五年二月壬辰条、四月乙丑条，第 7874、7877 页。

3　《旧唐书》卷 180《杨志诚传》，第 4676 页。

4　"傔"是一种使职及地方官员的随从，有传递公文的职责。详见朱艳桐《唐代傔人研究》，硕士学位论文，兰州大学，2013。

5　《资治通鉴》卷 243，宝历二年三月条，第 7849 页。

仆射。此次进奏官徐迪、奏事官王文颖的入奏，虽然是为杨志诚的利益服务，但客观上也促使唐廷通过官职对幽州镇进行笼络，维持了唐廷与跋扈节帅之间的政治稳定。杨志诚对仆射的重视，显示了幽州镇军士十分依赖朝廷节钺控制的现实。朝廷对幽州节帅的加官，给军中传递了一种朝廷认可的政治合法性信息，保持了强藩的稳定。如若不然，徐迪所言"军中必惭"导致的军乱后果也是可以想见的。

杨志诚在镇"密制天子衮冕"，[1] 在舆服上肆意逾制，可能是出于利用政治符号控制幽州镇的目的。但仅至大和八年十月，杨志诚就与监军李怀仵一同因军乱被逐，兵马使史元忠主留务。[2] 杨志诚与李载义均与中使、监军一同被军将所逐。这说明杨志诚虽然跋扈，但与朝廷监军关系密切，有"严奉监军，厚遗敕使"[3] 的政治举动，此时他应已经通过监军体系与唐廷建立了信息沟通渠道。而史元忠袭位的细节，在前引奏事官华封舆的墓志中，也有记载：

> 时属主帅失律，司徒史公职在辕门，擅领戎务。文皇赫怒，遽命征之。府君以陈军事，先在京师。诏诣中书，访其要害，因陈深谋于宰相，恳请罢兵。宰相嘉之，闻于天子。天子大悦，命中谒者持诰就邸，拜屯田外郎、充通王幕府。制词略曰："秉志忠厚，临事坚毅。早以才术，靡于翰□。□能适□，方以济义。赞中权而有裕，茂戎略而多能。"续加上柱国勋。制词略曰："勋级之荣，其来尚矣，盖所以示其贵而宠其勤也。"议者金曰："朝廷恩兵甲之用，幽人无杀伤之苦，

---

1 《新唐书》卷 212《史元忠传》，中华书局，1975，第 5342 页。

2 《资治通鉴》卷 245，太和八年十月辛巳条，第 7898 页。

3 《资治通鉴》卷 247，会昌三年四月条，第 7979 页。

其在华公一言乎。"[1]

根据志文，史元忠"擅领戎务"后，朝廷本不予承认并欲讨伐，并非如传世史料记载的平稳接替。杨志诚虽跋扈，但朝廷可通过监军有效掌握幽州镇的信息。此时信息渠道再次破裂，加之监军被逐受到宦官群体压力，故文宗在盛怒下作出出兵的决定。此时奏事官华封舆正在长安入朝奏事，这也是杨志诚与唐廷重建信息沟通的表现。因为幽州镇发生军乱，朝廷有必要召见本镇奏事官询问情况。华封舆没有亲身经历这场军乱，不了解具体情况，此时的节帅也已换人，但华封舆作为奏事官，仍试图传递史元忠弭乱的信息，维护本镇的利益与和平，成功说服了宰相和文宗没有对幽州镇用兵。华封舆使朝廷慎兵、幽州得存，故被时人称赞。这虽有溢美之词，但也反映了奏事官在朝藩信息沟通中的斡旋作用。此时，史元忠不失时机地进献杨志诚所密造的"衮龙衣二副及被服鞍辔"，[2]表示自己袭位的合法性，借此与朝廷继续进行沟通。于是，唐廷先以通王淳遥领节度大使，十二月授史元忠留后，至大和九年三月，方给予正式节钺，[3]一如杨志诚故事，再次对军乱做了姑息处理。华封舆作为朝廷赏识的奏事官，加检校官，并在名义上进入了通王幕府，可见唐廷注重亲王遥领节度使在过渡时期的礼仪性作用。

史元忠在任七年，会昌元年（841）九月，"卢龙军乱，杀节

1 中国文物研究所、北京石刻艺术博物馆编《新中国出土墓志·北京〔壹〕》上册二九《唐故幽州节度两蕃使朝散郎检校秘书少监兼御史中丞上柱国赐绯鱼袋平原华府君墓志铭并序》，第22页。

2 《旧唐书》卷180《史元忠传》，第4676页。

3 《旧唐书》卷180《史元忠传》，第4677页；《资治通鉴》卷245，太和八年十二月癸未条、太和九年三月丙辰条，第7900、7902页。

度使史元忠，推牙将陈行泰主留务"。[1] 之后，又发生了连环军乱：

> 卢龙军复乱，杀陈行泰，立牙将张绛。初，陈行泰逐史元忠，遣监军傔以军中大将表来求节钺。李德裕曰："河朔事势，臣所熟谙。比来朝廷遣使赐诏常太速，故军情遂固。若置之数月不问，必自生变。今请留监军傔，勿遣使以观之。"既而军中果杀行泰，立张绛，复求节钺，朝廷亦不问。会雄武军使张仲武起兵击绛，且遣军吏吴仲舒奉表诣京师，称绛惨虐，请以本军讨之。冬，十月，仲舒至京师。诏宰相问状，仲舒言："行泰、绛皆游客，故人心不附。仲武幽州旧将，性忠义，通书，习戎事，人心向之。向者张绛初杀行泰，召仲武，欲以留务让之，牙中一二百人不可。仲武行至昌平，绛复却之。今计仲武才发雄武，军中已逐绛矣。"李德裕问："雄武士卒几何？"对曰："军士八百，外有土团五百人。"德裕曰："兵少，何以立功？"对曰："在得人心。苟人心不从，兵三万何益？"德裕又问："万一不克，如何？"对曰："幽州粮食皆在妫州及北边七镇，万一未能入，则据居庸关，绝其粮道，幽州自困矣！"德裕奏："行泰、绛皆使大将上表，胁朝廷，邀节钺，故不可与。今仲武先自发兵为朝廷讨乱，与之则似有名。"乃以仲武知卢龙留后。仲武寻克幽州。[2]

可见，幽州镇出现了异常混乱的"主帅失律"局面，陈行泰、张绛、张仲武相继而立，短短两三个月间藩帅换了三任。唐廷最终靠张仲武将军乱摆平，并使其成为恭顺的河朔藩帅，主要原因是唐廷对幽州镇的信息沟通体系控制得当。此时用事的宰相是善

---

1 《资治通鉴》卷 246，会昌元年九月癸巳条，第 7954 页。

2 《资治通鉴》卷 246，会昌元年九月条、十月条，第 7955、7956 页。

于利用"官爵威命"驾驭藩镇的李德裕，他对此次连环军乱的处理方式是以退为进，并不理会监军傔人传递的邀钺信息。军乱后监军傔人回朝报信，说明监军或被僭立的陈行泰所扣留，或被其收买。切断监军这一信息沟通渠道，显示了其悖逆气息，以傔人邀钺，更是对朝廷的羞辱。对此，李德裕采用"拖延战术"对待。会昌元年闰九月，陈行泰被杀，张绛继立。李德裕给义昌节度使刘约写信，让他派人告谕张绛不得再上章邀钺，而是要恭候朝旨，自请归阙或调任别镇。[1] 刘约乃贞元、元和时幽州节度使刘济之子，[2] 李德裕希望他利用与幽镇军将的关系传递信息，使张绛顺从朝命。据《论幽州事宜状》，不久武宗又命李德裕给义武节度使陈君赏写信，也使其晓谕张绛。[3] 然而陈君赏将李德裕的密书直接透露给了张绛，使张绛肆无忌惮起来，继续向朝廷上表邀钺。至此，唐廷仍未对二人的邀钺进行回复，甚至为陈行泰邀钺的监军傔人尚未回镇。李德裕认为幽州镇不能因袭朱克融留使、杨志诚邀钺的悖逆故事，故延置待变，坚持不赐予张绛节钺及诏书。

由于唐廷一再拒绝建立直接的沟通渠道，幽州镇一时间也无法获取朝廷消息，本地军将对这些游客出身的"僭主"保持政治稳定的信任度就会降低，纷纷出现自乱的情况。此时素有威望的雄武军使张仲武起兵讨伐张绛，并派遣奏事官吴仲舒传递张绛惨虐的信息，请朝廷允许雄武军弭乱。需要注意的是，之前陈行泰的监军傔人和张绛使者是在军乱完成后派出的，其目的是索求节钺，而张仲武却在弭乱过程中向朝廷派遣奏事官，汇报自己起兵

1　傅璇琮、周建国校笺《李德裕文集校笺》文集卷 9《宰相等书并诛罪人敕·宰相与刘约书》，会昌元年闰九月，第 194、195 页。

2　《旧唐书》卷 143《刘总传》，第 3903 页。

3　傅璇琮、周建国校笺《李德裕文集校笺》文集卷 13《论用兵·论幽州事宜状》，会昌元年闰九月，第 276、277 页。

的缘由和进展。这无疑是一种尊重朝廷权力的恭顺表态，是容易被朝廷接受的。

李德裕对张仲武起兵的信息十分重视，将奏事官吴仲舒延至相府对谈。这一谒相行为在李德裕于会昌元年十月所撰的密状中也有记载，[1] 内容与史书大体相同。吴仲舒汇报了张仲武作为幽州旧将的优势，补充了张绛出让藩帅后又反悔的细节，点明张绛的反复无常和张仲武的威望。李德裕详细询问了张仲武起兵的军事情报，对张仲武的喜爱、对幽州镇信息的渴求不言自明。本次军乱唐廷无法获得具体细节情报，加之两位跋扈军将接连索求节钺，唐廷失去了对藩帅控制的安全感，李德裕的拖延战术也陷入瓶颈。此时，一位得人心的边军长官挺身而出，派遣奏事官传递弭乱信息，释放出重建信息沟通的愿望。此前军乱易帅只能事后被动承认的唐廷，对下任节帅人选有了把握，于是张仲武自然获得唐廷支持。李德裕属意张仲武，首先因其汇报情报恭顺款诚，表请起兵等候朝廷指挥，较有名分；其次张仲武得人心，更易稳定军乱后的政局；再次是雄武军于幽州军事地缘十分重要，[2] 以此起兵较易成功。于是，朝廷任命张仲武为留后，他不久后也成功消灭张绛，入主幽州。[3] 这场连环军乱的平定，奏事官吴仲舒起到很大作用，他的入奏使幽州镇获得节钺以安军情，使唐廷获得情报以挑选恭顺藩帅。

面对沉勇有谋的新帅张仲武，李德裕并没有立刻加恩，而是进行敲打以挫其锐气。他撰写书信，以邻镇河东藩帅符澈的名

1　傅璇琮、周建国校笺《李德裕文集校笺》文集卷 17《密状·论幽州事宜状》，会昌元年十月，第 388、389 页。

2　张建设：《唐代雄武军考》，《历史地理》第 12 辑，上海人民出版社，1995，第 208—211 页。

3　《旧唐书》卷 180《张仲武传》，第 4677 页。

义，向幽州军将晓谕，对幽州镇连续三任藩帅自行袭位的乱象进行了抨击，并提出了雪耻立功的建议。[1] 李德裕认为，这种方式具有讽刺和羞辱的意涵，可使幽州镇新任藩帅及军将意识到政治责任，知耻而后勇。[2] 文中向军将提出"别请戎帅"的建议，使新帅顿感危机，立思报效。可见李德裕小心翼翼重建唐廷与幽州镇关系的苦心。与此同时，张仲武的上任程序仍不减免，先授留后，再以抚王纮遥领节度大使，会昌二年正月才正式授予节钺。[3] 张仲武掌权时，前引《华封舆墓志》云：

> 会昌初，史公薨，天子命抚王纮遥统卢龙节制。府君就邸参幕府事，拜尚书工部郎。[4]

"邸"当指进奏院。此次军乱被张仲武平定时，华封舆当身处幽州进奏院，他可能担任进奏官，也可能只是在进奏院工作，为幽州镇与唐廷的弭乱信息沟通做出了贡献。当唐廷以抚王遥领节度时，华封舆名义上进入了抚王幕府之中。

从杨志诚大和五年通过军乱上台、八年被史元忠推翻，至会昌元年陈行泰、张绛发动连环军乱并被张仲武平定，幽州镇经历了一段"主帅失律"的时期，军乱后的弭乱是这一时期的主旋

1　傅璇琮、周建国校笺《李德裕文集校笺》文集卷 8《制词·代符澈与幽州大将书意》，会昌元年十月，第 176、177 页。

2　傅璇琮、周建国校笺《李德裕文集校笺》文集卷 13《论用兵·请令符澈与幽州大将书》，会昌元年十月，第 277、278 页。

3　《旧唐书》卷 180《张仲武传》，第 4677 页；《资治通鉴》卷 246，会昌二年正月条，第 7958 页。

4　中国文物研究所、北京石刻艺术博物馆编《新中国出土墓志·北京〔壹〕》上册二九《唐故幽州节度两蕃使朝散郎检校秘书少监兼御史中丞上柱国赐绯鱼袋平原华府君墓志铭并序》，第 22 页。

律。即便如此，跋扈藩帅仍难逃唐廷权威的控制，还是会派遣奏事官与唐廷进行沟通。陈行泰、张绛的邀钺，就是杨志诚邀官的复演。唐廷对跋扈藩帅姑息处理，同时也等待新藩帅上台重建信息沟通机制。唐廷的"官爵威命"作为具有合法性的政治符号，成为幽州镇藩帅统治的根基。

三　张仲武伐回鹘的军事情报传递

张仲武作为幽州节度使，因参与会昌年间讨伐南迁回鹘而功成名就。[1] 开成五年（840），回鹘在黠戛斯的攻击下汗国瓦解，相继南迁，分裂为乌介可汗、那颉啜和嗢没斯三部。会昌元年（841）八月，嗢没斯部到天德军请求内附，宰相李德裕力主安抚，[2] 但此时边境形势仍不明朗，三部之间时有颉颃。会昌二年三月，嗢没斯杀掉了那颉啜的宰相赤心，赤心散众成为塞外不稳定的因素。[3] 此时李德裕上皇帝的《奏回鹘事宜状》中记载，因"华封舆回"，希望能赐幽州节帅张仲武诏书，命其派遣军将晓谕奚、契丹部落与幽镇共同讨除赤心散卒，使可汗等部离开边境。[4] 可

1　关于会昌伐回鹘的研究，见岑仲勉《李德裕〈会昌伐叛集〉编证（上）》，《史学专刊》第 2 卷第 1 期，1937 年，第 107—250 页，又载氏著《岑仲勉史学论文集》，中华书局，1990，第 343—461 页；薛宗正《回鹘南迁考》，《西域研究》1997 年第 4 期；Michael R. Drompp, *Tang China and the Collapse of the Uighur Empire: A Documentary History*, Leiden · Boston: Brill, 2005；齐会君《会昌年间唐朝征讨南迁回鹘诸问题考论》，《中国边疆史地研究》2022 年第 3 期。

2　《资治通鉴》卷 246，会昌元年八月条，第 7952—7954 页。

3　《资治通鉴》卷 246，会昌二年三月条，第 7959 页。

4　傅璇琮、周建国校笺《李德裕文集校笺》文集卷 14《论用兵二·奏回鹘事宜状》，会昌二年四月，第 301、302 页。

见，传递这份军令诏书的就是李载义、史元忠在任时曾入奏唐廷的华封舆。据《华封舆墓志》，张仲武伐回鹘时他因参画功而迁官，[1] 当为负责军事谋划的重要幕僚，故此时他入朝奏事，并正好将此诏书带回。从李德裕的状文中不难看出，幽州镇在伐回鹘时与唐廷通过奏事官持续进行军事情报沟通。

不久，在唐廷的招抚下，嗢没斯正式降唐，[2] 而乌介可汗和那颉啜部却与唐朝关系紧张。五月，那颉啜"帅其众自振武、大同，东因室韦、黑沙，南趣雄武军，窥幽州"，张仲武遣其弟率三万士兵迎击，消灭收降了大量部众，那颉啜后被乌介可汗杀害。[3] 张仲武曾任雄武军使，十分熟悉该地的军事情况，所以他在就任藩帅不久，就对那颉啜进行了成功的防御反击。这场战役后，张仲武"遣从事李周瞳、牙门将国从玘，相次献捷"，[4] 李、国二人就是张仲武上奏捷报的奏事官。张仲武通过汇报讨伐回鹘的战果，继续完善与唐廷的信息沟通系统。

此时，乌介可汗要求唐朝执送嗢没斯、借取天德城，八月又进逼河东地区。[5] 乌介可汗的贪得无厌使李德裕与朝臣逐渐统一了出兵征讨的想法。九月，在李德裕的主持下，"以张仲武为东面招抚回鹘使，其当道行营兵及奚、契丹、室韦等并自指挥"，[6] 联合其他藩帅共同进讨回鹘。当月，李德裕的《请发镇州马军状》中提到河东奏事官孙俦与幽州进奏官孙方造相继谒相，上报回鹘

1　中国文物研究所、北京石刻艺术博物馆编《新中国出土墓志·北京〔壹〕》上册二九《唐故幽州节度两蕃使朝散郎检校秘书少监兼御史中丞上柱国赐绯鱼袋平原华府君墓志铭并序》，第22页。

2　《资治通鉴》卷246，会昌二年四月甲申条，第7961页。

3　《资治通鉴》卷246，会昌二年五月条，第7961、7962页。

4　《旧唐书》卷180《张仲武传》，第4678页。

5　《资治通鉴》卷246，会昌二年五月条、七月条、八月条，第7962、7963页。

6　《资治通鉴》卷246，会昌二年九月条，第7966页。

近期军情。[1] 李德裕通过孙方造了解到张仲武俘获室韦酋长妻儿，引室韦使与幽州军将一同追杀回鹘监使之事，还与孙俦讨论了发兵细节。李德裕同时与河东奏事官孙俦、幽州进奏官孙方造进行军情沟通，获悉了回鹘和各镇的军事动向，做出了河东、幽州等镇合势移营，对回鹘施加压力的正确决策。[2] 数月后，在张仲武与其他藩帅的协作下，唐廷取得了对回鹘的关键胜利。会昌三年正月，石雄大败回鹘于杀胡山，乌介可汗向黑车子部遁逃，其余众多向幽州投降。[3]

此后，张仲武继续通过奏事官与李德裕进行军情交流，讨伐回鹘余部。李德裕在会昌三年二、三月间草拟的《赐张仲武诏》就传达了征讨回鹘乌介可汗余部的命令。[4] 此诏是回复张仲武表文所作，由诏书中"周玙至"可知，此次在长安与幽州之间传递表文、汇报军情的正是曾为李载义讨横海持续上奏捷报的奏事官周玙。由于诏书以皇帝口吻下达，周玙此次奏事当有面圣召对的经历。而武宗时诏敕多为备受信任的宰相李德裕草拟，[5] 故推测周玙也拜谒了李德裕。此事在《周玙墓志》中未载，或许他还有更多传递情报的奏事行为。周玙传递的表文汇报了回鹘可汗"犹有疑惧，近日移营"的军情信息。李德裕在武宗诏书中向张仲武表示，可汗"柔服之际，又此遁逃"，并无信义，勉励他"选练劲兵，掩其无备"，继续攻击。文中将张仲武比作霍去病和李靖，透露出唐廷对张仲武的信任。诏书中也有具体的军事部署，如

1　傅璇琮、周建国校笺《李德裕文集校笺》文集卷14《论用兵二·请发镇州马军状》，会昌二年九月十二日，第311页。

2　《资治通鉴》卷246，会昌二年九月癸卯条，第7967页。

3　《资治通鉴》卷247，会昌三年正月条，第7972、7973页。

4　傅璇琮、周建国校笺《李德裕文集校笺》文集卷6《诏敕中·赐张仲武诏》，会昌三年二、三月间，第119、120页。

5　《资治通鉴》卷247，会昌三年三月条，第7976页。

"岂得更屯精兵，守无用之地？即宜追赴本道，同力剪除"，并且还传达了朝廷继续支付出界粮等信息。此诏书当由周珝带回，传递了唐廷对幽州镇的命令。

李德裕在四月又草拟了一篇同名的《赐张仲武诏》。[1] 这篇诏书主要说明为了防备昭义镇在节度使刘从谏病重期间的变故，河东部队已经回到本镇。唐廷将塞上防御事宜完全交给张仲武处置，命其专心清理回鹘可汗余部。由一个月间的两份诏书，可见张仲武伐回鹘时幽州镇与唐廷信息沟通的密集程度。

张仲武讨伐回鹘期间，曾恭敬对待朝廷来使。史载："李回至河朔，何弘敬、王元逵、张仲武皆具橐鞬郊迎，立于道左，不敢令人控马，让制使先行。"[2] 这说明了李回的能力，也体现了当时河朔藩镇由于局势动荡而渴望唐廷信任、重视唐廷信息的情况。

会昌四年九月，讨伐回鹘已经进入尾声。从李德裕给皇帝的密状《论回鹘事宜状》中可知，幽州镇还有奏事官论博言入奏。[3] 此时讨伐昭义镇刘稹的战役已经结束，唐廷可以专注于应对回鹘残部。李德裕在状书中透露，他本想奏请武宗派遣中使宣谕张仲武讨灭残虏，兼探幽州镇之情报，恰巧"幽州奏事官论博言到，传仲武语与臣"。论博言向李德裕传递了回鹘人心离异、室韦失散的近况。于是他希望派出使者，向张仲武传达天下只差回鹘未平的局势，以"北面招讨使"之职激励张仲武，命其招降回鹘余部，以超过成德和魏博节帅讨伐刘稹的功业。此次入奏在奏事官论博言的墓志中有记载：

1　傅璇琮、周建国校笺《李德裕文集校笺》文集卷 6《诏敕中·赐张仲武诏》，会昌三年四月初，第 123 页。

2　《资治通鉴》卷 247，会昌三年七月条，第 7988 页。

3　傅璇琮、周建国校笺《李德裕文集校笺》文集卷 17《密状·论回鹘事宜状》，会昌四年九月下旬，第 406 页。

善驰诸侯之恳，能达万乘之听。陟衔前兵马使、兼殿中
侍御史。交四邻之好，出群宾之首。自卢龙节度押衙，迁幽
州节度押衙，以兼侍御史，加检校国子祭酒。[1]

可见，论博言专门负责幽州镇此时的外交工作。他在会昌四
年入奏军情，就是志文"善驰诸侯之恳，能达万乘之听"的事
例。奏事官华封舆、周玙、论博言的入奏，使唐廷及时获得了回
鹘情报，供宰相决策时加以参考，最终形成了正式诏书。

张仲武讨伐回鹘立下功勋后威加北狄，会昌五年奏请在蓟
北立《纪圣功铭》。武宗命伐回鹘的负责人李德裕作文，[2] 于是
有《幽州纪圣功碑铭并序》存世。[3] 此事在李德裕的《让张仲武
寄信物状》中有载，[4] 据状文，李德裕最初拒绝为张仲武撰碑，但
考虑到可以笼络劝谕幽州镇军将，故勉强接受张仲武的润笔，为
其撰写铭文。状文中提到，"仲武判官华封舆"向李德裕传递了
张仲武的书信和信物，可见三年前传递军令的华封舆再次担任奏
事官，又参与了唐廷向幽州镇赐碑文的交流沟通，代表张仲武向
宰相谢恩。张仲武求立《纪圣功铭》得到朝廷同意，这是对他恭
顺朝命、威加北狄的认可。纪功碑作为"政治景观"，昭示了幽
州镇节帅的政治合法性。而立碑过程中李德裕和张仲武的书信、

---

1 吴钢主编《全唐文补遗》第 7 辑《有唐幽州卢龙节度左都衙银青光禄大夫检校国子祭酒
摄檀州刺史充威武军使兼御史中丞上柱国晋昌论公（博言）墓志铭并序》，三秦出版社，
2000，第 141 页。考释见陈康《唐论博言墓志考释》，《北京文物与考古》第 5 辑，北京
燕山出版社，2002，第 202—209 页；鲁晓帆《唐〈论博言〉墓志续考》，《首都博物馆
论丛》第 27 辑，北京燕山出版社，2013，第 40—49 页。

2 《旧唐书》卷 180《张仲武传》，第 4678 页。

3 傅璇琮、周建国校笺《李德裕文集校笺》文集卷 2《纪功·幽州纪圣功碑铭并序》，会昌
五年，第 13—17 页。

4 傅璇琮、周建国校笺《李德裕文集校笺》文集卷 18《进献·让张仲武寄信物状》，会昌五
年，第 440 页。

谢礼来往，更加强了幽州镇和唐廷之间的信息沟通和双方的政治信任。

会昌五年八月，正值唐武宗大兴灭佛之时，"五台僧多亡奔幽州"。面对这种情况，李德裕召见幽州进奏官传递朝廷不满："汝趣白本使，五台僧……何为虚取容纳之名，染于人口！"由于袭位受唐廷和李德裕支持，听闻口信的张仲武立刻予以配合，封闭居庸关，"有游僧入境则斩之"，[1] 以阻断幽州、河东的佛教联系。可见，张仲武遵守进奏官传递的朝命，重视维系和朝廷的信息沟通关系。

总之，在张仲武讨伐回鹘的战役中，奏事官的入奏使唐廷不断获取幽州镇军事情报，得以正确决策并传递军事命令，双方密切信息沟通，稳固情报通路，最终促成了战争胜利。[2] 昭义镇刘稹叛乱前后，唐廷主动与幽州沟通，令其专心御边立功，使双方增强了政治互信，避免了动乱，也为唐廷平定昭义镇与回鹘营造了稳定的环境。回鹘完全平定后，张仲武表请唐廷立《纪圣功铭》，武宗命宰相李德裕撰文并赐碑，张仲武通过奏事官馈赠李德裕谢礼。这一系列举动，使唐廷与幽州镇双方的政治关系更加融洽。

结　语

上述三件军国大事中，奏事官均在幽州镇与唐廷的信息沟通中起到重要作用。根据前揭相关传世和墓志史料，列出表1、表2：

1　《资治通鉴》卷248，会昌五年八月条，第8018、8019页。
2　黎虎：《从汉唐外交决策看外交决策的特殊性》，《大连大学学报》1999年第3期，第89页。

大和至会昌年间幽州镇与唐廷的信息沟通

——以奏事官为中心

表1　大和至会昌年间幽州镇奏事官入朝奏事情况一览

奏事官	入奏经历	原官	流程	赏赐和加官
周元长	李载义讨横海，入奏朝廷，乱平献俘	节度押衙、检校太子中允、兼监察御史、权知蓟州军州事	召对	锦彩、银器、衣服 殿中侍御史
周玙	李载义讨横海，上奏捷报、军情	节度押衙兼司宾务	召对	御服、缯锦、玉带、金卮 侍御史、国子祭酒、兰陵郡王
	张仲武伐回鹘，传递军事情报	节度都押衙	谒相 召对	
华封舆	李载义讨横海，传递军事谋划	□□录事参军	召对	监察御史
	史元忠袭位，斡旋朝廷罢兵	节度推官、殿中侍御史	谒相 召对	屯田员外郎、充通王幕府、上柱国
	张仲武伐回鹘，传递军事命令和赐碑谢礼	节度两蕃副使、检校职方郎中	谒相	
论博言	张仲武伐回鹘，传递军事情报	节度散兵马使、检校太子宾客、兼监察御史	谒相	

表2　大和至会昌年间幽州镇奏事官与进奏官对比

时间	奏事官	进奏官	节度使	事件
大和元年（827）	周元长、周玙、华封舆 [1]			横海镇李同捷叛乱，李载义奉诏讨伐
大和二年（828）	周玙		李载义	
大和三年（829）	周元长、周玙			
大和四年（830）				
大和五年（831）				李载义为杨志诚所逐
大和六年（832）			杨志诚	
大和七年（833）	王文颖	徐迪		杨志诚邀官
大和八年（834）	华封舆			杨志诚为史元忠所逐
大和九年（835）				
开成元年（836）				
开成二年（837）			史元忠	
开成三年（838）				
开成四年（839）				
开成五年（840）				

续表

时间	奏事官	进奏官	节度使	事件
会昌元年（841）	[2]		陈行泰	史元忠为陈行泰所杀，陈行泰为张绛所杀，后为张仲武平定
	吴仲舒	华封舆[3]	张绛	
会昌二年（842）	华封舆、李周瞳、国从氾	孙方造	张仲武	张仲武参与讨伐回鹘
会昌三年（843）	周玙			
会昌四年（844）	论博言			
会昌五年（845）	华封舆			张仲武求赐《纪圣功铭》
会昌六年（846）				

注：[1] 此次华封舆、周元长的入奏时间为推测。

[2] 张绛向朝廷派遣的邀钺使者可能是奏事官，史未载其名。

[3] 此时华封舆在进奏院中，是否为进奏官存疑。

　　本文基于墓志与传世史料的互证，细致考察了大和至会昌年间幽州镇与唐廷的信息沟通状况。还原了李载义讨横海李同捷之叛早期的观望和斡旋，及其持续上奏捷报的政治意涵；厘清了幽州镇"主帅失律"时期杨志诚、史元忠、陈行泰、张绛、张仲武等人在军乱袭位时与唐廷进行弭乱信息沟通的复杂样貌；阐明了张仲武伐回鹘时与唐廷的军事情报交流，以及战后唐廷赐给张仲武《纪圣功铭》的政治互动。

　　大和至会昌年间，幽州节度使持续派遣奏事官入朝奏事，上报幽州镇信息，于是唐廷得以充分掌握幽州镇情况，通过"官爵威命"进行礼仪性控制。奏事官入朝奏事应是一种流程化行为，大致有谒相、召对、封赏这三步，但不一定完整。奏事官入奏一般先去拜谒宰相，传递本镇的情报和表文，并与宰相进行沟通和磋商。李德裕有"河朔事势，臣所熟谙"的话语，其原因应与奏事官谒相有关，他们所提供的信息，成为宰相施政的重要参考。李德裕还会通过奏事官向河朔节帅传达朝廷对其恭顺、忠义期望的口信。[1] 得到

---

1 《资治通鉴》卷248，会昌四年八月条，第8010页；《新唐书》卷180《李德裕传》，第5342页。

宰相认可后，奏事官可能会被引见给皇帝，接受皇帝召对。若获得天子信赖，会对奏事官进行赏赐和封官。赏赐如锦彩、银器等，加官以监察御史、殿中侍御史、侍御史这些宪衔为多。奏事官的谒相、召对、接受唐廷赏赐这一流程，达成了宰相、皇帝和节帅的沟通，同时传递了朝廷诏敕，[1]促进幽州镇确立自身政治合法性、稳定政局。

奏事官的选任与官职文武、大小无关，但幽州镇的四位奏事官有性质区别。周元长在横海之叛时以押衙和支州长官身份参与入奏献俘，地位较高。周玙在横海之叛时以押衙兼司宾务之职多次向朝廷奏捷，后又任都押衙在伐回鹘时传递军情，作为高级武官长期担任奏事官。"司宾务"应与晚唐五代的客将有关，[2]为比附鸿胪寺之职，[3]有典客、出使等职责，可谓"官尽其用"。华封舆以基层文官之职在横海之叛和史元忠袭位时传递军事谋划、斡旋朝廷，后任两蕃副使，以民族外交之职，于张仲武伐回鹘时传递军令，并在请立纪功碑时传递信物。作为文职僚佐，华封舆也长期担任奏事官。论博言以散兵马使之职在伐回鹘时传递军事情报，之后升为押衙并多次出使唐廷，也是重要的外交人员。

奏事官代表节度使入朝奏事，为其利益服务，因事而派。就本文所述，幽州镇向唐廷传递信息的使者基本都是奏事官，而进奏官处于次要的地位。因为若发生军乱等紧要事件，进奏官的转述不如奏事官直接上奏效率更高。进奏官更倾向于管理进奏院这个制度性场所，维护双方的信息沟通体系，以便奏事官进京落脚

1　叶炜认为，唐后期皇帝给藩镇长官的批答可由奏事官送达，加强了朝廷对藩镇的控制。详见氏著《唐代"批答"述论——以地方官所获"批答"为中心》，《北京大学学报》2010年第2期，第94页。

2　详见冯培红《客司与归义军的外交活动》，《敦煌学辑刊》1999年第1期；吴丽娱《试论晚唐五代的客将、客司与客省》，《中国史研究》2002年第4期。

3　"司宾"为鸿胪寺的改称，详见《旧唐书》卷42《职官志一》，第1788页。

并交换情报。[1]奏事官作为临时性差遣，代表节帅个人向唐廷传递紧要情报，在中晚唐藩镇与朝廷之间的信息沟通中承担重要作用。

中晚唐除了广为人知的制度变革，政治惯例和默契也发挥着重要作用。[2]通过对隐没史料的揭示，本文发现幽州镇与唐廷形成了一种以奏事官为纽带、以维持政治平衡为目的的动态信息沟通体系。至于这一政治行为和惯例的时空生命力是否足够强大，还需要进一步探索。

1　张国刚：《唐代进奏院考略》，第86页。
2　仇鹿鸣：《长安与河北之间：中晚唐的政治与文化》，第339页。

北洋省政中的"京地互动"：1920年苏社集团 与旅京同乡的易长废督运动

靳　帅[*]

摘　要： 清末以来，江苏绅权之重，丝毫不亚于军权。1920年江苏耆绅
张謇、黄炎培等人发起统合全省自治事业的苏社。苏社成立后
诸理事主张"苏人治苏"，与庄蕴宽、赵椿年等旅京同乡一道抵
制中央的省长和财政厅长人选。但张謇一度主张"贤人治苏"，
与其他苏社理事产生分歧。最后中央采用张謇方案，任命外省
人王瑚长苏。不久李纯猝逝，苏社其他理事主张直接废督，但
张謇主张由齐燮元接任，后中央委任齐燮元督苏。这一运动展
现出苏社集团对江苏政局的操控力，以及苏社集团内部的政见
分殊，同时，也展现出旅京同乡与江苏地方政局之间的互动过
程。因此，重视北洋政治的"京地互动"机制，有助于理解整
个北洋政治史的运转。

关键词： 易长废督　京地互动　苏社　江苏省教育会　旅京同乡　张謇

省长与自治关系极重，必先达到苏人治苏，然后自治可实施。

——《苏社秋季理事会记事》[1]

---

* 靳帅，清华大学历史系。

1 《苏社秋季理事会纪事》，《民国日报》（上海）1920年9月16日，第3张第10版。

　　晚清以来，江浙士绅在东南互保、立宪运动、辛亥革命等一系列事件中无不扮演着举足轻重的角色，迨至辛亥以后，他们在民初政治舞台上仍具有相当大的话语权与影响力。陈志让即指出，辛亥后中国大部都已是"军绅政权"模式，但江浙反呈现出"绅军政权"形态。[1]1920 年，以张謇、黄炎培为代表的在辛亥前后十年间深度参与政治活动的江苏耆绅成立了一个以"省"命名的自治团体——苏社，时有会员百余人。苏社的领导和决策机构是理事会，理事有黄炎培、王清穆、沈恩孚、黄以霖、韩国钧、唐文治、马士杰、张一麐、仇继恒、方还、穆湘瑶、钱崇固、荣宗铨等，张謇为理事长。上述诸人在辛亥前后均担任过要职，故可谓是"一省之中心人物"。张謇、黄炎培、沈恩孚等人之所以成立这一团体，其初衷是使江苏的地方自治事业拥有"连合策进之机关"，以便整合全省资源，促进江苏自治事业系统展开。

　　对于这一团体，1925 年 8 月，共产党人萧楚女在《中国青年》上撰文称："黄炎培、沈恩孚、史量才、袁希涛、蒋维乔、郭秉文等苏社一派，以老而不死之张謇为遥上尊号之表面首领"，"其散兵线虽较研究系展开之幅面小；而其组织之严密，战斗力之集中"，"则较之研究系胜百倍"。[2]共产党人邓中夏亦称："他们现在是眼光四射的利用各方势力以自培植长成，一俟羽毛丰满，他们不仅止称霸江苏为己足，还要问鼎北京呢。"[3]苏社是否确有萧楚女、邓中夏所言的巨大能量？何以萧楚女认为苏社"组织之严密，战斗力之集中""较之研究系胜百倍"？

1　陈志让：《军绅政权——近代中国的军阀时期》，生活·读书·新知三联书店，1980，第 19、23 页。

2　初遇（萧楚女）：《蒋维乔长东大之由来》，《中国青年》1925 年，第 86 期。

3　《北游杂记》（1924），邓中夏：《邓中夏全集》，人民出版社，2014，第 358—359 页。

　　20世纪20年代，各省士绅名流倡导地方自治，掀起"省人治省"运动，其中旅外同乡势力是这一运动的重要参与者。近代以来诸多中心城市均有大大小小的同乡组织，清末民初革命政治和动员民众的政治，"均以同乡会路线为指导"。[1] 到民初，新型同乡团体、同乡会摒弃了清末会馆的许多旧习，采用更加民主和现代的方式，旅外同乡越来越"名正言顺""光明正大"地参与政治活动。[2] 在所有旅外同乡势力中，尤以"旅京同乡"对本省政治的影响最大，这使北洋政治呈现出"地方在中央"的局面。[3] 就江苏省而言，"旅京苏人"的核心人物有庄蕴宽、赵椿年、张一麐、董康等人。20世纪20年代，上述诸人在京多担任要职，[4] 故江苏地方一有大事，在南（相对于"旅京苏人"而言）士绅多

1　〔美〕杜赞奇：《从民族国家拯救历史：民族主义话语与中国现代史研究》，王宪明译，江苏人民出版社，2009，第176页。

2　〔美〕顾德曼：《家乡、城市和国家：上海的区域网络和认同》，宋钻友译，上海古籍出版社，2004，第163页；唐仕春：《近代中国的乡谊与政治》，四川人民出版社，2020，第340页。

3　陈长河《北洋政府的地方自治与旅京安徽同乡自治制度讨论会内的斗争》，《安徽史学》1994年第4期；宋钻友《南北对峙与上海广东社会内的政见纷扰（1917—1927）》，2007年第5期；孙向群《同乡组织的近代变迁——以旅京鲁籍同乡会为考察对象》，《东岳论丛》2009年第4期；对"旅京同乡"的探讨，近年来有〔美〕白思奇《地方在中央：晚清帝都内的同乡会馆、空间和权力》，秦兰珺、李新德译，中国社会科学出版社，2018；张宝同《旅京学生群体与中共陕西早期党组织的源起》，《苏区研究》2020年第2期。上述对旅京同乡的探讨，较多采用社会史的视角，偏重于考察旅京同乡本身的生存状态，对于他们与本省士绅之间"京地互动"的政治过程，有待进一步发覆。

4　庄蕴宽（1866—1932），字思缄，江苏武进人，1913年入京任平政院肃政厅都肃政史。1916年出任北京中央的审计院院长，直至北伐。赵椿年（1868—1942），字剑秋，江苏武进人，1898年进士，自1919年出任北京审计院副院长，直至北伐卸任。庄蕴宽与赵椿年两人为至交。董康（1867—1947），字绶经，江苏武进人，早年就读于江阴南菁书院，1890年进士，清末曾协助沈家本改革全国司法，1920年任司法总长。张一麐（1867—1943），字仲仁，江苏吴县人，1885年进士，1912年袁世凯就任临时大总统后，出任政事堂机要局局长等职，后改任教育总长。1917年冯国璋北上进京，为总统府秘书。1919年曾谋划南北议和事宜。

求援于他们。也因此，20 世纪 20 年代的"省人治省"运动，实际上存在着"京地互动"的机制。

目前，对于苏社的成立背景、群体构成、组织结构、政治理念、社会活动等，学界鲜有翔实探讨，对于苏社集团与旅京苏人在 20 世纪 20 年代江苏省自治运动中的活动亦缺乏探讨。[1] 本文利用新近出版的《韩国钧朋僚函札选编》、南通市大生档案等史料，着重讨论 1920 年"省宪自治"思潮下，苏社耆绅在易长废督运动中的具体活动，以及旅京同乡势力对地方政局的调控参与，尽可能展现出北洋这张大网中"枝蔓繁多的人事联系"，[2] 以进一步思考"军绅政权"在江苏的独特性。

一 "驱齐"与"拒王"："苏人治苏"的提出

1920 年 5 月，张謇、黄炎培等江苏耆绅突然发起苏社，这让当时朝野各方猜疑四起，多以为此中或有政治目的。为此张謇反复声明，苏社"不涉政党、不为私人利用、不与官治为敌"。[3] 但正如外界揣测的那样，这些长期浸淫政界又曾左右南北的江苏士绅，在联合发展自治的具体实践中，要"不涉政党、

1　对于 1920 年"苏人治苏"运动，学界已有相关研究，如田中比吕志、陈明胜等。不过对易长废督的具体情形，苏社集团内部的运作、分歧，以及与旅京苏人的京地互动，等等，均有待进一步探讨。参见田中比吕志昌《北京政府期の江苏省における地方自治运动と地域エリート：苏社に关する觉书》，东京学芸大学纪要出版委员会《东京学芸大学纪要·人文社会科学系》，2009，II 60：85-97；陈明胜《民初地方士绅与军阀政府的矛盾共生——以江苏"省自治"运动为中心》，《民国档案》2018 年第 4 期；霍龙飞《1920 年苏、鄂两省省长更动风波》，《历史教学问题》2014 年第 4 期；梁俊平《军阀之死——李纯督苏（1917—1920）与民初的军人政治》，硕士学位论文，复旦大学，2014。

2　桑兵：《"北洋军阀"词语再检讨与民国北京政府》，《学术研究》2014 年第 9 期。

3　《南京快信》，《时报》1920 年 5 月 22 日，第 1 张。

不为私人利用、不与官治为敌"是几乎不可能的。1920年5月苏社甫一成立，即遭遇省长齐耀琳的去职与"谁来长苏"的问题，苏社以维护"地方自治"利益为名，深度参与其间，运动省长人选，从而导致苏社一开始就背离了张謇所倡导的"不与政治"的理想初衷。

　　江苏省"苏人治苏"之议，肇起于1920年省议会"弹劾省长齐耀琳案"。齐耀琳，字震岩，吉林伊通人，光绪二十一年（1895）进士。清末历任安徽按察使、直隶提法使。民初历任吉林民政长、吉林巡按使。1914年7月，袁世凯调齐耀琳接替韩国钧任江苏巡按使（巡按使后改为省长）。齐耀琳长苏后，带来大量在河南、吉林任上的旧日亲信僚属，这些僚属大多是外省人。这也构成了齐耀琳政府的一大特色。[1] 齐耀琳初长江苏之际，正是袁世凯强化中央集权时期，此时，议会制被袁世凯废除，江苏省议会也因此停办。失去议会监督，中央政府与省政府的权势不断增强。因此，外省人主导下的齐耀琳政府能够对江苏地方绅权进行有效遏制。[2] 但1916年袁世凯去世，继任总统黎元洪宣布省议会复会。复会后，省议会运用自身职能，开始监督省政府的运行，江苏地方士绅"苏人治苏"的意识也在省议会中不断显现。省议会与省政府权势的此消彼长，使两者关系变得极为紧张，作为省长的齐耀琳首当其冲。

　　齐耀琳任江苏省长期间，江苏省公署虽有诸多厅室科员，"而

1　《韩齐交替谭》，《申报》1914年9月9日，第6版。

2　俞寿璋曾担任李纯顾问多年，其子俞莱山晚年回忆称，齐耀琳长苏时对于用人问题，"掌握两个封建法宝"：一是资格，"无论差缺，必须任用本省候补人员"，这是为了对付新人物和军人的；二是回避本籍，"当时江苏全省60个县知事没有一个本省人"。这样一来，绅士们只能做"绅士"。但是后来，"由于绅权（某人治某）与军权的抬头"，齐耀琳的"封建法宝""逐渐失灵"。俞莱山：《李纯督苏前后北洋内种种》，全国政协文史资料委员会编《文史资料存稿选编·晚清、北洋》（下），中国文史出版社，2002，第9页。

实则操权者仅俞纪琦、曹豫谦、金左临三人"。其中，俞纪琦先后担任政务厅长、金陵道尹，曹豫谦为省公署谘议处处长，金左临为省公署实业科科长。这三人除金左临外，均为外省人。就此三人的具体职权而言，"凡对于省议会之咨覆"，皆曹豫谦主稿，俞纪琦负责审阅其他要件，金左临主要负责接洽省议员及江苏士绅。有报人即称："齐耀琳以内政外交得此三人，可以垂拱而治矣。"[1] 但1916年省议会复会后，此三人不仅操控省政府，且对省议会与地方士绅毫不尊重。其中，"曹系幕友出身，又好用意气"，"凡于省议会新议决及质问之案，每不以诚恳答复，专舞文墨，其笔锋所及，恒予议员以难堪"，"议会之恶感深矣"；俞纪琦1915年由政务厅长改任金陵道尹后，每日仍在巡按使署核阅公文，[2] 省政府的诸多文牍，"非有该道尹签押不得发生效力"；而金左临为抵制省议会对省政府的监督，在省议会中笼络扬属、宁属议员庞振乾、朱积祺、屠宜厚、刘文辂、吴鸿勋、王鸿藻等，"凡遇省署有关碍之案，该派议员以缺席抵制"，第二届省议会常常不能开议，"半皆由彼操纵之力"。[3] 除上述三人外，省财政厅长胡翔林独断专行，亦处处与省议会为难。这引发了省议员以及地方耆绅的强烈不满。1918年11月，张謇曾密函总统徐世昌，揭发胡翔林的种种恶迹。他在密函中称江苏财政厅所辖税所厘卡之人员，"无不与厅中科员为朋比"，"其所得差事之肥瘠，视运动费度之高低。得差以后，各荐用私人而外，无不月送干薪，数

---

1 《苏议员又提俞纪琦查办案》，《申报》1919年11月28日，第7版。

2 出任金陵道尹后，俞纪琦随即兼任巡按使署谘议。此后"道尹之实、谘议之名、厅长之权，一萃于俞"，时人讽其为"官僚界之骄子也"。《江苏政闻》，《申报》1915年5月4日，第6版。

3 《苏省署之内幕》，《申报》1920年8月25日，第7版。

目数十至百不等"。[1]

俞纪琦、曹豫谦、金左临、胡翔林的背后，均有省长齐耀琳的影子。[2] 1918 年度江苏省岁出入预算案经省议会复议交呈省署后，齐耀琳径自删改"省有营业收入一项"；1919 年度预算案由苏省议会二次议决咨回后，齐耀琳在省长公布令中"大加注说"，甚至对省议会议决的法案"任意更改"。[3] 不仅如此，齐耀琳主持下的江苏省财政收入也混沌不清。当时皖系主政中央，1918 年9 月至 1919 年五四前夕的大半年时间，正是直皖对峙，南北议和之际，北京各方需款孔急，财政部常要求江苏省财政厅向中央解款，或负担北方议和代表之费用。[4] 时有传闻亦称："齐与皖系有密约，每月江苏于正额解款外，多解二十万，已解五个半月，共计一百一十万。"[5] 观察这一时期与之同时发生的"米禁案"等，可以说这一传闻大致不差。[6]

1919 年 11 月，因俞纪琦受贿事发，江苏省教育会派省议员张福增（亦为江苏省教育会干事）、王发蒙在省议会发起"查办俞纪琦案"，但亲省长齐耀琳一派的省议员刘文辂、吴鸿勋、徐

1 参见《致政府电》（1918 年）、《致徐世昌函》（1918 年 11 月下旬），李明勋、尤世玮主编《张謇全集》第 3 卷，上海辞书出版社，2012，第 643—644、685—686 页。

2 对于俞纪琦、曹豫谦、胡翔林三人，张謇在致督军李纯函中评价称，"胡厅长似忠厚而实模糊"，"而俞道尹之声名则尤劣"，"人诟俞、曹，闻俞且出曹上"。《致李纯函》（1920年 7 月），李明勋、尤世玮主编《张謇全集》第 3 卷，第 783 页。

3 《苏议会弹劾齐省长案》，《申报》1920 年 6 月 17 日，第 7 版。

4 《南京快信》，《申报》1919 年 3 月 7 日，第 7 版。

5 《齐耀琳与苏议会》，《申报》1920 年 8 月 29 日，第 8 版。

6 时日本发生米荒，皖系主导下的北京政府要求江苏省向日本出口苏米，这一不顾地方利益的举措，遭到了江苏省地方士绅的极力抵制。但是齐耀琳政府听从中央要求，仍筹划出口苏米。参见邱宏霆《北洋政府时期米禁政策研究——以苏米弛禁案为中心（1918—1920年）》，《安徽史学》2020 年第 5 期；纪浩鹏《20 世纪 20 年代中日关系的一个侧面：日本关东大地震后中国苏、湘两省米粮弛禁之争》，《民国档案》2018 年第 3 期。

堃锡、龚廷鹗、王鸿藻、葛锦城等人竭力为其疏通。[1] 发起"查俞案"，议会方面最初"不过促齐氏之觉悟，并无他意"，但齐耀琳自恃省议会中有自己的亲信势力，遂在咨复文内处处驳斥省议会的查办案。1920 年 5 月，齐耀琳在复省议会函中称，省议会所弹劾俞纪琦的种种问题"事出传闻、查无实据"。接到复函后，"各议员大为不快"。[2] 故 1920 年 6 月，省议会又发起"弹劾省长齐耀琳案"。[3] 起初，齐耀琳外有皖系中央的护持，内有省议会的亲信势力，对于弹劾案，并不十分在意，只是在疏通苏社集团中的韩国钧诸人，试图暗中消弭。[4]

但是，1920 年 7 月北方爆发直皖战争，主持中央的皖系失败，直系与奉系联合主政，全国政局权势发生大更易。中央政局的混乱不定，使以"省人治省"为旗帜的地方自治运动逐渐兴起。这也使江苏地方政局受到极大影响：素亲皖系的齐耀琳失去庇护，又遭弹劾，难以在江苏立足，遂萌生去意。在正式辞职之前，齐耀琳将胡翔林与俞纪琦对调，由俞纪琦代任财政厅长，游说中国银行、交通银行，抵押江苏省冬季漕粮，弥补江苏省财政的长期亏空。对于俞纪琦，省政府不予以查办，反予以升调；对于省财政，省政府寅吃卯粮，借漕提款。这两大恶举激起省内各方士绅大规模的声讨。[5]

1 《苏议会记事》，《申报》1919 年 12 月 9 日，第 7 版。

2 《苏议会纪事》，《申报》1920 年 5 月 11 日，第 7 版。

3 《苏议会弹劾案之内幕》，《申报》1920 年 6 月 25 日，第 7 版。

4 《复韩国钧函》（1920 年 6 月 22 日），李明勋、尤世玮主编《张謇全集》第 3 卷，第 768 页。

5 张孝若在以苏社总事务所名义致各理事函中，即称俞纪琦"无恶不作，亦不能为齐（耀琳）恕"，"家君（张謇）密函派人往宁面谒陇西（李纯），切实劝阻"。《苏社总事务所启》（1920 年 8 月 5 日），《吴寄尘所收有关苏社等社团之文件》，南通市档案馆藏大生档，档号：B403-111-0018-0001。李纯得悉张謇密函后，张孝若称"李秀山已知用俞之误，俞筹款方法之非"。《张孝若致吴寄尘函》（1920 年 8 月 5 日），南通市档案馆藏大生档，档号：B401-111-0153-001。

  苏社集团要人黄以霖、沈恩孚、黄炎培、方还、穆湘瑶、吴兆曾、朱绍文等纷纷通电要求齐耀琳"收回俞纪琦代理财政厅长之命，并将省款另设主管机关，以清权限而释群疑"。而亲苏社一派的省议员张福增更是函电旅京苏人庄蕴宽、张一麐等，斥责齐耀琳勾结安福系，出卖省权。[1] 旅京苏人马良、张一麐、张一鹏、董康、张寿龄、庄蕴宽、赵椿年等人闻此消息后，也要求李纯、齐耀琳撤回此议。[2] 1920年8月中旬，黄炎培、沈恩孚、穆湘瑶、袁希洛及大部分省议员共同主张"俞氏一日不去，地方一日不能奉命"，"所有关于借漕提款等事概当暂时拒却"，并催促省会开临时会商议查办案。[3] 此后又有化名之苏人在报刊上称，"本会有俞纪琦之查办案，而后有齐耀琳之弹劾案"，"齐耀琳与俞纪琦既狼狈为奸，弹劾案与查办案有联带关系。齐不去，则违法之乱命不能取消"。[4] 因此，省议会继6月张福增之后，再度提出"弹劾省长齐耀琳案"。

  直皖战争皖系失败，直、奉两系合力主持北洋中央。此时，湘籍名流熊希龄倡导中部自治，主张"湘人治湘"乃至联同"鄂人治鄂"，本省人治本省之说因而大盛。彼时浙江省议会因不满省长齐耀珊（齐耀琳之弟）的种种举措，亦提出弹劾省长案，"当时旅京浙人如汪大燮、王家襄辈，并有浙人治浙之主张"。江苏亦受到鼓动，苏社张一麐、徐鼎康等亦乘势主张"苏人治苏"。[5] 时有《申报》记者"野云"指出："近年以来除西南独立各省外，类多以本省人为本省省长，苏浙人之抱此思想者久矣！

1 《更调财厅长之苏人公电》，《申报》1920年8月4日，第10版。

2 《反对俞纪琦长财厅之电函》，《申报》1920年8月10日，第10版。

3 《反对俞纪琦长财厅之两电》，《申报》1920年8月15日，第10版。

4 《苏议员主张去齐之电函》，《申报》1920年8月16日，第10版。

5 《苏省长与王瑚》，《益世报》1920年9月17日，第3版。

今果一齐发动而以浙人为较先","所谓苏人治苏之说已成为一种普通名词"。[1] 省议会弹劾齐耀琳案后,"一时去齐运动之空气由江苏一隅地传布于北京,连日之间旅京苏人时有集议",不过,"苏人治苏一语虽已成为一种普通名词","以正式会议表示于公众者则犹未之见也"。[2] 但到 7 月,江苏省议员徐瀛致北京内务部称齐耀琳"断难挽留",请迅予核准其辞职,并"遴选苏人,俾早视事,庶他人不至觊觎省揆"。[3] 此中明确强调要"遴选苏人"而排拒"他人",可谓"将苏人治苏之宗旨明白揭出"。[4]

在从"查俞案"到"弹齐案"的过程中,无论是省议员还是苏社集团诸人,都开始逐渐有意识地提出"苏人治苏"的口号。[5]1920 年 8 月,黄炎培领衔的江苏省议员朱绍文、陈大猷、刘伯昌、陆以钧即致函中央银行行长许翰清、交通银行行长李锡纯,主张"俞纪琦到任后,有以江苏名义借取款项,江苏人誓不承认"。由于许、李两人均为苏人,故黄炎培等人在函电中亦直言:"台端同是苏人,当能顾念桑梓表示同情,定不致为非法官吏负无名之责也。"[6] 江苏省议员冯士奇等人亦通电称:"齐氏长苏于今七载,综其往事,不过任用私人,庇护僚属,紊乱财政,蔑视民意之数端成绩耳。而官气森森,暮气沉沉,尤为诸恶之造端,今更悍然不顾,倒行逆施,以省议会查办未办之金陵道尹俞

<hr/>

1 野云:《浙鲁苏三省长问题》,《申报》1920 年 6 月 30 日,第 7 版。
2 野云:《纪旅京苏人之虚会》,《申报》1920 年 7 月 7 日,第 6 版。
3 《苏议员徐瀛等之两要电》,《申报》1920 年 7 月 30 日,第 7 版。
4 野云:《苏省长问题之京讯》,《申报》1920 年 7 月 10 日,第 8 版。
5 朱英从省议会的职能运作、权责关系等角度对 1920 年"江苏省议会弹劾省长案"有专文探讨。参见朱英《民国时期省议会与省长之间的冲突——以江苏省议会弹劾省长案为例》,《社会科学研究》2007 年第 1 期。本文欲进一步关注俞纪琦、曹豫谦、金左临与弹劾省长案之间的关系,以及弹劾省长案与紧随其后的"苏人治苏"运动之间的关系。
6 《省议员反对俞纪琦之函电》,《申报》1920 年 8 月 20 日,第 10 版。

纪琦,于其本身弹劾未结期内,调财政厅长,视苏无人,莫此为甚。"[1]在一片"苏人治苏"声中的"弹齐案",迫使齐耀琳的辞职成为定局。张謇在致督军李纯信中即指出:"伊通求去甚坚,理、势均不可复留"。[2]

当"苏人治苏"成为江苏士绅的一致主张的时候,由哪一位苏人来长苏,就成为争论不休的问题。从现有史料看,张謇等在南苏人是希望与其关系密切的韩国钧担任省长,但旅京苏人则主张段书云或张一麐,双方并不一致。[3]或为团结旅京苏人,张謇将"韩国钧长苏"改议为"共推张一麐、庄蕴宽、徐鼎康三君"为省长人选。此三人时均在北京,但张一麐、庄蕴宽长期旅居北京,只有徐鼎康长期在江苏,熟悉江苏政务。同时苏社理事中王清穆、韩国钧、储南强等人对徐鼎康"主之尤力",对此张謇也极为支持。[4]王清穆在京谒见徐世昌,"述江苏省长请用徐鼎康,贯彻苏人治苏",但徐世昌未置可否,主张从长计议。[5]

此一"苏人治苏"共识下京、宁之间省长人选的争锋,在 8 月中下旬被"非苏人长苏"的呼声弥合。如王瑚长苏,此是原省长齐耀琳的人选;如王克敏长苏,此是督军李纯的人选。其中自以李纯支持的"王克敏长苏"呼声最高。王克敏亦是"运动继任

---

1 《苏议员主张去齐之电函》,《申报》1920 年 8 月 16 日,第 10 版。

2 《致李纯函》(1920 年 7 月),李明勋、尤世玮主编《张謇全集》第 3 卷,第 783 页。

3 《南京快信》,《时报》1920 年 8 月 17 日,第 1 张第 2 版。

4 张孝若称徐鼎康"作官较久,思想恐不甚新锐",到任前"当然应与之商讨行政具体方针也"。《苏社总事务所启》(1920 年 8 月 5 日),《吴寄尘所收有关苏社等社团之文件》,南通市档案馆藏大生档,档号:B403-111-0018-0001;《致徐世昌电》(1920 年 8 月 5 日),李明勋、尤世玮主编《张謇全集》第 3 卷,第 786 页。

5 《王清穆主张苏人治苏》,《新无锡》1920 年 8 月 31 日,第 2 版。

颇力"。[1] 辛亥后，他长期在金融财政界任职，1913 年任中法银行中方总经理，1917 年出任中国银行总裁、王士珍内阁的财政总长等要职。李纯之所以支持他，主要是试图借用王克敏之财力。王克敏虽手握财权，但在 1919 年江苏米禁案上与苏省士绅颇有龃龉，加之生活荒淫糜烂，尤好嫖赌，因此，"王克敏长苏"之风说一出，南北苏人遂联手展开"拒王"运动。为使南北苏人在"更易苏长问题"上达成一致，江苏省议会开始"推代表来京"，以"联合旅京同乡"展开抵制运动。[2]

1920 年 8 月 23 日，在南的苏社人士黄炎培、沈恩孚、朱绍文等公开致电旅京苏人张一麐、庄蕴宽、董康、王清穆等称："报载王克敏将长苏，此人行为及营业，苏人习闻之，现值米荒，闻者大惧。乞探当局意力阻，并请援浙、皖、鄂直例，遴派苏人为盼。"此中"浙、皖、鄂直例"是指此时这三省省长均由本省人出任。这封公电的预设读者绝非仅为旅京苏人，而是将整个苏社集团的意见公之于众，乃是对"王克敏长苏"的抵制。[3] 实际上，南北苏人反对王克敏，一方面因王声名较差且为外省人，另一方面亦是在利用"拒王"来抵制督军李纯。同日，北京有消息称王克敏长苏"已经得府院同意，将赴宁与李（纯）接洽"。[4] 8 月 25 日左右，王克敏抵南京，短暂停留后暂住沪上，其弟王克均等亦"潜来沪上"，"专为王氏疏通"。由于王克敏深悉江苏政局操之于江苏省教育会等诸耆绅，因此主张"先从教育界入手"，使其"不持反对论调"。[5] 为保王克敏长苏，李纯亦向府院称病不出，

---

1 《苏省长问题昨讯》，《晨报》1920 年 9 月 5 日，第 3 版。

2 《国内特约电》，《时报》1920 年 8 月 25 日，第 1 张第 2 版。

3 《各方反对俞之函电》《苏人对王克敏长苏说之预防》，《新闻报》1920 年 8 月 23 日，第 3 张第 1 版。

4 《国内专电》，《时报》1920 年 8 月 25 日，第 1 张第 2 版。

5 《王克敏运动长苏与反对》，《时报》1920 年 9 月 8 日，第 3 张第 5 版。

对南北议和问题消极应付，以为要挟。[1]

　　如此似有效力。1920 年 8 月底，"王克敏长苏，已付阁议"。消息传至江苏，苏社人士大惊。沈恩孚、钱崇固、穆湘瑶、黄炎培、朱绍文等人遂联名致电在京同乡，请其"向当局代达公意，并恳骏、授两公，于阁议时力阻"。电文中所言的"骏、授两公"，即指时任外交总长的颜惠庆与司法总长的董康，这两人均是旅京苏人中的要角。[2] 因王克敏长苏出自李纯，沈恩孚、黄炎培等苏社诸理事遂向李纯施压，指其违背平时所宣称"不干民政"之主张。[3] 此外江苏省议员郑立三等致电总统徐世昌、总理靳云鹏，称齐去王来，是"以一狼易一狸"，中央既要江苏缴纳赋税军需，就不能再派污吏。[4] 见中央府院举棋不定，9 月 5 日，张謇亦致函总理靳云鹏，劝其对苏长一席早下决断。此外，他明确表示像王克敏这样"著名嫖赌荒唐之人"绝对不可长苏。在江苏各方士绅的强力抵制下，9 月 10 日，北京当局致电李纯，请其"勿坚持王长苏"。12 日，王克敏向当局表示，"不往江苏"。"拒王"运动由此取得成功。[5]

二　"苏人治苏"与"贤人治苏"的方案竞逐

　　"拒王"成功后，为从速确定省长人选，避免苏人内部分

1　《国内特约电》，《时报》1920 年 8 月 26 日，第 1 张第 2 版。

2　《王克敏长苏之反对》，《时报》1920 年 9 月 2 日，第 3 张第 5 版。

3　《苏督保王克敏长苏之质疑》，《新闻报》1920 年 9 月 8 日，第 3 张第 1 版。

4　《苏议员反对王克敏长苏》，《新闻报》1920 年 9 月 10 日，第 3 张第 1 版。亦参见《姚子让请拒王克敏》，《民国日报》（上海）1920 年 9 月 3 日，第 3 张第 10 版。

5　《致靳云鹏函》（1920 年 9 月 5 日），李明勋、尤世玮主编《张謇全集》第 3 卷，第 794—795 页。

歧，张謇决意"放弃苏人治苏之主张"。1920 年 9 月 8 日，他致函徐世昌、靳云鹏、张志潭、李纯等，称"齐不可留，苏必有长"，因此提出"只问贤不贤，不问苏不苏"的方针，请中央尽早决断，以免"群匿觊觎"。[1] 这也使省长齐耀琳所荐的王瑚成为长苏热门人选。"王瑚为直隶人，清时翰林也"，由知事迁广东道尹、甘肃布政使，"其人性刚直，自奉极简"。王瑚早年曾在徐世昌属下任要缺，"为东海所信任"。在被推荐长苏时，他刚刚就任京兆尹。[2]

但是，张謇"只问贤不贤，不问苏不苏"的方针并未获得苏社其他理事，尤其是江苏省教育会负责人黄炎培、沈恩孚等人的支持。9 月 15 日是苏社的定期理事会。在此次理事会上，黄以霖、黄炎培、马士杰、王清穆、荣德生、沈恩孚、钱崇固、张孝若等苏社诸理事总结了"拒王"运动的得失，并对此后"苏人治苏"的应对方略进行了协商，会议达成了"反对督军保荐省长""主张苏人治苏""实行苏人自治之条件"等共识。这是对张謇提出的"只问贤不贤，不问苏不苏"方针的否定，故张謇似乎并未与会，而仅是派代表参加。在理事会共识意见中，"苏人自治"的条件包括：漕粮划归地方税；恢复各县自治机关及市政；省署以咨议厅为议事机关，所有咨议均需聘用本省人三项。此外，苏社还主张"仿照湖南自治大纲，集合本省人士实力进行"。在所有意见中，对中央政府颇具威慑的是最后一条，其称："省长、财政厅长请中央速决。如发表者不满苏人之意，决以暂停纳税对待"。

---

1 《致徐世昌靳云鹏张志潭李纯电》（1920 年 9 月 8 日），李明勋、尤世玮主编《张謇全集》第 3 卷，第 795 页。

2 藏：《未来江苏省长之小史》，《小时报》1920 年 9 月 9 日，第 3 张第 7 版。亦参见《苏新省长王瑚略历》，《时报》1920 年 9 月 25 日，第 2 张第 4 版。王瑚一开始并不愿意长苏，9 月 5 日曾向徐世昌请辞。参见《王瑚不愿长苏》，《民意日报》1920 年 9 月 8 日，第 3 版。

前述苏社成立本抱定不参与政潮的宗旨，但"拒王"运动无疑已让甫经成立的苏社食言。为此，苏社诸理事辩护称，同人"虽不愿涉及地方政潮"，但"省长与自治关系极重"，"必先达到苏人治苏，然后自治可实施"；正是因"省长问题久延不决"，影响地方自治，故不得不参与政潮。[1]

面对苏社其他理事的一致方略，张謇似不得不暂时搁置"只问贤不贤，不问苏不苏"的方针。9月16日，他与韩国钧以苏社名义联名致电徐世昌、靳云鹏，再次催促中央从速确定省长人选。这份函电柔中带刚，暗示中央不必理会李纯"挟持中央、强予位置，致与民意相违"的省长人选，而应尊重"主体在民"的苏社人士意见。函电还举出不久前湖北省长难产问题，以劝中央镜鉴。[2] 值得注意的是，这封函电中，江苏耆绅的另外两大巨头张一麐和庄蕴宽未曾署名，似乎态度与张謇等人并不一致，尤其是张一麐在"拒王"运动时态度本就游移不定。有苏人称王克敏曾"挽寓京某数人，为之南下疏通"，"某数人"中，有一人本已"接受同乡代达，反对王某之请托"，却又答应为王某疏通苏人，此人"前以获一总长，称臣于洪宪"，似指张一麐。[3] 18日，苏社为省长问题再度召开临时会，张謇出席。此次会议仍然决定继续坚持"苏人治苏"方针。具体人选上，苏社其他理事决定推举张一麐为省长，此中或有张一麐暗中运动的痕迹。

张謇难排众议，只好表示"今之时局，譬诸轨道，与张君所挟所守，未尽兼容，故不欲以是为张君苦。然诸君既皆欲得之，又持之坚，下走亦不敢不从众"。张謇之所以不主张张一麐长苏，是对张一麐并不放心，因此他告诫苏社同人称"张君虽苏人，来

---

1 《苏社秋季理事会纪》，《民国日报》（上海）1920年9月16日，第3张第10版。

2 朱英、张超：《论1920年湖北省长人选引发的政潮》，《江苏社会科学》2017年第1期。

3 《公民反对王克敏长苏》，《民国日报》（上海）1920年9月4日，第3张第10版。

则属行政官厅，我苏社不可有一人自媒加入"，亦"不可荐引亲族戚友，以酬应为干预"。张謇还担心张一麐会在政务上偏重其所属的苏南，而忽略张謇所属的江北，故提醒张一麐"省长则不为一县而设"，任事要处置公平，要兼顾江苏全省。[1] 此时中央并未正式任命张一麐，但从张謇此番告诫中可看出，苏社诸理事均已认定中央必会同意他们所提举的省长人选，由此可见苏社诸人在此问题上颇为自信。为确保张一麐顺利通过，此次会议上，苏社诸理事还决定派黄以霖、钱崇固、穆湘瑶、储南强四人赴京与旅京苏人联络，使京宁之间能够互相联动，形成合力。[2]

但恰在同一天，中央批准齐耀琳辞职，并委任王瑚为江苏省长。这一命令的背后，实际是督军李纯暗中谋划的结果，且有张謇助力的痕迹。[3] 前述李纯对"苏人治苏"本就极为抵触，张謇亦非全然赞同，而是主张"贤人治苏"。当李纯知悉苏社要确定张一麐长苏后，本不愿让张一麐长苏的张謇与李纯达成共识，或密谋让中央迅速下令王瑚长苏。因此，黄、钱、穆、储四代表"未及起行，已见报载王瑚长苏"。苏社诸理事于是又集议办法，遂商定"如王瑚不来，仍请任张一麐为省长"；如王瑚来，则仅表示不反对、不欢迎的态度。此外，苏社四代表到京后，将"不直接与王瑚接洽"，而是委托"在京同乡提出治苏办法"。如王瑚能够承认苏社提出的治苏方针，则"凡苏社重要分子，不独不任行政职务，并不推荐一人，完全在局外监督，扶助其实行"。这

---

1 《张季直敬告苏社诸君书》，《时报》1920 年 9 月 29 日，第 3 张第 5 版。

2 《苏社理事会之临时会议》，《新闻报》1920 年 9 月 19 日，第 2 张第 1 版。

3 《大总统令》，《来福报》1920 年第 122 期。田中比吕志认为王瑚得以长苏，是庄蕴宽发挥了重大作用。但实际上若没有李纯支持和张謇运作，仅庄蕴宽一人实难以改变苏人治苏的趋势。参见田中比吕志《北京政府期の江苏省における地方自治运动と地域エリート：苏社に関する覚书》，东京学艺大学纪要出版委员会《东京学艺大学纪要·人文社会科学系》，II 60：85-97。

实际是在照顾张謇的意见。苏社提出的治苏办法主要是：在省公署设置参事室，由江苏省议会选举十一人担任，"议决关于执行省地方行政之事务"；省公署设置财政处，"管理省有款产之收支"。这两条办法均是在限制省长权力，强化苏社人士对省政府的操控。[1]

1920年9月22日，苏社黄、钱、穆、储四代表与旅京苏人庄蕴宽、张一麐接洽，南北苏人均同意王瑚长苏，[2]至此，王瑚长苏似已成定势。但王瑚见苏社诸理事有上述要求，知道自己贸然赴苏，"苏人未必满意"，因此仍在观望中。[3]李纯和张謇唯恐省长问题迁延日久，再生变数，故也派属下赴京"促早日南下"。[4]而苏社一方，鉴于"以张代王"方针已无法实行，张一麐、庄蕴宽、赵椿年及苏社四代表亦劝王瑚赴任。在军绅两方合促下，王"始允"。确认王瑚愿意长苏后，旅京苏人庄蕴宽、张一麐迅即将这一消息电告张謇、韩国钧、王清穆、唐文治等人，以定人心。[5]

南北苏绅同意王瑚长苏是有附加条件的。除前述条件外，对于财政厅长，苏社诸理事"希望用一苏人"。他们拟定一份名单，分别是严家炽、贾士毅、单镇，供王瑚遴选。[6]财政厅长控制全省财政命脉，亦关乎省长地位。因此王瑚并不立即表态，主张要和财政部、内务部等中央部门接洽。在财政厅长人选问题上，王瑚、旅京苏人、苏社诸理事以及督军李纯四方面各有主张。李纯在财厅问题上力主亲信文龢。由于他在省长问题上未能如愿，故

1 《苏社代表晋京之预议》，《新闻报》1920年9月21日，第3张第1版。
2 《国内专电》，《时报》1920年9月22日，第1张第2版。
3 《国内特约电》，《时报》1920年9月24日，第1张第2版。
4 《国内专电》，《时报》1920年10月2日，第1张第2版。
5 《庄张为王瑚说人情》，《民国日报》（上海）1920年10月3日，第3张第10版。
6 《苏省自治之进行》，《益世报》1920年9月28日，第3版。

对财政厅长人选极为强硬，有消息称李纯甚至表示，对于财政厅长"无论如何，不要苏人。否则宁可不干督军"。[1]文龢此时署理两淮盐运使，是李纯的义子，但两人年龄相仿，李纯督赣时，文龢为攀附李纯，"一见李督，即拜李督为义父"。在1918年担任江苏烟酒公卖局局长时，文龢假公济私，借中国银行十余万款项而抵赖不还，并与江苏士绅结怨。此二事因公诸报章而被时人指其"卑鄙贪诈"，因之声名较差。[2]为此，总理靳云鹏只好斡旋于李纯、苏绅与王瑚之间。他劝苏社四代表须与"王、李（纯）商洽"，然后他可疏通李纯。[3]

财政厅长问题与省长问题互相联结，财政厅长悬而未决，王瑚亦不愿轻易赴任。这对苏社诸理事来说，意味着省长人选仍充满变数。因此旅京苏人一方面做出让步条件，极力敦促王瑚赴任；另一方面达成让严家炽长财的共识，并让张謇向李纯代为疏通。张謇未及疏通，三日后的内阁会议上，由于李纯力保，文龢任苏财政厅长已通过阁议。[4]此消息一出，立刻引来江苏士绅的反对。沈恩孚、黄炎培、朱绍文、贾丰臻等通电宣称："哗传阁议已提文龢长苏财政，苏人誓不承认。如果发表，是中央有意弃苏，恐必激成停止纳税之举。"其言辞不可谓不激烈。黄炎培、沈恩孚等人还致电北京苏人与苏社四代表，请求诸君"全力抗阻""誓死力争"，并催王速来。[5]

此外，黄炎培等人还运动《申报》《时报》《新闻报》等各大

1 《南京快信》，《时报》1920年8月25日，第1张第2版。

2 《对于文龢长苏财厅之省议员》，《新闻报》1920年10月12日，第2张第2版。

3 《国内专电》，《时报》1920年10月4日，第1张第2版。

4 尽管靳云鹏在疏通苏绅、王瑚与李纯各方，但对李纯的意见更加重视。此外在文龢长财问题上，财政总长周自齐亦偏向文龢，这是文龢得以通过阁议的重要原因。参见《国内专电》，《时报》1920年10月6日，第1张第1版。

5 《文龢长苏财政之反对》，《时报》1920年10月7日，第3张第5版。

报纸，将黄炎培在省议会上的激愤之语公之于众，措辞更加严厉，旨在进一步向中央施压。其文称，苏人"前此主张苏人治苏"，但"结果发表王瑚长苏，苏人业经让步。财厅一席，又为文龢占去。藐视苏人，于斯已极！"除将矛头指向中央府院外，苏绅更是与"感情素洽"的督军李纯公然决裂，称江苏是"我们六十县之江苏"，而非"李督一人之江苏"。在拒绝文龢长苏财厅的问题上，江苏士绅打出的旗帜是"军民分治"。他们称"江苏军民分治，迄今九年"，而"财厅非督军属吏"，选任自与李纯无关。同时，江苏士绅还警告李纯与中央："今舆论方倡废督，更不应纵容武人重滋民怨"，若中央"果徇李督之意，任命文龢，则是中央先破军民分治之轨，人民惟有杜绝财政之源"。[1]

由于黄炎培等苏社诸理事对中央府院与李纯的声讨极为严厉，故张謇扮演了苏社诸理事与中央、李纯之间的"中间人"。他先是疏通、说服李纯，然后暗中用密探将此一决定告知总统徐世昌，称苏人对"王瑚长省，严家炽长财厅"翕然无异议，意在让徐世昌更改命令。[2] 一面是江苏士绅在京、宁两地利用报章舆论展开的联动胁迫，另一面又是李纯以武力为底气、以辞职为策略的暗中密保，中央府院的确是"均受事势、人情之迫束"。但京、宁两地的江苏士绅在明暗两道展开的攻势，使府院在"文龢长苏"命令已定、只待盖印的情形下，"不得不从"。[3] 总统徐世昌亦只好函致李纯，劝其"勿因细故伤苏人感情"，请其另提人物。[4] 第二天，文龢已自辞财政厅长，中央府院遂任命严家炽为苏

1 《对于文龢长苏财厅之省议员》，《新闻报》1920 年 10 月 12 日，第 2 张第 2 版。

2 张謇致函徐世昌之后，又致电北京中西旅馆的苏人代表，告知其"已密电劝阻"。《致熊希龄转徐世昌电》（1920 年 10 月 7 日）、《复驻京代表电》（1920 年 10 月 7 日），李明勋、尤世玮主编《张謇全集》第 3 卷，第 808—809 页。

3 《国内专电》，《时报》1920 年 10 月 9 日，第 1 张第 1 版。

4 《国内专电》，《时报》1920 年 10 月 11 日，第 1 张第 3 版。

财政厅长。[1]江苏财政厅长问题至此解决。

三 李纯猝逝：江苏督军的继替与存废之争

京地互动下的江苏士绅在省长、财政厅长两问题上连续"拒王""拒文"，目的已达。1920年10月12日凌晨，在文龢自辞财厅的这一天，李纯猝然离世。消息一出，一时震动京宁两地。李纯猝逝，中央府院不仅对其死因"深为疑虑"，对其逝世后的江苏政局与遗缺继替问题亦大为头疼。李纯逝后，其副手江宁镇守使齐燮元请求督苏。尽管徐世昌认为"江苏系南北关键"，而"齐资望太浅"，但为防止南京军心骚乱，中央府院只好令齐燮元暂行兼代江苏督军，责令前省长齐耀琳与齐燮元"共同维持秩序"，以防变故。[2]此时为争夺江苏督军一缺，直系曹锟、吴佩孚，奉系张作霖，以及长江三督联盟鄂督王占元、赣督陈光远等已在暗中角逐。[3]在督军缺任之际，苏社耆绅又想乘势展开废督运动，一举将军阀派系控制下的督军彻底绝禁江苏。有报人即称："自李苏督逝世，军阀运动继任与苏省人民之运动废督，几如两组赛跑，各奋力以趋达其目的地。"[4]

军阀方面，各方均在酝酿争夺苏督一席。如直系曹锟等主张吴佩孚出任，在直系内部另有王占元督苏、陈光远督鄂、齐燮元督赣之说；张作霖则有让亲家张勋督苏之意；北京府院中徐世

---

1 《国内专电》，《时报》1920年10月15日，第1张第2版。

2 《齐燮元暂代苏督通电》，《民国日报》（上海）1920年10月15日，第3张第10版。

3 对李纯死后各方争夺形势的探讨，参见张建宇《李纯之死与各方反应》，《文史天地》2016年第4期；陈明胜《晚清民国时期地方自治的内在困境及其现代启示研究》，合肥工业大学出版社，2018，第111—117页。

4 《废督之动机》，《大公报》（天津）1920年10月19日，第6版。

昌、靳云鹏主张与自己气味相投的直系王士珍督苏;长江三督中鄂督王占元与赣督陈光远又互相举荐,其目的在于只要其中一人督苏,即将己位让与对方;[1] 此外亦有"鲁籍及江北军官拥靳云鹏督苏,以段书云为省长"、让周树模代理总理之说。而此时齐燮元运动江苏各地镇守使如杨春普、陈调元来京谒徐、靳,"坚请实授齐燮元督苏"。[2]

对于苏社诸理事来说,李纯猝逝,是"天予我苏以废督之绝好机会","及今不图,后患靡已"。10月18日,由韩国钧、王清穆、沈恩孚、黄炎培领衔的在南苏社人士致电在京的张一麐、颜惠庆、董康等人,请求诸人"向府院请愿","在阁议时鼎力支持","务达废督目的"。[3]19日,旅京苏人齐集张一麐宅邸,商讨"自治废督问题"。张一麐甚至主张要联合湖北、山东等同样面临省长难产的数省士绅,"每省派八代表,开废督联合会"。[4] 为加强旅京苏人的团结,27日,张一麐、马良、王玉树等联络在京苏人正式发起"江苏旅京同乡会"。不久,江苏旅京同乡会在北京湖广会馆成立。此时黄以霖、钱崇固已南下返宁,而庄蕴宽、董康、赵椿年等人较少露面,故张一麐是主要人物。[5]

在"废督"问题上,南北江苏士绅内部意见亦颇多分歧。在北京,苏社四代表与旅京苏人中,有主张废督者,亦有主张苏人

1　由于陈光远资历尚浅,而鄂督王占元又担任长江上游巡阅使,地位与李纯相匹,加之此时因鄂省长问题,王占元与鄂绅抵牾已久,早有去意,因此督苏意愿更为强烈。

2　《保定会议苏督问题》,《民国日报》(上海)1920年10月19日,第1张第2版;《五团体保举齐燮元电文》,《新闻报》1920年10月16日,第2张第1版。

3　《关于废督运动之文电》,《新闻报》1920年10月19日,第1张第3版。

4　《本社专电》,《民国日报》(上海)1920年10月20日,第1张第2版。

5　江苏旅京同乡会的入会条件颇简单,有两名苏人介绍即可,干事按照清代旧府区推选。参见彬彬《北京特约通信》,《时报》1920年10月27日,第1张第2版。

督苏者。在南京，省议会中有担心江苏成为曹锟与张作霖的争夺地，因此主张不如将苏督仍留给与直奉两系关系均浅的齐燮元。其中，财政厅长俞纪琦即在紧锣密鼓地收买议员，怂恿他们发声挺齐。而省议会中的教育派议员朱翼云等联名七十余名议员提出废督建议案，"联名公电中央，请其废督"。[1]

与其他苏社诸理事的废督主张不同，张謇在李纯猝逝次日即宣称"宁军不可一日无主，废督势又未至"，主张由齐燮元接任。在上海苏社事务所的张孝若当晚还约见黄炎培通气。[2] 张謇在致苏社四代表及庄蕴宽、张一麐等旅京苏人的信中，婉言指出苏督一任，若想"求贤"，则吴佩孚；若想"顺势"，则齐燮元。[3] 而他在致电徐世昌与靳云鹏的信中，更明确主张"目前废督之议未决，为事、为地、为人，代李者以齐为宜，更调他人，或滋他虑"。张謇所称"为事、为地、为人"的意思是：事理上，南京军队"不可一日无主"，齐燮元曾担任李纯的副职，李纯亦有"保齐帮办代理"的遗嘱；地利上，齐燮元担任江宁镇守使，自己有一师军队，长期驻守南京，便于稳定局势；人事上，齐燮元"帮办军务有年"，性素和平，"能继李督之和平主张"，因此齐燮元继任苏督顺理成章。[4] 张謇父子之所以支持齐燮元督苏，时盛传是因为齐燮元与张氏父子交谊匪浅，齐燮元督苏后将对张孝若有所扶掖。但张孝若在致心腹吴寄尘函中称："废督弟极端赞

---

1 《李纯死后之苏督问题》，《新闻报》1920年10月16日，第2张第1版。

2 《张孝若致张謇电》（1920年10月13日），南通市档案馆藏大生档，档号：B401-111-0153-001。

3 《致苏驻京代表电》（1920年10月12日），李明勋、尤世玮主编《张謇全集》第3卷，第812页。

4 《致徐世昌靳云鹏电》，李明勋、尤世玮主编《张謇全集》第3卷，第812—813页。此电日期不确，按《时报》的《国内专电》判断，应在10月15日。参见《国内专电》，《时报》1920年10月16日，第1张第2版。

同，但认定时机未至，废后兵如何安置，种种手续，亦断非一二年之事，谁不会唱高调，惟须行之无害。"同时他也担心李纯死后"省长问题未知有变动否"。[1] 此时江苏的省长与督军问题相互交织，中央府院受各方牵扯甚多，故表示将先催王瑚从速就任江苏省长，并且"发表严家炽为财政厅长，以徇苏人之好"，使苏人废督的呼声降温。[2]

废督不仅是苏社集团的诉求，更是五四后知识界的普遍呼吁。故李纯猝逝后，江苏各团体及各地的苏籍人士，如江苏省议会、省教育会等各地自治团体，寰球中国学生会、复旦苏籍学生等群体，以及《民国日报》等报界人士纷电中央要求废督，尤其是学生团体与报界人士的舆论呼吁，使废督已然超越了此前的省长、财政厅长问题，上升到一种毋庸置疑的"价值标准"与"是非立场"的高度。[3] 因此，张謇"以齐代李"的函电经报章披载后，立即引来各方声讨。主持《民国日报》的苏人叶楚伧斥责称："张謇也是江苏人，他竟然在苏人主张废督声里，保举齐燮元做苏督，是简直与父老兄弟宣战了。"[4] 不得已，张謇只好暂时搁置此意。[5]

但半月之后，张謇再次致电中央称："苏督果不裁，与其另与一人，易起纷争，毋宁与齐燮元，暂维江苏治安。"[6] 张謇之所以如此保齐，似是齐在背后游说。但无论如何，仅隔数日再提"以齐代李"之说，不仅报人报社均举笔讨伐，纷纷指责张謇此举不

---

1 《张孝若致寄尘函》(1920 年 10 月 16 日)，南通市档案馆藏大生档，档号：B401-111-0153-001。

2 天雷：《北京特约通信：苏督问题》，《新闻报》1920 年 10 月 16 日，第 2 张第 1 版。

3 《苏人群起运动废督》，《民国日报》(上海)1920 年 10 月 15 日，第 3 张第 10 版。

4 楚：《张謇是江苏人吗》，《民国日报》(上海)1920 年 10 月 17 日，第 2 张第 7 版。

5 《张謇电询废督之预备办法》，《新闻报》1920 年 10 月 19 日，第 1 张第 3 版。

6 《张謇保齐电中之陪笔》，《民国日报》(上海)1920 年 11 月 6 日，第 2 张第 6 版。

当，[1]连苏社内部沈恩孚、黄炎培、朱绍文、陈大猷等人也对此极为不满。他们联名致函张謇，称如此"显违全省公意"，并准备发表"不信任张氏之宣言"。[2]苏社诸理事能坚持"打破服从领袖，保持顺潮流的主张"，的确令时人颇感讶异，亦消解了"苏社是张謇底武器"的言论。[3]这也表明在"易长"与"废督"问题上，张謇与苏社其他理事之间始终存在着分歧。

废督运动在张一麐、韩国钧、黄炎培、沈恩孚等苏社理事的倡导下，声势颇为浩大。黄炎培、沈恩孚等江苏省教育会的领袖人物联合上海县商会、上海县教育会及中华职业教育社、上海救火联合会、寰球中国学生会、基督教救国会、华侨联合会等团体联名要求废督。[4]江苏省教育会列举史事，指出江苏历经辛亥之变、二次革命，"地方虽甚纷扰，财政未至紊乱"，但自从袁世凯取消自治以后，民政日坏，军阀日横，致使江苏军费由四百八十万元增至一千万以上，由此可见督军之弊。对于废督之利，曾担任过四川按察使和安徽巡抚的江苏耆绅冯煦在致韩国钧的信中即指出："今日莫不曰军民分治也、裁兵也。然督苟不废，二者必不能行。"[5]冯煦认为如能废督，可将形同诸侯的督军分散为镇守使与师长、旅长，一改自晚清以来的"外重内轻"的权力格局，"亦政府之福"。面对不只江苏一省的废督诉求，素抱文治主张的总统徐世昌与总理靳云鹏其实亦有心动，但正是这种"外

1　楚伧：《辟张謇底保督裁兵电》，《民国日报》（上海）1920年11月7日，第1张第2版。

2　《沈恩孚等致张謇电》《各省旅京人士之自治运动》，《新闻报》1920年11月10日，第2张第1版。

3　《愿苏社努力》，《民国日报》（上海）1920年11月10日，第3张第11版。

4　《八团体电请废督》，《新闻报》1920年10月29日，第3张第1版；《五团体电促实行废督》，《民国日报》（上海）1920年11月12日，第3张第10版。

5　《冯煦致韩国钧函》（1920年9月27日），江苏省档案馆编《韩国钧朋僚函札史料选编》，江苏人民出版社，2012，第162页。

重内轻"的格局,使徐、靳受制于曹锟、张作霖。曹锟认为"废督为将来阶级,现时未至",张作霖亦认为"徒召纷乱"。[1]

具体到废督的措施,与王瑚交好的苏人严伟曾致函苏社理事韩国钧。他认为,"废督虽一时不易办到,必须竭苏人全力,令中央勿简苏督,悬缺不补以待将来";如果"中央仍持不可",则可请新任省长"暂行兼督",王瑚"治军多年,廉悍诚朴,以之兼督,亦可稍稍挽回军界颓风,且不虑其久假不归";如果"将来督军制竟不能废除",亦可以让王瑚改任督军,"而令苏人自行长苏也"。[2]可以看出,严伟的方针较为谨慎稳妥。但亦有部分苏人如张謇等对废督心存观望,甚至不以为然。江苏省议会内部苏社议员与非苏社议员"因废督意见,互相水火",部分非苏社议员甚至主张"另行组织团体,与苏社对峙"。[3]正是这种分歧,导致在京的江苏同乡会不得不致电疏通在宁苏人,请"宁垣各团体,一致主张"。[4]而此时王瑚仍迟迟不来,废督渐成"有声无色"之状态。有报人即称:"各省区绅民暨自治代表,请中央实行废督,旅京同乡之数次谒见,重要分子之函电交驰,期以群力与潮流,达此目的。惟政府悉以冷静处之。"[5]实际上,由于此时中央府院权力式微,徐、靳以文治见称,北京政府的实际主导权尽在直、奉两系手中,因此,直、奉主导下的北京政府不仅不大理会废督之舆论,而且逆时论而行之。

1920年12月3日,中央府院下令实授齐燮元为江苏督军;王士珍接替李纯担任苏皖赣巡阅使。这一决定亦是直奉暗争的

---

1 《国内专电》,《时报》1920年10月20日,第1张第1版。

2 《严伟致韩国钧函》(1920年10月29日),江苏省档案馆编《韩国钧朋僚函札史料选编》,第236页。

3 《南京快信》,《时报》1920年11月9日,第1张第2版。

4 《南京快信》,《时报》1920年11月18日,第1张第2版。

5 《北京特约通信:各省废督及更易省长问题》,《新闻报》1920年12月12日,第2张第1版。

结果。直奉之间因苏督与苏皖赣巡阅使两职明争暗斗,直系本主张王士珍督苏,但张作霖反对,最终以齐燮元真除、王士珍担任巡阅使告终,但王亦多次请辞不就。[1]这一命令的颁布标志着扰攘一时的苏督一缺尘埃落定,也标志着江苏等省组织的废督运动以失败告终。时人即喟叹道:"执政者与外省之所趋,可谓适得其反。"[2]这也使江苏旅京同乡会颇失颜面,甚至有人要求同乡会各代表"引咎辞职"。[3]督军位高权重,江苏地处南北对峙的前沿,此时南北又未统一,稍有裁废,易导致自乱阵脚。南北苏人及舆论界仅力主废督,至于废督后如何措置军队,如何布置政局,均鲜有充分考虑。反对废督的张謇即指出,废督必要裁兵,而"裁兵必先给饷,饷项无着,亦一难题"。1920年各省因军饷问题引发的大型兵变,不在少数。因此在南北统一之前,"废督一层,毫无希望之可言"。[4]冯煦此前在致韩国钧的信中亦预言"废督一议实海内人心所同,然争之虽力,恐亦将成泡影"。[5]

由于江苏局势仍不明朗,故王瑚"依旧无来宁消息"。[6]此时江苏督军仍由齐燮元暂代,省政仍"寄权于履被弹劾、明令免职之齐耀琳",这使本来就比较支持齐耀琳的部分苏人又在运动"留齐续任"。力主驱逐齐耀琳的苏社耆绅遂要求王瑚"来则速来,不来则表明态度";如不来"则仍当贯彻苏人治苏之主

1 《国内特约电》,《时报》1920 年 11 月 28 日,第 1 张第 2 版。

2 《北京特约通信:各省废督及更易省长问题》,《新闻报》1920 年 12 月 12 日,第 2 张第 1 版。

3 《旅京苏人紧急大会》,《新闻报》1920 年 12 月 15 日,第 1 张第 3 版。

4 《北京特约通信:各省废督及更易省长问题》,《新闻报》1920 年 12 月 12 日,第 2 张第 1 版。

5 《冯煦致韩国钧函》(1920 年 9 月 27 日),江苏省档案馆编《韩国钧朋僚函札史料选编》,第 162 页。

6 《王瑚履新之无期》,《时报》1920 年 11 月 12 日,第 2 张第 4 版。

张"。[1]11月25日，江苏省议会在黄炎培的主导下，通过了民选省长的决议，以此来向中央府院施压。对此，北京政府一面仍请齐耀琳维持局面，一面力促王瑚南下。[2]12月2日，江苏发生"茧行纷争与省议会被毁案"，省议会被百余名丝绸机工冲击，许多议员遭到殴打。[3]丝绸机工之所以敢冲撞省议会，实际上是齐耀琳暗中放任所致；而齐耀琳之所以为此，实是对省议会弹劾省长案的报复。[4]此事发生后，一些江苏省议员声称："省会被毁，苏省已经陷入无政府地位，如一星期后，王再不行，决民选省长，请中央任命。"[5]此时王瑚已无推脱余地，且江苏局面亟须维持，在徐世昌的强力劝说下，12月中旬王瑚南下就职江苏省长。[6]

结　语

尽管陈志让提出"军绅政权"这一论纲性看法，并点出江浙"绅军政权"的特殊政治形态，但这一看法仍需细致深化。戴安娜·拉里即称："虽然我们假设许多军阀在其统治区都是手执大权，但他们究竟受到多少绅士和商人力量的限制，这问题还很少有人研究。"[7]冯筱才曾以20世纪20年代的浙江省为例，指出：

1　《张謇等电催王瑚莅任》，《民国日报》（上海）1920年11月22日，第3张第10版。

2　《苏议会开议纪事》，《新闻报》1920年11月25日，第2张第2版。

3　朱英：《民国时期江苏茧行纷争与省议会被毁案》，《历史研究》2005年第6期。

4　叶楚伧即称"五六个小时的暴动，竟不见对地方负责的人出来制止，就可见这次的暴动，是议会攻击恶官僚的反响了。"楚伧《快做苏议会后盾》，《民国日报》（上海）1920年12月5日，第1张第2版。

5　《国内特约电》，《时报》1920年12月8日，第1张第2版。

6　《王瑚忽辞苏省长》，《民国日报》（上海）1920年12月4日，第1张第3版。

7　戴纳·拉莉：《军阀研究》，李恩民译，《南开史学》1980年第1期。原文 Diana Lary, "Warlord Studies," *Modern China*, Oct., 1980, Vol. 6, No. 4。

"当时的省级权力并不是被督军一人所垄断，省长、议会以及地方公团、旅外浙人团体等均有所分沾。其间的利益冲突贯穿于整个民初浙省的历史，塑造了地方政治生态的面貌。"[1] 就民初的江苏省政而言，苏社集团在京地互动中深度操控江苏省政，从中可见江苏绅权之重丝毫不亚于军权。

"苏人治苏"与"京地互动"是1920年"苏人治苏"运动中的两个关键词，他们在京地互动中抵拒中央人选，其结局虽未能达成"苏人治苏"的目标，但在易长废督运动中，苏社的同人意识逐渐形成。尽管在苏社成立前，江苏士绅对于中央决策亦有反对声音，亦有自我主张，但从未有如此组织化和体制化的行动。[2] 他们对江苏省长、督军人选的拟定，开会谋划商议，派代表与旅京苏人协力等动作，无一不展现出其同人网络与同人意识。即使同意外省人王瑚长苏，他们对于省署人选、省政方针仍有相当大的话语权。江苏士绅频频以停止纳税向中央示威，足见其权势之重。萧楚女言其"组织之严密，战斗力之集中"在这一运动中展露无疑。这一运动也使"苏人治苏"已然成为江苏的"省是"，成为以苏社人士为代表的江苏士绅的共同诉求。1922年张一麐即指出："凡军事长官者，苟不得其省民之同情，即一日不能安于其位。省长无论矣。"[3]

1920年江苏士绅的易长废督运动，展现出"苏社集团"中张謇与张一麐、黄炎培、沈恩孚等人之间或隐或现的紧张关系。此

1　冯筱才：《理想与利益——浙江省宪自治运动新探》，《近代史研究》2001年第2期。

2　江苏耆绅这种集体署名、表达一致诉求的做法，此前较多集中在1905年前后，如1905年苏绅王清穆、张謇、沙元炳、沈文瀚、沈云霈、邓邦述、恽祖祁、刘树屏、沈同芳等人为沪宁铁路事情联名致电江苏巡抚。参见《江苏士绅致江督电（为宁沪铁路事）》，《申报》1905年11月3日，第3版。辛亥至五四期间，此一情形逐渐减少，直至苏社成立之后，这种集体署名的行动再度兴起。从中可以管窥出地方士绅与中央权势的消长。

3　张一麐：《苏社第一期特刊导言》，《苏社特刊》第1期，1922年。

中既有张謇与黄炎培等在实业与教育领域的对立，又有张謇与张一麐分属江北、江南的暗争。张謇是江苏省教育会的首任会长，辛亥以后十年间仍担任此职，但大致到袁世凯去世后，随着黄炎培、沈恩孚等人主导江苏省教育会，张謇的会长已成虚职。与此同时，他的事业重心也主要放在实业领域，自成一系。因此易长废督运动中，张謇的立场、主张往往与张一麐、黄炎培、沈恩孚等人不同。这也影响了运动的结果。[1] 两派分歧在此后更为明显。1921 年张一麐与张謇之子张孝若竞争省议长，引发剧烈冲突，为此张謇辞去了苏社理事长与江苏省教育会会长职务。此后苏社内部俨然形成以张謇为中心的南通派和以张一麐、黄炎培、沈恩孚、曾朴、朱绍文等为代表的省教育会派。[2] 这也是 1925 年萧楚女将江苏省教育会诸人视作"苏社一派"，而称张謇为"表面首领"的原因。

1920 年江苏士绅的易长废督运动，展现出"旅京苏人"群体在江苏政局中的作用。1921 年 3 月苏社第二届常会上，黄以霖总结 1920 年易长废督运动称："齐前省长去任时，本社主张苏人治苏，当推代表四人进京请愿。结果得达苏人长理财政。此举虽出于旅京苏人之力争，实亦京外扶助之功。"[3] 可以说，此语道出了苏社耆绅"京地互动"模式的威力。江苏旅京同乡会虽正式成立于 1920 年，但这一群体的会聚与形成可追溯至辛亥前后。庄蕴宽、董康、蒋维乔、张一麐、于宝轩等苏籍京官及许多长期在京的国会议员，构成了此一团体的核心成员。易长废督运动中，

1　这一点在其他省份亦有体现。李坤睿：《北洋时期的地方军政关系与军绅博弈——以 1920—1921 年湖北政潮为例》，《安徽史学》2019 年第 4 期。

2　具体论述参见靳帅《苏社集团的分裂：张謇父子、江苏省教育会与 1921 年省议长之争》，《中国国家博物馆馆刊》2021 年第 12 期。

3　《江苏：苏社第二届大会纪闻》，《时报》1921 年 3 月 13 日，第 2 张第 3 版。

正是得益于这些旅京苏人与在南的苏社诸理事的"京地联动"，"拒王""拒文"才能够较为顺利地实现。因此，如若忽视旅京同乡团体在北洋政局中的行动与作用，则将难以透彻地理解整个北洋政治史的运转。

北伐前期北京政局演变与安国军政府的成立*

张志建**

摘　要： 北伐开始后，随着吴佩孚在湖南战场的失败，北京政局发生变动，吴系势力消退，奉系趁机扩张，并意图重整北洋军政体系，进而建立以其为核心的中央政府。对这一历史进程，目前学界少有关注。事实上，奉系主政的计划，外受制于吴佩孚等各方势力，内部各派又聚讼纷纭、意见不一，以致迟迟无法实现。当奉系最终消弭分歧，成立军政府时，已然面临严峻的政治军事形势。北伐前期北京政局的演变不仅折射出此一阶段北方各军政势力之间错综复杂的关系，也表明奉系在北洋体系内权威不足、内部派系纷扰及张作霖个人政治能力缺失的窘境。

关键词： 北伐　安国军政府　奉系

　　1926年7月12日，广东国民政府誓师北伐。至1927年6月，不到一年时间，北伐军席卷大江南北，革命已然胜利在望。于是乎，探求北伐速胜原因，成为学界长期兴趣之所在。至于此一阶段北京政局的发展，自然逸出研究者的眼界。排比相关研究可以发现，关于这一时期北京政局的研究极为薄弱，个别通史性著作

* 本文受国家社会科学基金一般项目 "铁路与近代东北社会经济变迁研究（1898—1931）"（项目编号：20BZS148）专项资助。

** 张志建，湖南工商大学马克思主义学院。

往往将其作为北伐的背景来叙述，如来新夏的《北洋军阀史》，仅就北京政局的演变过程做了粗略概述，在政局发展的内在逻辑，各方的矛盾与冲突方面，仍有可扩展的空间。[1]再如，《中国近代通史》虽将北京政府与武汉国民政府、南京国民政府放在一起讨论，但其对北京政局演变的论述仍属泛泛而谈，并未超出既有定论。[2]在专题论文方面，仅有习五一的《论安国军政府的成立》一篇文章。习五一在叙述安国军政府成立过程史实的同时，认为奉系的这一举动是对历史上军政集团随着实力上升，逐步升级自己政权的这一现象的一种逆反，是死亡前的回光返照。[3]这一观点只看到奉张 1927 年 6 月登台时各方实力对比，忽略了奉系登台计划始于 1926 年 9 月。换言之，奉张组建安国军政府是北伐开始后北京政局演变的自然结果。因此，重新考证、分析北伐时期北京政局演变就显得极有必要。惟其如此，才能在认识北伐为何能够取胜的基础上，进一步回答，北京政府何以失败。

本文拟在爬梳并考订相关史实基础上，以奉系军阀为线索，重建从北伐伊始到安国军政府成立这一时间段内北京政局演变的过程，分析各方势力在其中扮演的角色，并且解读其背后的意涵，借以加深人们对近代中国 1926—1928 年这一"转折年代"的认识。

一　北伐初期奉吴势力之消长

北伐前夕，北京形成了直系吴佩孚与奉系张作霖共同支配政

1　来新夏：《北洋军阀史》，南开大学出版社，2000。

2　王奇生编著《中国近代通史》第 7 卷《国共合作与国民革命 1924—1927》，江苏人民出版社，2009。

3　习五一：《论安国军政府的成立》，《北京社会科学》1988 年第 4 期。

局的局面。具体而言，中央政府即杜锡珪内阁由吴佩孚一方控制，北京城的两大要职，卫戍司令和京师警察厅厅长则分别由直系王怀庆与奉系李寿金担任。在地盘分配方面，奉系的褚玉璞任直隶督办，但是直隶下属的保定、大名两道则又由吴佩孚占据。总之，此时北京政局呈直奉两系互相制约的微妙平衡状态。但是，这种平衡很快被吴佩孚在湖南战场的失败所打破。

当吴佩孚大败的消息传到北方，张作霖即召集奉系军政要人于 1926 年 9 月 5 日至 10 日在沈阳举行会议，讨论是否出兵援吴及对中央政局态度等问题。在援吴问题上，会议分为积极派与缓进派。积极派的张宗昌、褚玉璞认为，吴军如果在湖北再次失利，必然影响到北方，"与其应付于将来，不若援助于现在"。稳健派的吴俊升、张作相等人认为，援助吴佩孚的责任首推孙传芳，奉军刚经历南口大战，急需休养生息，可对吴进行物资援助，出兵需慎重。[1] 最终会议决议：令张褚所部三日以内向保定、长辛店及京汉路方面出动，沉机观变再定行止。[2] 意思是以援吴的名义将吴佩孚从保定、大名两道驱逐出去。

张宗昌得到奉张的应允后，即令心腹直隶督办褚玉璞准备收回保定、大名两道。褚玉璞一边令京津报刊大肆宣传张宗昌即将接收保大，[3] 一边动员军队南下，并重新派定各县知事和派出所所长以替换吴系人员。[4] 直隶所属的保定、大名两道地处京汉铁路沿线，物产丰富，月入赋税 40 万，是直吴军队的重要饷源地。张宗昌派兵接收保定、大名两道，必然引起吴佩孚的强烈反应。果然，吴佩孚得知张宗昌要接收保大地区，针锋相对地采取措施予

1 《奉方对吴态度确讯》，《盛京时报》1926 年 9 月 9 日，第 4 版。

2 《张褚来奉后之时局会议》，《申报》1926 年 9 月 16 日，第 9 版。

3 《奉联将锐意经营北方》，《申报》1926 年 9 月 11 日，第 9 版。

4 《保大政权将成问题》，《申报》1926 年 9 月 29 日，第 6 版。

以反制，一边令直系中的亲奉派齐燮元、张其锽与奉系交涉，一边严令保定大名两道各县知事概不准擅自交代。[1]

面对吴佩孚的强硬立场，奉张颇为着急，一再函电张宗昌、褚玉璞，要求"步骤不宜操切""运用手腕""冀其谅解而后动，免得淆乱各方观听"。[2]随后，经奉张与张宗昌、褚玉璞等人函电往复商量对策，决定一边向吴佩孚解释，向保大进兵为准备南下援助讨赤，一边令已到保大各军与吴系军队"开诚联络"，不再提接收之事。[3]然而，褚玉璞对唾手可得的保大地区，按捺不住，先是以民众控告为由查办直吴的筹饷督办账目，[4]后又有阻止吴方运输车辆，武装强迫各县交接之事。[5]褚玉璞的急切甚至引起张作霖的不满，褚不得不申电辩解。[6]事实上，在奉系的军事压力下，吴佩孚亦知很难采取有效的抵抗措施，毕竟政治的博弈最终仍是以军事实力为消长。在丢失两湖，河南军队又一盘散沙的境况下，吴的强硬，只能为自身争取一个较好的接收条件而已。最终，经齐燮元与张宗昌商议，双方达成了有关接收保大的协议。[7]

在张宗昌将吴佩孚军队驱逐出保定、大名两道的同时，北京城的控制权也完全转移到奉系的手中。9月3日张宗昌任命李寿金为戒严司令，并宣布北京戒严。这一举动完全架空了直系王怀庆的卫戍司令部。9月26日，张学良任命于珍为北京卫戍司令。

1 《保大政权将成问题》，《申报》1926年9月29日，第6版。

2 《张作霖致张宗昌电稿》，辽宁省档案馆编《奉系军阀密电》第3册，中华书局，1987，第146页。

3 《张宗昌致张作霖电》，辽宁省档案馆编《奉系军阀密电》第3册，第151页。

4 《张作霖复褚玉璞电稿》，辽宁省档案馆编《奉系军阀密电》第3册，第153页。

5 《张作霖致张宗昌、褚玉璞电稿》，辽宁省档案馆编《奉系军阀密电》第3册，第153页。

6 《褚玉璞致张作霖电》，辽宁省档案馆编《奉系军阀密电》第3册，第156页。

7 《何恩溥致张景惠电》，辽宁省档案馆编《奉系军阀密电》第3册，第159页。

王怀庆见吴系失败已无可挽回，悄然离职。于珍接任卫戍司令后，将原王怀庆所部五团军队进行改编。[1]直系在北京城内已无一兵一卒。

在内阁方面，总理杜锡珪见形势不妙，通电吴佩孚、张作霖、阎锡山、孙传芳等人表示辞职。张作霖复电称不愿过问中枢政局，令其与吴佩孚相商。[2]但是，9月18日，张宗昌任命的宪兵司令王琦亲自带兵前往国务院闹饷。[3]按民国惯例，闹饷实为倒阁之先声。杜锡珪已成不得不去之势。10月1日，杜锡珪正式辞职，总理一职由原财政总长顾维钧接任。有学者指出，顾维钧之所以能出任总理，实因顾是直奉双方都能接受之人，且得到了张学良的认可。[4]换言之，吴佩孚在中央仍有部分发言权。总而言之，奉系通过收回保定、大名两道，更换北京卫戍司令、内阁更替等操作，成功在北京树立起自身权力中心的地位。

纵观奉吴双方军政权力的消长，可以得出两点结论。第一，奉吴双方基于各自利益的需要，仍需维持合作局面。此时的吴佩孚面临严重的不利形势。在内部，自武汉丢失后，各部建制混乱，吴一时之间无法掌握部队，手下将领见吴失败又往往怀有二心，再加上军费军粮困难，有分崩离析之势。[5]在外部，南面北伐军向北进攻，西面冯玉祥在五原誓师，又有再起之势。因此，吴佩孚不得不与奉系交好，以便抽出时间整理内部，否则将面临腹背受敌的局面。对奉系来说，此时吴佩孚在河南拥有十多万人的军队，仍有一定军事实力，不容小觑。并且，吴佩孚作为北洋嫡

---

1 《于珍接收北京卫戍司令部》，《申报》1926年10月1日，第6版。

2 《杜锡珪一时尚不下台》，《申报》1926年9月26日，第9版。

3 《前夜军界请饷之一幕》，《大公报》1926年9月20日，第2版。

4 罗毅：《外交系与北京政治：1922—1927》，博士学位论文，复旦大学，2013，第126页。

5 张钫：《风雨漫漫四十年》，中国文史出版社，1986，第240页。

系，在政治上对北洋各派仍有相当号召力。奉系入关的目标是中央政权，如能与吴维持友好关系甚至得到其合作，可减少奉系在政治上的阻碍。这也是双方虽然在权力与地盘上进行激烈交锋，最终仍能维持和平的重要原因。

奉系内部派系复杂，裂痕隐现。总体而言奉系中的派系可分为嫡系与旁系。嫡系又分为老派与新派，新派中又有洋派与土派。前文所述之缓进派的吴俊升、张作相即属老派，而杨宇霆、张学良分别是新派中的洋派与土派的首领。旁系则主要指张宗昌一系，即上文所指之积极派。张宗昌并非东北人，早年经历复杂，1921年投靠张作霖后，趁第二次直奉战争占据山东，在军事与财政上早已自成体系。因此，时人称其为鲁派，报刊也往往将奉系与鲁派并称为奉鲁。

奉系内部派系的复杂，使其在诸多问题上态度前后不一，矛盾丛生。如在对待中央政权态度上，奉系的沈阳会议已经决定暂不过问，但是鲁派之张宗昌的宪兵司令王琦仍于9月18日指使军警闹饷，行倒阁之实。此举引起张作霖的不满，特意发电申斥。[1] 对杜锡珪辞职，顾维钧上台一事，张作霖公开表示杜阁不必下台，[2] 张作霖也曾去电张学良，强调奉方对内阁之事不表示意见。[3] 但是张学良仍旧暗中支持顾维钧上台。张宗昌甚至派其心腹潘复就任财政部次长。可以说，鲁派与张学良公然违背了奉天会议的决议。

张学良与张宗昌虽在干涉内阁问题上持相同立场，但在北京的控制权上又发生龃龉。先是张宗昌已经任命李寿金为戒严司令，后张学良又任命部下于珍为卫戍司令，改编卫戍部队，将北

1 《张作霖谓索饷自有正轨》，《晨报》1926年9月25日，第3版。
2 《孙蒋决斗中之奉军态度》，《大公报》1926年9月28日，第2版。
3 《张作霖致张学良电稿》，辽宁省档案馆编《奉系军阀密电》第3册，第73页。

京城的控制权转移到自己手中。阎锡山之奉系代表温寿泉评论说
"未得其（张宗昌）许可，而强事更改是视效帅为异己"。[1] 作为
奉系嫡系的张学良与旁系的张宗昌之间的不协已然可见。总而言
之，张宗昌、张学良这种从自身利益出发而不顾奉系统一对外政
策的行为将对此后的政治演变产生深远影响。这也意味着奉系的
扩张本身酝酿着深刻矛盾。

二　各方分歧与奉张登台的夭折

随着奉系在北京成为新的权势中心，主政登台问题日益为政
坛所瞩目。围绕这一问题，各利益相关方和奉系内部各派产生激
烈博弈。

最早对这一问题表明态度的是靳云鹏。靳云鹏出身皖系，
1921 年曾得奉系推荐担任总理，且与张作霖是儿女亲家，双方
关系密切。[2] 当靳得知吴佩孚在南方失败后，即敏锐感觉到北京
政局将发生重大变动。于是靳云鹏先前往奉天与张作霖相商，后
又往南京参与斡旋张作霖与孙传芳关系。当一切准备就绪，靳云
鹏公开表达了组阁的意愿，并透露了"领土统一，人才集中，门
户开放，机会均等"十六字政纲。靳坚信，在此情境之下"团结
北部，使北方成一局面"，"谋北洋派团结之复活"，令杜锡珪内
阁倒台，"另组一较强有力之机关以代之"，才可"共同应付国民
党北伐之潮流"。[3] 靳云鹏的计划是排斥吴佩孚，在张作霖、孙传

1　《温寿泉电阎锡山此次接洽就该地所闻张宗昌与张学良之暗潮确为实情》（1926 年 11 月 8
　　日），《阎锡山史料》，台北"国史馆"藏，典藏号：116-010108-0139-041。
2　宗志文，严加平主编《民国人物传》第 6 卷，中华书局，1987，第 106 页。
3　《靳云鹏昨夜赴奉》，《大公报》1926 年 9 月 17 日，第 2 版。

芳等北洋各派系支持下组阁，奉系只是其内阁的背后势力之一。但是靳的这一方案遭到奉系的反对。奉张认为，如果成立以孙传芳、阎锡山、吴佩孚为基础的内阁，奉方表示支持，但"在奉方依然不参加，以避投入政争漩涡之危险"。[1] 因为，当下张作霖最为关注的仍是北方的统一，如果一旦登台，则"徒重负担，无裨实际，故希望杜阁不必下台"。[2] 言下之意，即奉系对以往那种基于各派势力均衡的中央政府已毫无兴趣，新的内阁必须以奉系为核心，如不能达到目的，则静观其变。换言之，在以谁为核心重整北洋系的问题上，靳云鹏、张作霖、孙传芳、吴佩孚等各方意见尖锐对立。

靳云鹏组阁失败后，北京的政局一时归于沉寂。情势的转变来自孙传芳的北上。1926 年 11 月 20 日，孙传芳微服北上天津向张作霖求援。孙的到来令原本已经沉闷的政治形势为之一变。在孙传芳主张下，张作霖被推举为安国军总司令。这表明，作为北洋嫡系之一的孙传芳愿意归入奉系旗下。对孙传芳北上一事，现行说法往往将其描述得极为戏剧化。实际上，孙传芳推举张作霖任安国军总司令经历了从酝酿、发起再到实现的过程，远非如一般人所认知的来自孙临时起意。

1926 年 10 月，正在江西战场指挥作战的孙传芳在见识了北伐军凌厉攻势后，意识到必须重新整合北洋势力才能对抗北伐军。因此，孙于 10 月 24 日函电各方，提出"在津组织讨赤统率办事处，并推雨帅主持一切"的建议。[3] 孙传芳所提议的"讨赤统率办事处"面临一重要问题：此乃一什么性质组织，是一协调

1 《北方时局之说明》，《大公报》1926 年 9 月 26 日，第 1 版。

2 《孙蒋决斗中之奉军态度》，《大公报》1926 年 9 月 28 日，第 2 版。

3 《孙传芳电阎锡山逆党猖獗同深忧愤为挽救大局遏止赤祸拟在津组织力量》（1926 年 10 月 24 日），《阎锡山史料》，台北"国史馆"藏，典藏号：116-010108-0104-088。

联络机构抑或与政治相涉，特别是与总统问题有关？基于此点疑
虑，孙征求意见并未得到各方回应。孙见及于此，退而求其次，
又于 10 月 29 日函电阎锡山，建议"以张雨亭领衔通电"，"联
合各友军通电全国一致讨赤"，孙并特意强调"此电仅限于讨赤
一事，并不涉及其他问题"。[1] 显而易见，所谓"并不涉及其他问
题"即政治问题，亦即奉系主政问题。在打消了这一层顾虑后，
阎锡山这才回电表示赞成。[2] 但是，这一退而求其次的建议也未能
获得各方一致同意。吴佩孚即去电表示俟反攻过武胜关再通电。[3]
事实上拒绝了以张作霖领衔通电的要求，即反对张作霖的领袖地
位。从这一过程亦可概见北洋各派系之间成见之深。

正在各方酝酿之际，九江一役，孙军精锐尽失。鉴于吴佩孚
的态度和当时的军事情势，孙不得不北上向张作霖求援。在前往
天津之前，11 月 18 日，孙传芳再次电商阎锡山，成立以张作霖
为首的"讨赤统率办事处"。[4] 到天津后，孙传芳在会议上慷慨陈
词，认为北伐军之所以迭获胜利，在于号令一贯，各省将领听命
于蒋介石。因此，讨赤各军也应实行大联合。孙传芳的意见，自
然获得与会众人的同意，遂决定拍发讨赤通电，成立讨赤联合
军，并推张作霖为讨赤联合军总司令。[5] 善于见风使舵的阎锡山不
仅同意孙之建议，更是在回电中催促"雨帅领袖中原时机已至，

1 《孙传芳电阎锡山闻冯玉祥有就职五原之讯张作霖又重提前议》(1926 年 10 月 29 日)，《阎
锡山史料》，台北"国史馆"藏，典藏号：116-010101-0038-002。

2 《阎锡山孙传芳张作霖领衔通电全国一致讨赤极表赞同即请我兄主持》(1926 年 10 月 30
日)，《阎锡山史料》，台北"国史馆"藏，典藏号：16-010108-0578-035。

3 《梁开舟电阎锡山悉合群讨赤至表同情春间讨冯即揭此旨》(1926 年 11 月 1 日)，《阎锡
山史料》，台北"国史馆"藏，典藏号：116-010101-0038-003。

4 《孙传芳电阎锡山拟请诸公各派代表在津组织讨赤统率办事处》(1926 年 11 月 18 日)，《阎
锡山史料》，台北"国史馆"藏，典藏号：116-010101-0038-008。

5 《大联合军声势浩荡》，北京《益世报》1926 年 11 月 22 日，第 2 版。

不可再缓。"[1] 与此同时，在孙传芳的斡旋下，张宗昌、刘镇华、卢香亭、陈调元等相继复电表示赞同。[2] 至此，安国军正式成立，总司令由张作霖担任，阎锡山、孙传芳、张宗昌分别担任安国军副司令。

对组建安国军一事，张作霖也曾函电吴佩孚征求意见。吴佩孚不仅未能通电拥戴，甚至在其姗姗来迟的贺电中，赫然写着"安国讨贼两军，同条共贯，自当竭其力之所能至，始终合作"。[3] 吴佩孚将安国军与自己所统率的十四省讨贼联军并列，否认奉张为北方领袖地位的目的昭然若揭。安国军虽然未获吴佩孚的拥戴，但其顺利成立一方面表明此时奉系以其为核心整合北洋系的企图在军事层面获得了一定的成功；另一方面则显示出北方各派对由奉系主政仍是顾虑重重，时机还不成熟。

安国军正式成立后，奉张转而意图在政治上有所发展。奉系中的老派吴俊升、张景惠、鲍贵卿等建议推出王士珍、赵尔巽等北洋元老过渡，等时局安定再由张作霖取而代之。[4] 以北洋元老组阁，奉系站在幕后，至少表面上能够形成北洋团结的局面，也容易获得吴佩孚的赞同。然而，当鲍贵卿向王士珍征求意见时，王不仅加以拒绝，更鼓励奉张大胆出面负责。[5] 其后，老派又请赵尔巽出而组阁，亦被拒绝。[6] 张作霖见推北洋元老过渡之法不可行，于是推梁士诒组阁。梁士诒虽属交通系，但一向与张作霖关系密

---

1 《阎锡山电田应璜悉张作霖领袖中原时机已至不可再缓孙传芳主张赞同》（1926 年 11 月 22 日），《阎锡山史料》，台北"国史馆"藏，典藏号：116-010101-0030-265。

2 《孙传芳等拥戴奉张为安国军总司令之经过》，北京《益世报》1926 年 12 月 2 日，第 3 版。

3 《安国军贺电摘要五》，《大公报》1926 年 12 月 11 日，第 2 版。

4 《潘连茹电阎锡山奉张对时局办法决入京摄任临时首领》（1926 年 10 月 14 日），《阎锡山史料》，台北"国史馆"藏，典藏号：116-010101-0034-161。

5 《王士珍推重奉张》，《大公报》1926 年 11 月 25 日，第 2 版。

6 《摄阁系统将终止》，《大公报》1926 年 11 月 28 日，第 2 版。

切。1921 年奉张推荐梁担任内阁总理，为此遭到吴佩孚的攻击，是第一次直奉战争的导火索之一。此次张作霖再次主张梁出来组阁，仍旧遭到吴的反对："军事政治听主裁，组阁梁外均赞同"。[1] 吴佩孚态度明确地反对梁阁，令奉张改组中枢计划陷于停顿。

12 月 21 日，张作霖、吴俊升、张作相等人再次举行会议，就登台及组阁人选问题进行讨论。在会议上，老派极力推荐靳云鹏组阁，获张作霖同意。[2] 根据奉系的计划，在决定内阁总理人选后，张作霖将前往北京，在元旦正式主政。但是，当张作霖踌躇满志地前往北京时，靳云鹏内阁并未实现，张作霖也未登台，令时人大跌眼镜。个中的原因，除外交因素外，[3] 主要是吴佩孚与奉系内部其他派系的反对。

首先是吴佩孚反对。吴佩孚的反对主要来自两个方面，一是内阁的产生方式。吴佩孚虽早就对张作霖声明"军事政治听奉主持"，[4] 但是内阁"必须由摄阁任命摄阁，以贯彻护宪"。[5] 此点无论张作霖还是靳云鹏都不可能同意。张作霖对曹锟法统的反对自不必说，即使靳云鹏，之前 9 月份从事组阁活动时，就表示要以各省公推方式产生内阁，[6] 其反对曹锟法统的态度是一贯的。另外一个不可言明的原因是，如靳云鹏上台，有可能会与其弟吴佩孚手下大将靳云鹗结合，取吴佩孚而代之。[7]

---

1 《温寿泉电阎锡山奉方已决定梁士诒组阁但吴佩孚亲笔函除梁外皆可》（1926 年 12 月 5 日），《阎锡山史料》，台北"国史馆"藏，典藏号：116-010108-0643-017。

2 《内阁昨晚决定》，《大公报》1926 年 12 月 22 日，第 2 版。

3 《李大钊关于主持北京政治分会报告书》，第二历史档案馆编《中华民国史档案资料汇编》第 4 辑（二），江苏古籍出版社，1991，第 1018 页。

4 《吴始终婉拒奉鲁援军》，《申报》1927 年 9 月 27 日，第 4 版。

5 《靳阁如何产生 昨夜有重要会议》，《大公报》1926 年 12 月 23 日，第 2 版。

6 《靳云鹏昨夜赴奉》，《大公报》1926 年 9 月 17 日，第 2 版。

7 《北方之最近局势》，《申报》1926 年 9 月 26 日，第 9 版。

其次是杨宇霆、郑谦等人的反对。张作霖的总参议杨宇霆与秘书长郑谦等人自始至终反对张作霖过早卷入中央政局，尤反对靳云鹏组阁。因杨郑两人一手促成了奉吴合作，且主张与吴佩孚合作到底，一旦推靳云鹏上台，则奉吴必然决裂。郑谦为阻止靳氏上台，不惜以辞职相要挟，结果被张作霖批准，一时引起国内舆论瞩目。[1]

复次是张学良的反对。张学良、韩麟春等前线将领向来主张张作霖出关主持大局，甚至在 11 月初即发起拥戴。[2]但是，此次靳云鹏组阁的决定，却遭到张学良等奉系前线将领的反对。[3]因张学良等奉系将领主张以武力解决河南直吴军队。并且，在此之前已决定由于珍统领部队入豫。[4]如果此时靳云鹏上台，则奉军解决其弟靳云鹗之计划断不可执行，张学良进军河南之举必然作罢。

最后是张宗昌反对。张宗昌之鲁派与奉系关系微妙。如前文所述，在中央政权、南下援吴等诸多问题上与奉系意见并不一致。阎锡山代表钱桐甚至认为：“奉方与鲁方同床异梦，意见纷岐。”[5]奉鲁之间的矛盾主要集中在两个方面。第一是财政问题。由于连年战争，鲁省财政枯竭，所辖军队自 1926 年 1 月到 8 月未发一分军饷，[6]而张作霖并未解决。第二是鲁军南下问题。张宗

---

1 《奉张入京与靳阁问题》，《申报》1927 年 1 月 3 日，第 7 版。

2 《关内奉系将领曾有劝进电》，《顺天时报》1926 年 11 月 11 日，第 2 版。

3 《田应璜电阎锡山靳云鹏组阁张作霖独断独行张学良以上多数反对》（1926 年 12 月 30 日），《阎锡山史料》，台北“国史馆”藏，典藏号：116-010108-0636-051。

4 《李庆芳电阎锡山奉方派定于珍入豫各将领多主张以武力解决》（1926 年 12 月 26 日），《阎锡山史料》，台北“国史馆”藏，典藏号：116-010101-0038-027。

5 《钱桐电阎锡山到津盘桓一旬访遍各方不特政治无办法军事亦难集中》（1926 年 11 月 17 日），《阎锡山史料》，台北“国史馆”藏，典藏号：116-010108-0134-011。

6 《鲁之援鄂计划与军饷》，《申报》1926 年 9 月 26 日第 10 版。

昌基于解决兵多地少问题，意图向外扩张，因此对南下援助吴佩
孚、孙传芳态度积极。但张作霖对此多有阻挠。据温寿泉向阎锡
山报告，张宗昌对张作霖不满，对张学良、杨宇霆更是愤恨，有
脱离奉系之意。[1] 因此，当张作霖征求张宗昌对其主政意见时，张
宗昌回电主张恢复民国元年约法，以每省十八人召集临时参议院
为过渡办法机关。[2] 以当时的情势，国会已然解散两年之久，南
北战争正在激烈进行中，进行全国性大选更不可能。所谓以参议
院方式，即是不赞成奉张上台的委婉说法。中共北方局也报告说
"作霖欲入京主政者，固以外交团之消极拒绝，同时实亦以鲁张
之阴示反对也。"[3]

三　共识达成与安国军政府的成立

元旦登台的夭折使奉张明白，如要成立以奉系为核心的中央
政府，一方面需排除吴佩孚的阻碍，另一方面要消除内部各系
的分歧。如上文所述，奉系对直吴的政策，始终以维持合作为
依归。但是安国军的组建，使奉系对吴佩孚的策略发生了转变。
1926 年 12 月底，以张学良为代表的奉系前线将领就要求出兵河
南，以武力解决吴佩孚。[4] 张作霖元旦登台的主张破产之后，这

---

1 《温寿泉电阎锡山张宗昌谅解晋收编西北军但对奉张结怨莫解》(1926 年 11 月 9 日)，《阎
　锡山史料》，台北"国史馆"藏，典藏号：116-010101-0034-199。

2 《温寿泉潘连茹电阎锡山鲁张昨电张作霖主张恢复元年约法旧法》(1927 年 1 月 4 日)，《阎
　锡山史料》，台北"国史馆"藏，典藏号：116-010101-0038-031。

3 《中共中央北方局》资料丛书编审委员会编《中共中央北方局　北方区委时期卷》，中共党
　史出版社，2000，第 400 页。

4 《李庆芳电阎锡山奉方派定于诊入豫各将领多主张以武力解决》(1926 年 12 月 26 日)，《阎
　锡山史料》，台北"国史馆"藏，典藏号：116-010101-0038-027。

一派意见逐渐占据上风，出兵河南的计划逐渐提上日程。与此同时，吴佩孚与其手下大将靳云鹗发生内讧。1926 年 12 月 28 日吴佩孚再次免去靳云鹗的十四省讨贼联军副司令一职，河南军政陷入混乱。1927 年 1 月 16 日，张学良、张宗昌、于珍等人在北京召开军事会议，正式决定出兵河南。在出兵河南同时，奉系仍对吴佩孚极尽拉拢之能事。先是去电吴佩孚，表示此次出兵为讨赤援助并非攘夺地盘，如吴部将士与奉系讨赤宗旨相同，一切地位名义悉仍其旧，并希望吴能到京一行。[1] 在靳云鹗通电反奉之后，张作霖仍将靳与吴区别对待，如张作霖的顾问赵欣伯公开对记者表示，无论如何不愿与吴部发生冲突。[2] 张作霖也去电劝吴入京"共筹中央内外各项大政"。[3] 总之，奉系对直吴的策略是军事上消灭吴军，政治上拉拢吴佩孚。也就是说，张作霖仍旧希望其成立的北京政府能得到北洋各派系，尤其是作为北洋嫡传的吴佩孚的支持。只是吴佩孚对张作霖伸出的橄榄枝始终不为所动，最终远走四川。

在将吴系军队基本消灭后，奉系志得意满，到 4 月中旬，"当局者认为大势日趋有利"，[4] 于是有关张作霖登台的工作进入了实质性准备阶段。关于各方推举张作霖担任元首的具体过程，由于史料散佚，后来者在还原其过程时遇到较大困难。但是，综核台湾"国史馆"所藏阎锡山档案与各方现存资料，仍可一窥事件的大致经过。

4 月 22 日，阎锡山就张作霖登台事回电张宗昌说："雨帅如肯出肩大任，深所赞同，惟手续上似宜脱开军人范围，从公民方

1 《奉张致吴佩孚电》，《大公报》1927 年 2 月 11 日，第 2 版。

2 《奉张不久将归奉 南北妥协说亦略有因》，《大公报》1927 年 2 月 15 日，第 2 版。

3 《为吴氏借箸一筹》，《大公报》1927 年 2 月 18 日，第 2 版。

4 《应时而起之政治军事新趋势 政局改造方在酝酿》，《大公报》1927 年 4 月 16 日，第 2 版。

面求一适合方法以避故障"。[1]阎锡山的回电表明，张宗昌正在酝酿由各方推戴张作霖为元首。换言之，张宗昌之所以函电阎锡山征求意见，概因其乃事件的发起人或领衔人。那么，张宗昌何以从三个月前的反对奉张主政到主动领衔推举？转变的理由何在？张宗昌立场的转变，实因军事形势之变化而迫不得已。之前，鲁军出兵南下过江援孙遭奉系反对，而此时，张宗昌、孙传芳不仅丢了南京，4月13日，连蚌埠也被北伐军李宗仁部占领。此时的张孙两人急需张作霖的军事支持。这也是之前奉张故作姿态表示要回奉时，张宗昌急电挽留的原因。[2]其实，迫于军事形势的剧烈变化，奉系内部各派系对奉张登台一事，已逐渐取得一致意见。一贯力主张作霖早日上台的张学良、韩麟春等前线将领就曾上书奉张表示"北京政治非问不可，正式办法留待将来，目前宜以海陆军大元帅地位主持一切"。[3]孙传芳也曾四次去电张作霖，请正大位。[4]

在奉系内部就张作霖登台问题取得共识的情况下，经过讨论，各方对张作霖登台方式给出三种选择：第一法，仿民元南京公举孙中山为临时大总统例，以十二省区，每处代表五人组织之；第二法，仿民十三拥戴段执政例，以安国军三副司令联推之；第三法，仿广东非常国会选孙大总统例。[5]三法共同点是都有前例可循，但在民意代表性与操作上各有优劣。对这三种方法，杨宇霆

---

1 《阎锡山电张宗昌悉承示军事胜利甚以为慰中央不可负责无人至佩》（1927年4月22日），《阎锡山史料》，台北"国史馆"藏，典藏号：116-010101-0038-083。

2 《劝奉张缓出京》，北京《益世报》1927年3月22日，第3版。

3 《二而一之北京两总问题》，《大公报》1927年5月3日，第2版。

4 《李庆芳电阎锡山中央组织拟仿照执政办法由各将帅公推》（1927年4月30日），《阎锡山史料》，台北"国史馆"藏，典藏号：116-010101-0040-162。

5 《李庆芳电阎锡山总部会商中央组织有三法似用第一公举法为宜》（1927年5月4日），《阎锡山史料》，台北"国史馆"藏，典藏号：116-010101-0038-104。

表示无论何种方法均可。[1]鲁派张宗昌赞同第二法,由安国军副司令拥戴。[2]最终,各方达成共识,认为"拥戴元帅为上策,公举总统为中策。对于国民会议,非常国会认为不可行"。[3]在讨论奉张登台形式的同时,具体的政制设计也有所规划,即抛弃现顾维钧的护宪内阁,以军政府形式,设大元帅一人,统领内阁及各部,仍设总理及各部总长。[4]

特别值得一提的是晋阎的态度。既有相关研究大多注意到,4月底阎锡山已决心倒向蒋介石一边,[5]但对晋阎在拥戴张作霖活动中所持态度与立场有所忽视。当奉系要人就张作霖采用哪种方式上台进行讨论时,晋阎驻北京代表李庆芳表示反对推戴,赞同用第一法,大总统由各省代表公举。[6]后来,奉系决定大元帅由安国军副司令推戴后,李庆芳再次痛陈不可由军队推戴的理由。[7]李庆芳之所以一再主张各省代表公举,否定推戴方式,因阎锡山担心,一旦由晋领衔推戴张作霖任大元帅,则必然与冯玉祥决裂,引其攻打山西。[8]因此,晋阎虽然积极参与奉系的推戴活动,却极力避免联名,以免成为众矢之的。从晋阎态度可见时局之微妙与

1 《李庆芳电阎锡山闻张学良孙传芳今日在蚌埠晤张宗昌会商》(1927年5月6日),《阎锡山史料》,台北"国史馆"藏,典藏号:116-010101-0038-112。

2 《李庆芳电阎锡山悉潘复以张宗昌盼迅速故力主用第二法》(1927年5月5日),《阎锡山史料》,台北"国史馆"藏,典藏号:116-010101-0038-108。

3 《李庆芳电阎锡山悉潘复以张宗昌盼迅速故力主用第二法》(1927年5月5日),《阎锡山史料》,台北"国史馆"藏,典藏号:116-010101-0038-108。

4 《北方组织军政府说》,《晨报》1927年4月14日,第3版。

5 杨天石:《论1927年阎锡山易帜》,《民国档案》1993年第4期,第93页。

6 《李庆芳电阎锡山各省区代表会议推举临时大总统后再议组阁等》(1927年5月4日),《阎锡山史料》,台北"国史馆"藏,典藏号:116-010101-0038-105。

7 《李庆芳电阎锡山公举元首脱离军人范围实为郑重名器爱护张作霖》(1927年5月4日),《阎锡山史料》,台北"国史馆"藏,典藏号:116-010101-0038-107。

8 《阎锡山电李庆芳悉前电已复谅已接见晋领衔冯必借口来攻》(1927年5月5日),《阎锡山史料》,台北"国史馆"藏,典藏号:116-010101-0038-106。

阎锡山手段之灵活。

在各项活动有条不紊推动下，奉系信心满满地对外宣布，对总座问题采取两步走方针：第一步，于最短期内举行重要干部会议；第二步，由张作霖前往豫皖巡视战况，并与阎锡山、韩麟春、张宗昌、王树常、褚玉璞等晤面，作一具体商量，再登台。[1]也就是说，张作霖希望将战线稳定在河南、安徽两省，再实现登台计划。但是，军事形势的急剧变化令奉系的设想完全落空。在河南战场，5月26日武汉国民政府的北伐军在郾城大败奉军，冯玉祥军也冲出潼关占领洛阳。于是，张学良不得不放弃整个河南，退往黄河以北。在安徽战场，孙传芳与张宗昌两部也是一败再败，蒋介石在6月2日占领徐州。奉系不得不暂时放下登台问题，转而全力应付眼前军事局势。

要破除眼前不利的军事局面，奉系面临两个选择，一是与蒋介石议和，二是如拒绝议和，下一步军事如何部署。6月14日，奉系要人聚集北京顺承王府，就这两个问题进行讨论。经众人商议，会议决定拒绝蒋介石改名易帜的和谈条件。拒和之后，奉系就下一步的军事部署进行讨论。在会议上，孙传芳、张宗昌极力主张推举张作霖为大元帅，得到众将领的一致赞同。于是，会议转而就大元帅诸问题进行讨论，遂决定由潘复组阁，政制则采用前议所定的军政府方案。6月18日，张作霖在北京怀仁堂就任"中华民国陆海军大元帅"一职，并公布了《中华民国军政府组织令》。军政府总理由潘复担任，王荫泰为外交部总长、何丰林为军事部总长、沈瑞麟为内政部总长、阎泽溥为财政部总长、姚震为司法部总长、张景惠为实业部总长、刘尚清为农工部总长、刘哲为教育部总长、潘复兼任交通部总长。由奉系主政的这一届政

---

1 《内阁问题解决期需与最高问题同时》，《顺天时报》1927年5月16日，第2版。

府由于由安国军各将领推戴而成，学界一般称其为"安国军政府"。

关于奉张何以在此时登台组建军政府，有多种说法，如出于对等议和的需要，[1] 统一军政大权以便对南备战说，[2] 以及如战败退回东北，可仿孙中山在广东设立大元帅办法，易于号召。[3] 从当时奉系所面临的军事、政治情境角度来说，这些说法自然能够成立，但是忽视了长时间以来北京政治及奉系内部对此一问题的演变过程。对张作霖登台问题，奉系内部的老派、新派、土派、洋派、鲁派及外部的孙传芳、吴佩孚、阎锡山，固然因各自立场不同而纷争不断。如同属新派的杨宇霆与张学良对奉张登台一事针锋相对，鲁派先反对后拥戴，反复无常。直到 1927 年 4 月，面临不利的军事形势，各派才就奉张登台一事大致达成共识，只是因军事原因一再拖延。因此，1927 年 6 月，张作霖正式出任大元帅，组建军政府，实际上是在各派系共识基础上的"水到渠成"。

需要指出的是，张学良在张作霖登台过程中扮演着重要角色。对张作霖登台一事，张学良在口述历史中曾一再申明，当时自己不赞成其父就任大元帅。[4] 但是，我们仔细审视奉张的登台过程，即可发现，张学良的这一说法不确。准确地说，张学良一直是奉系内部拥戴张作霖的代表人物。无论在 1926 年 11 月张作霖入关，还是 12 月奉张登台的夭折，抑或 1927 年 6 月军政府的组建，张学良都在其中扮演着关键性角色。换言之，正是在张学良等人的支持下，张作霖才有可能平衡奉系内部其他派系意见，进而干涉中央政局。并且，张学良自始至终参加了奉系推举张作霖

---

1 常城主编《张作霖》，辽宁人民出版社，1981，第 176 页。

2 来新夏：《北洋军阀史》（下），南开大学出版社，2000，第 1039 页。

3 《北京改制记》，《国闻周报》第 4 卷第 24 期，1927 年。

4 张学良口述，张之宇、张之丙访谈《张学良口述史（访谈实录）》第 2 册，当代中国出版社，2014，第 521 页。

为大元帅的会议，列名推戴的八位将领之一，并非如其所说未参加会议。[1]

余　论

经过长达九个多月的酝酿、博弈，张作霖最终成立了以奉系为核心的中华民国军政府。上海的《新闻报》对此很是不解，认为在此环境恶劣之下加封大元帅，多一种名义对改善处境并无帮助。[2]确实如此，奉张登台之时，阎锡山与直系的靳云鹗已公开通电易帜，奉系重整北洋体系的意图并未实现。安国军政府不仅要面对南京国民政府，还需应付冯玉祥、靳云鹗、阎锡山等原属北洋体系内的军政势力。这也意味着奉系一年后的失败已然注定。那么问题是，为何奉系不能重新整合一盘散沙的北洋军政体系？笔者认为主要有以下几个原因。

其一，吴佩孚的梗阻。虽然奉系一再对吴佩孚进行拉拢，但是由于地盘利益、历史积怨等多重因素交织，只能维持表面的和平，并不能衷心合作。其二，奉系内部各派歧见百出，聚讼纷纭。老派、新派、鲁派在各自的立场内就奉系整合北洋各派进而主政一事施加影响，迟迟无法达成一致意见。结果，奉系不仅未能有效融合北洋的军政势力，甚至兵戎相见，实与整合北洋各派的初衷相违背。其三，奉系在北洋政治权力格局中的尴尬地位。自袁世凯死后，北洋各派势力长期在北京政坛角逐，以期形成新的政治重心。奉系虽然也参与其中，但并不被吴佩孚等北洋嫡系视为

1　张学良口述，张之宇、张之丙访谈《张学良口述史（访谈实录）》第 2 册，第 521 页。
2　《时评：不可解》，《新闻报》1927 年 6 月 19 日，第 2 张第 2 版。

北洋一分子。[1] 即使时人也不将其归入北洋系之一。如《大公报》在 1927 年 3 月 5 日发表社论《北洋系之末路》，开篇即说"郑吴苏孙，北洋系仅存之硕果"。[2] 质言之，奉系与北洋关系的疏离使其缺少整合北洋系的政治权威。其四，张作霖个人政治能力的缺失。有学者认为，在当时尚存的北洋各派系人物当中，没有哪一位具有重新整合旧北洋军政体系的能力。[3] 确实也是如此。作为奉系最高首领的张作霖在政治上缺少规划与远见，对整合各方军政势力方式、方法、目标以及未来的政治图景全无定见，一切以各派系意见的消长为依归。晚年的张学良评价其父"有雄才无大略"，[4] 即是对张作霖在政治上缺少长远规划的含蓄批评。

事实上，奉系所面临的问题只是整个北方军政格局的一个缩影。仔细审视这一时期北京政治演变过程，我们可以看到，面对国民革命军凌厉攻势，群龙无首的北洋各派陷于军阀政治的窠臼不可自拔，所争仍是"防止一人一阀独大"。[5] 他们既拿不出统一中国的计划，更无法证明自身有统一中国的能力，其结果只能是游离于民心之外，失败已然注定。

---

1 张钫：《风雨漫漫四十年》，第 225 页。

2 《北洋系之末路》，《大公报》1927 年 3 月 5 日，第 2 版。对于奉系与北洋派的关系，桑兵在《"北洋军阀"词语再检讨与民国北京政府》(《学术研究》2019 年第 4 期)一文中略有申论，认为奉系最初并不属北洋派系统，后来随着北洋的泛化才和其他十几派一同被归入北洋系统。

3 杨天宏：《直奉战争之后的北京政治——段祺瑞临时执政府对北洋体系的整合》，《史学月刊》2008 年第 4 期，第 64 页。

4 张学良口述，张之宇、张之丙访谈《张学良口述史（访谈实录）》第 1 册，第 220 页。

5 罗志田：《南北新旧与北伐成功的再诠释》，《开放时代》2000 年第 9 期，第 47 页。

社会经济

晚清铁路之争中自强和自弱的考量

赵雅丽[*]

摘　要： 第一次鸦片战争后，为扩大对华侵略，英、美等国不断提请在中国筑路。对此，清廷更多地认为是"包藏祸心"而惊惧和疑忌。至 19 世纪 70 年代，以李鸿章为代表的洋务派逐渐认识到要改变落后状况，就应引进铁路。光绪初年，李鸿章首倡津通铁路之议，引发京师舆论汹汹，"无人敢主持"，两宫"亦不能定此大计"。随着中俄伊犁危机、中法越南问题的日益紧张，李鸿章又奏请修建清京、津通铁路，引发京师议论纷涌。直至光绪十五年，张之洞创"卢汉干路"说后，修造铁路才成为"一定不易"的国策。铁路之争，长达二十余年。论争双方，一方倡言铁路之利以图"自强"，一方极言铁路之害以防"自弱"。从政治文化视角而言，反对筑路的一方，属于维护大清王朝的营垒。当第二次鸦片战争后中国出现了深刻的政治、民族与文化危机，并由此引发了各种复杂的问题时，他们应对危机的思路与发言中存在着某些合理性成分，他们所持的文化或民族保守主义立场，实质上是晚清中国传统文化遇到外来异质文化空前的压力时，人们坚守自己的传统道德文化的急迫感和责任感。本文选取铁路之争这一事件，考察论争双方对自强与自弱的考量，以管窥论争双方在那个时代针对该问题不断论争，甚至不惜冒犯天颜的深意所在。

关键词： 铁路之争　自强　自弱

* 赵雅丽，北京市社会科学院历史研究所。

19世纪60年代，在经历了两次鸦片战争失利与太平天国起义之后，清廷内忧外患交迫，以恭亲王奕訢、曾国藩、左宗棠、李鸿章为代表的官员主张"师夷长技以制夷"，学习西方先进生产技术，自强以御侮、富国以强兵，维护清朝统治。这场洋务运动，自咸丰十年（1860）底始，至光绪二十一年（1895）终，持续近三十五年。这个过程中，"自强求富"是清流派与洋务派的同调诉求，但双方考虑不同，由此在诸如外使觐见、对外遣使、架设铜线、内河驶轮船、开拓传教、幼童留美、京师同文馆增设天文算学馆、天津教案、中俄伊犁交涉、中法战争、铁路之争等问题上，往往展开论争。

在诸多论争中，以铁路之争最为激烈，时间最长，长达二十余年，它有着深刻的历史背景：自第一次鸦片战争后，为扩大对华侵略，英、美等国同声造请并再三坚执在中国筑路，清廷对铁路有着"奇技淫巧"的不解，更有着对列强势力"包藏祸心"的惊惧和疑忌。[1]直至19世纪70年代，洋务派才逐渐认识到要改变落后状况，就应该引进铁路。光绪初年，李鸿章首倡津通铁路之议，但内外臣工纷纷奏陈铁路之弊，双方激辩，京师舆论汹汹，始终无人敢主持大计，修路受阻。直至光绪十五年（1889）张之洞创"卢汉干路"说后，修造铁路才成为"一定不易"之国策。

在持续二十余年的铁路之争中，一方倡言铁路之利以图"自强"，一方极言铁路之害以防"自弱"。问题在于：不修铁路，无以"自强"，而罔顾民生，尤其是民众信仰风俗，则是"自弱"。从政治文化视角而言，反对筑路的一方，属于维护大清王朝的营垒。当第二次鸦片战争后中国出现了深刻的政治危机、民

---

1 1863年底，英商怡和洋行与英、法、美27家洋行联名，通过上海关道转请江苏巡抚李鸿章禀请造上海到苏州的铁路，李鸿章即怀疑三国"同声造请，必有为之谋者，未必尽出于商人"，断然拒绝。宓汝成：《中国近代铁路史资料》，第1册，第4页。

族危机、文化危机，并由此引发了各种复杂的问题时，他们应对危机的思路与发言中存在着某些合理性成分，他们所持的文化保守主义或民族保守主义立场，实质上是晚清中国传统文化遇到外来异质文化空前的压力时，人们坚守自己的传统道德文化的急迫感和责任感。

本文选取铁路之争这一事件，考察论争双方对自强与自弱的考虑，以管窥论争双方在那个时代针对该问题甚至不惜冒犯天颜，不断论争的深意所在。

一 "无人敢主持""两宫亦不能定此大计"

同治四年（1865）七月，英人杜兰德在永定门外平地上铺设了一条长约一里的小铁路，上行小火车，迅疾如飞，"京师人诧所未闻，骇为妖物，举国若狂，几至大变。旋经步军统领衙门饬令拆卸，群疑始息。"[1]可见，京师上至内廷，中至王公贵族、士大夫精英，下至民众，对铁路的初步认识是相同的，除了不解，更多是惊惧和疑虑。

京师作为帝都所在，回避不了列强的筑路提请。同治四年九月，总税务司赫德呈递《局外旁观论》，称铁路是"外国可教之善法"，"做轮车以利人行"，中国"应学应办"。次年正月，英使馆参赞威妥玛亦呈递《新议略论》，称如果清廷在"各省开设铁道飞线"，则"各国闻之无不欣悦。"[2]针对赫德与威妥玛的

---

1 （清）李岳瑞：《春冰室野乘》"铁路输入中国之始"条，李梦苏主编《中华典藏：名家藏书》，内蒙古人民出版社，2003，第165页。

2 宝鋆等：《筹办夷务始末（同治朝）》卷40，台北：文海出版社，1966年影印本，第3764—3816页。

"建议"，总理衙门饬令有关督抚和通商大臣"专折密奏"。疆吏们的回奏中，除了警惕"洋人可任便往来"将大不利于中国的祸心外，更多是对凿山川、害田庐、妨碍风水、占商民生计等民生民俗民情因素的考虑，而这正是日后铁路之争中双方论争的焦点。

各国公使依然向总理衙门"屡次饶舌""持之甚坚""志在必遂"地提请筑路。奕訢预见到列强会利用 1868 年"更议条约"时"互相要结，强欲增入约内"，同治六年九月，他奏请与督抚们共商，预先谋划。他在奏折中预设了双方辩驳的焦点：若"以失我险阻，害我田庐，妨碍我风水"为词，而"彼悍然不顾"怎么办？若"以占我民间生计，势必群起攘臂相抗，众愤难当，设或勉强造成，被民间拆毁，官不能治其罪，亦不能责令赔偿"，而"彼则以自能派人看守防御为词"抵制，怎么办？[1]

这次讨论中，督抚们有个一致的基调，即铁路妨碍风水、变乱风俗：盛京将军都兴阿认为电线铁路妨碍风水重地，影响民间生计田庐，行之必犯众怒；[2] 福州将军英桂认为"各国但以速传递、便贸易为词，自图捷径，而于中国疆域之险阻、民间之庐墓田地概置不顾，不知中国情形与各国迥异，各国地旷人稀可以开设，中国人稠地密，势有难行。且民间之田地庐舍，尚可价买，而独至坟墓，则虽重价，亦难相强。"；[3] 福建巡抚李福泰认为电线铁路之害在于"惊民扰众，变乱风俗"。[4]

督抚们强调以"众怒难犯"与列强竭力相争：陕甘总督左宗

---

1 宝鋆等：《筹办夷务始末（同治朝）》卷 50，第 4813—4827 页。

2 宝鋆等：《筹办夷务始末（同治朝）》卷 52，第 4951—4957 页。

3 宝鋆等：《筹办夷务始末（同治朝）》卷 54，第 5075—5087 页。

4 宝鋆等：《筹办夷务始末（同治朝）》卷 55，第 5190—5205 页。

棠认为"我如立意不行，或以民情不便，或以事多窒碍为词，彼亦不能强也。"[1] 两江总督曾国藩奏称："独至铁路轮船行盐开栈等事，害我百姓生计，则当竭力相争。"[2] 浙江巡抚马新贻、闽浙总督吴棠、署直隶总督官文、粤抚蒋益澧、湖北巡抚郭柏荫等也认为铁路"自洋人行之，则以外国而占内地之利；自华人之附和洋人者行之，亦以豪强而占夺贫民之利。皆不可行"，应"竭力相争"，就"小民生计与之理论"，决不迁就载入约内。[3] 总理船政沈葆桢则认为，只要不载入条约，"果能别创一法，于民间田庐坟墓毫无侵损"，"百姓退无后言，朝廷便当曲许"，否则断难准行，"万事皆可从权，民心必不可失"。[4]

这场讨论持续近三个月，只是局限于总署与地方督抚间。而督抚们提出筑路耗费人力财力、剥夺船夫车夫等亿兆小民的生计、破坏民间田庐坟墓、易引发伏莽滋事等思路和基调，是忧虑铁路使中国险阻尽失之外最重要的考虑，是符合中国文化传统的。这次讨论中，只有湖广总督李鸿章的态度从抵制洋人筑路转向为"自行仿办"。他认为，从长远考虑，与其任洋人在内地开设铁路电线，又不若中国自行仿办。[5]

此后，伴随着中国边疆危机的日益加深，李鸿章对自行仿办的认识日益深刻，他不断地就电线、铁路、开矿之事上奏清廷：同治九年十二月，在《遵议日本通商事宜片》中指出，日本近年引进西方技术制造铁路，而日本近在肘腋，永为中国之患，应早为谋划；十一年，俄国侵占伊犁，李鸿章奏请"改

1　宝鋆等：《筹办夷务始末（同治朝）》卷 51，第 4884—4889 页。

2　宝鋆等：《筹办夷务始末（同治朝）》卷 54，第 5065—5072 页。

3　宝鋆等：《筹办夷务始末（同治朝）》卷 54，第 1—2 页。

4　宝鋆等：《筹办夷务始末（同治朝）》卷 53，第 4987—5000 页。

5　宝鋆等：《筹办夷务始末（同治朝）》卷 55，第 5144—5164 页。

驿递为电信，车为铁路"；十三年十一月，上《应诏筹议海防折》，阐明兴建铁路的理由：中国"富强之势，远不逮各国"的原因之一是"未能兴造铁路"，必须"筹造铁路而后能富能强"，火车铁路可使南北洋滨海七省联为一气，"有事之际，军情瞬息变更"，如果"有内地火车铁路，屯兵于旁，闻警驰援，可以一日千数百里，则统帅当不至于误事。"[1]此折，李鸿章因言及放弃或暂缓收回伊犁而遭到廷臣"痛诋"，陷入了"有倡无和"的局面。

1875 年春，李鸿章借进京叩谒同治帝梓宫之机，向恭亲王奕䜣"极陈铁路利益"，请其主持试造清江至北京的铁路"以便南北转输"。奕䜣虽"意以为然"，[2]但深恐修铁路难以实行，遂以"无人敢主持"拒绝，李鸿章又请其"乘间为两宫言之"，而奕䜣以"两宫亦不能定此大计"作答，李鸿章"从此遂绝口不谈"，[3]将思路转向了电报线的架设。光绪元年，沈葆桢率兵援台，趁机奏请架设福州经厦门到台湾的水陆电报线，获得中枢准许，令沈速办闽台电报。

同年九月，工科给事中陈彝奏请停止在陆路架设电线，他的立论是：电线"可以用于外洋，不可用于中国"。原因是："华洋风俗不同，天为之也。洋人知有天主、耶稣，不知有祖先，故凡入其教者，必先自毁其家木主。中国视死如生，千万年未之有改，而体魄所藏为尤重。电线之设，深入地底，横冲直贯，四通八达，地脉既绝，风侵水灌，势所必至，为子孙者心何以安？……藉使中国之民肯不顾祖宗丘墓，听其设立铜线，尚安望尊君亲上

---

1 《李文忠公全书·奏稿》卷 24，光绪三十四年刻本，第 22—23 页。

2 《李文忠公全书·朋僚函稿》卷 17，第 12—13 页。

3 《复郭筠仙（嵩焘）星使》，光绪三年六月初一日，《李文忠公全书·朋僚函稿》卷 17，第 13—14 页。

乎？"[1]陈奏以华洋风俗不同来阐释铜线最大之害：视死如生，是"千万年未之有改"的文化传统，而电线之设，破坏了"地脉"，使祖先受风侵水灌，是子孙不孝；祖宗坟墓都不顾的人，是难以指望其忠于君主的。这个理论，令满朝无人抗辩。[2]

从督抚们反对的理由及李鸿章有倡无和、遭廷臣痛诋、无人敢主持、两宫亦不能定此大计中可以看出，修建铁路有碍风水，会破坏民间田庐坟墓，它触及了中国最普遍的宗教传统——祖先崇拜，成为日后论争中反对方的坚执理由，也是主张修路的洋务派官员一方不能忽视的理由，因此更成为此后二十年论争的基调。因为，在中国，鬼魂崇拜、祖先崇拜是民众最基本的信仰，是维系家庭、宗族、村落社会的基础，稳固而普及，要为之设坛、修庙、建祠，定时祭祀，可以说，祖先崇拜"不仅是固定的、长期的活动，而且是人类古老、最普遍的信仰，不仅是上自皇帝贵族，下至平民百姓都要举行的祭祀亡灵的仪式，而且是一个民间的宗教系统。于是祖先崇拜成为广大普通民众共同奉行的信仰民俗之一，也是中国民众宗教意识的重要组成部分。"[3]而铁路修建对祖先坟墓、对风水构成威胁，从而也构成对现世子孙家族的威胁，这对天子、王公贵族、士大夫、庶民等都是不能接受的。只有理解中国人对祖先的崇拜，才能理解铁路之争背后对民计民生以外民情民俗的忧虑。修筑铁路，不能保证民间田庐坟墓的毫无侵损，谁也做不到让百姓退无后言，这是李鸿章"有倡无

1　《军机处交出工科给事中陈彝奏陈闽省电线办理舛谬情形吁恳停止折》，《海防档》（丁），《电线》（上）一八〇，台北"中研院"近代史研究所，1957，第211页。

2　清末新政中，为筹备立宪需进行户口调查，而导致流言蔓延，有些传言甚至称：调查册为修建铁路所用，或填枕木，或顶桥梁，因为"修筑铁路，必须多数人灵魂镇压，铁轨始得安稳"，户口调查在乡间受到极大抵制。由此可见农民对铁路的强烈恐惧与猜疑心理。（《记事》，《东方杂志》1910年第8期）。

3　查尔斯：《鬼魂：中国民间神秘信仰》，湖南文艺出版社，1991。

和"与"无人敢主持大计"的根本原因所在。

二 都中议论纷涌，台谏舆论汹汹
——议修清京与津通铁路之争

光绪元年十二月，英国人自行开始铺设吴淞铁路。次年正月十九日试行，往观日达千人。二十八日，上海道冯焌光面见英领事麦华陀，要求暂停筑路。经多次会商与激烈论争，九月二十七日，订立《收买吴淞铁路条款》，以白银28.5万两"收回自办"。在这场收路交涉中，李鸿章认为洋人筑路已成事实，中国自办总胜于洋人，主张由华商集股，继续经营，与之同主自办的还有沈葆桢。但后来，沈葆桢决定将铁路拆送台湾。十一月十四日，铁路全部拆送台湾，成为废物。对此，李鸿章致信郭嵩焘认为沈葆桢"不受谏阻，徒邀取时俗称誉。"[1]"邀取时俗称誉"一语，折射出当时中枢、廷臣、民众的普遍心态。

光绪二年（1876）初，丁日昌改任福建巡抚，李鸿章把希望放在他身上，希望他在台湾修建铁路，以为突破口。十二月十六日，丁日昌上《统筹台湾全局折片》，奏请在台筑路，并详陈修筑铁路的十害、十利和七不必虑。[2]中枢将丁的奏折发交有关衙门讨论，这次不再局限于地方督抚们的密奏。中枢的用意很明确：要用一场公开的讨论来听取朝臣的看法，更想透过科道言官的"风闻奏事"来了解民间舆论。或许是台湾太过遥远，在台修建铁路并未招致太多的反对。李鸿章第一个上疏，力陈"铁路、电线相为表里，功用最大"，台湾非办铁路不可。沈葆桢接着上

---

1 《李文忠公全书·朋僚函稿》卷18，第6页。
2 《洋务运动》（二），上海人民出版社、上海书店出版社，2000，第346—353页。

奏，认为"铁路一端，实为台地所宜行。"光绪三年二月二十四日，上谕允准了丁日昌在台修筑铁路的奏请。[1]

光绪五年（1879）秋，中俄伊犁交涉紧张，备战呼声强烈。这次，李鸿章选择从电报线入手，作为寻求内地修筑铁路的突破口。他以"用兵之道，必以神速为贵""全赖军报神速，相机调拨"为由，专折奏请在"大沽、北塘海口炮台试设电报以达天津"。光绪六年（1880）八月二十二日，又以通信快捷、有利防务为由，奏请筹设沟通南北洋的津沪电报，两天后获准；同日又推荐"自解兵柄，养疴田园"的刘铭传，希望在他进京陛见时把铁路作为一项专门议题呈请给慈禧太后。[2]十月二十日，刘铭传抵津；二十六日，赴京；十一月初二日入觐，将《筹造铁路以图自强折》呈递给慈禧。[3]

《筹造铁路以图自强折》开篇强调速修铁路以图自强，指出如果"今不图自强，后虽欲图恐无及矣。"继而详说筑路于"漕务、赈务、商务、矿务、厘捐、行旅"之利，特别是对"用兵一道，尤为急不可缓之图"：铁路一开，则"东西南北呼吸相通，视敌所驱，相机策应，虽万里之遥，数日可至，虽百万之众，一呼而集。无征调仓皇之虑，无转输艰阻之虞"；铁路造成，则"声势联络，血脉贯通，节饷裁兵，并成劲旅，防边防海，转运枪炮，朝发夕至，驻防之兵即可为游击之旅，十八省合为一气，一兵可抵十数兵之用，将来兵权、饷权俱在朝廷，内重外轻，不为疆臣所牵制矣。"一旦朝廷"下造铁路之诏，显露自强之机，则声势立振，彼族闻之，必先震詟，不独俄约易成，日本窥伺之心，亦可从此潜消矣。"奏折明确提出实施方案。筑路资金：借洋债；

1　《光绪十三年四月二十八日总理海军事务大臣奕劻奏》，《洋务运动》（六），第193页。

2　赵尔巽等：《清史稿》卷416，中华书局，1977。

3　《洋务运动》（六），第137—139页。

线路规划四条：以京师为中心，一达清江浦，一达汉口，一达汉中，一达盛京；目前请先修清江至京师一路。上谕令李鸿章、刘坤一"妥议"后再奏。

此谕下发，引来一场激烈的论争。这个回合中，地处清要的翰詹学士们开始登场。十一月二十一日，翰林院侍读学士张家骧上《未可轻议开造铁路折》，奏请将刘铭传请造铁路建议置之不议。张折提出：清江浦、汉口、盛京、甘肃四条铁路"俱达京师"，若洋人借机生事，将如何应之？[1]此折切中中枢的深刻顾忌：京畿重地，天子安危所系，最忌洋人来此。十二月初一日（1880年12月31日），李鸿章上《妥筹铁路事宜折》并附《议覆张家骧争止铁路片》，力主刘铭传之策，并逐条论驳张家骧"三弊"说。[2]李鸿章倡言铁路之利的同时，也使用了诸多空谈、浮议字样，由此引发了京师"议论汹汹"。十二月十八日，降调顺天府丞王家璧上奏，挑明李鸿章是刘铭传奏折背后的主谋，直言二人"筹划措置之迹，似为外国谋，非为我朝谋也。"七年正月初十日，翰林院侍读周德润上奏，称铁路"行之外夷则可，行之中国则不可。"该奏条列了对李鸿章开铁路之议的"六不解"后指出："风闻铁路之说，刘铭传倡于前，李鸿章和于后。……如或有之，是俨然以桑、孔自居，直欲破坏列祖列宗之成法以乱天下

---

1 张家骧，同治元年进士，选庶吉士，授编修。后迁侍讲，入直南书房。光绪元年，转侍读，充日讲起居注官。五年，命直毓庆宫，迁侍讲学士，纯谨好学，莅官端慎。他担心"万一利之臣随声附和，一言偾事，关系匪轻"，遂力陈铁路"三弊"。《洋务运动》（六），第139—140页。

2 李鸿章首列欧美各国"皆有铁路之时，而中国独无，譬犹居中古以后而屏弃舟车，其动辄后于人也必矣。"其次胪列铁路利国计、利军政（军饷、运输、集兵）、利拱卫京师、利民生、利转运、利邮政通讯、利矿物、利轮船招商、利行旅，尤其利于国计、军谋，"我朝处数千年未有之奇局，自应建数千年未有之奇业。若事事必拘守成法，恐日即于危弱而终无以自强"。《洋务运动》（六），第141—149页。

也。"[1] 王家璧、周德润所言非虚。《筹造铁路以图自强折》背后授意与运作者确实是李鸿章。首先,借刘铭传觐见之机面呈慈禧,增加"下造铁路之诏"概率。其次,李鸿章得到京师两位清流健将的暗中助力:他多次与京中"青牛角"张佩纶函件往来以明心志。早在光绪六年九月,张佩纶就为李鸿章提出一个避免或减少舆论阻挠的"变通"之策:"果兴铁路,必自边境始",按照西域、关东、漠北次第修建,"边境有效,然后推行腹地,事半功倍矣。合肥击节,以为名论。"[2] 张佩纶丁母忧(1879—1881)期间恰在天津,对《筹造铁路以图自强折》提供了意见,并由"青牛尾"陈宝琛捉刀定稿。[3]

京师"青牛角"与"青牛尾"的暗中助力,无疑增加了李鸿章的胜算砝码,却始终无法去除中枢心中的顾忌。继周德润后的正月十六日,曾奉使西洋、见闻颇广的通政使司参议刘锡鸿上了一篇奏折,详列筑路"不可行者八,无利者八,有害者九",断言火车"实西洋利器,断非中国所能仿行也。"八条不可行理由中的第三条是:"西洋专奉天主、耶稣,不知山川之神,每逢造铁路而阻于山,则以火药焚石而裂之,洞穿山腹如城阙,或数里或数十里,不以陵阜变迁、鬼神呵谴为虞……我中国名山大川,历古沿为祀典,明禋既久,神斯凭焉。倘骤加焚凿,恐惊耳骇目,群视为不祥,山川之神不安,即旱潦之灾易召。"[4] 这篇洋洋洒洒近八千字的奏折,功效甚大。抛却洋人居心不论,天主、耶稣之

---

1 光绪七年正月初八日,两江总督兼南洋大臣刘坤一上了一篇态度模糊的奏折,奏陈铁路修与不修各有利弊,将球踢给了中枢。《洋务运动》(六),第149—153页。

2 张佩纶:《涧于日记》第1册,台北:学生书局,1966,第185页。

3 《陈文忠公奏议》卷上有陈宝琛代刘铭传疏。

4 刘又在《密陈不可借款造路片》中奏报出使前后与英使威妥玛相见时的见闻,认为威妥玛包藏祸心,铁路一说,是"彼人所挟以惑中国,万万不可听从者"。《洋务运动》(六),第154—166页。

教浸入中国的危害，特别是中华名山大川乃历代祀典所在，若山川之神不安，则易招致旱涝之灾召这点，自然勾起人们对刚刚过去的持续四年的"丁戊奇荒"的痛苦记忆。果然，同日上谕终结了近一年的修筑清京铁路之争："铁路火车为外洋所盛行，中国若拟创办，无论利少害多，且需费至数千万，安得有此巨款？若借用洋债，流弊尤多。叠据廷臣陈奏，佥以铁路断不宜开，不为无见"，刘铭传所奏："无庸议。"[1]

《筹造铁路以图自强折》由李鸿章授意、张佩纶参与、陈宝琛操刀、刘铭传面陈。它的出台，可以视为京师清流派对洋务实践的奥援。《妥议铁路事宜折》由薛福成起草而成，1891 年，薛福成将其以《代李伯相议请试办铁路疏》为题，收入《庸庵文续编》中，并加注曰：当年，刘铭传上疏请开铁路，李鸿章支持其说，"都中议论汹汹"，"斯时主持清议者，如南皮张庶子之洞，丰润张侍讲佩纶，虽心知其有益，亦未敢昌言于众，遂作罢论。"从薛福成记载可见，在都中议论汹汹、台谏争陈铁路之害时，"青牛角"张之洞、张佩纶，"心知有益"而不敢昌言于众，"青牛尾"陈宝琛通过一种"阴为助力"的方式捉刀《筹造铁路以图自强折》。这个运作过程表明，一则，在对外患日迫、边疆被蚕食、藩属国被鲸吞如噬脐剥肤之痛的背景下，士大夫追求自强、维护国体、捍卫边疆的意识是共通的，在修筑铁路问题上，清流与洋务派已有同调；二则，修筑直达京师腹地铁路使"一夫奋臂可直入室"，华洋风俗不同，对洋教入侵的忧虑，是清流们无法克服的顾忌，因此不能冒天下大不韪，公然出面支持李鸿章。当然，这更是中枢无法克服的顾忌。各种权衡之后，中枢明谕刘铭传所请"以廷臣谏止者多，诏罢其议。"[2] 京师名士李慈铭《越缦

---

1 《清德宗实录》卷 126，第 20 页。

2 《清史稿》卷 149《交通一》。

堂国事日记》光绪六年十二月二十二日记此事曰："夜作书致赵桐孙（李鸿章幕僚），以近日开铁路之议中外纷纭也……十八日，都察院合疏争之。侍讲张楷陈九不利。御史洪良品疏陈五害。朝廷不能决也。"[1] 这则日记，反映了时人对铁路修建破坏帝国既有社会结构和日常秩序的普遍焦虑。

但上谕并未明确制止李鸿章的修路之举。光绪七年（1881）五月，唐胥铁路开铺，十一月告竣。次年，英国工程师金达用废锅炉改制成一台蒸汽机车用作牵引，遭弹劾，说机车直驶，震动东陵，且喷出黑烟，有伤禾稼，清廷派人查办，不久勒令停驶。可见，在当时政治文化背景下，人们风水信仰与祖先崇拜观念之根深蒂固，即如陈彝所指，华洋风俗不同，"千万年未之有改"，如何朝夕可弃？

到了光绪七年（1881），随着中法越南问题的长期交涉，如何"保藩固边"，成为社会关注焦点。七年十一月初八日，津沪间通信开通，李鸿章有了与"中朝大官"、科道言官论争的舆论优势。[2] 九年六月，他上《论法兵渐进兼陈铁舰铁路之利》，奏请奕訢主持修筑津通铁路大计。[3] 此议一出，"疑阻者众"。[4] 与前次清流的奥援不同，李鸿章得到了社会舆论的公开声援，《申报》发表《铁路不可不亟开说》，谴责"逞一时之议论，阻国家经世利用之远谟。"[5] 十年（1884），中法战争爆发，漕粮运输

---

1 李慈铭著，吴语亭编注《越缦堂国事日记》（五），台北：文海出版社，1978，第 2499—2500 页。

2 光绪九年五月初十日，申报发表《大一统论》，认为今日不能富国保藩之局实乃"天运有变而人事不以变通"所致，变通即包括修筑铁路。六月初一日，发表《电线当有以辅其不逮论》论述铁路对军政的九大好处，谓中国欲助安南当"舍舟而从陆"，修铁路。

3 《李文忠公全书·译署函稿》卷 14，第 25 页。

4 汪兆镛辑《碑传集三编》卷 1，台北：文海出版社，1980，第 119 页。

5 《申报》1883 年 11 月 2 日。

困难，"亟开铁路以抗法"的社会舆论达到高潮。[1]三月十四日，清军在越南战场失利，慈禧将以恭亲王奕訢为首的军机大臣全班罢免，以醇亲王奕譞代之，奕譞得以"隐握朝纲"，转而支持兴办铁路。三月二十六日，清廷令刘铭传来京觐见。[2]五月二十日，刘铭传抵津。时值新任会办福建海疆事务大臣张佩纶赴任途经天津，与李鸿章会商闽海防务，而刘铭传已从李鸿章处得知将要赴台，遂参加讨论，其中即有筑路之议。上谕尚未明定修路大计，《申报》却连发文章，半真半假地将朝廷同意修建铁路的消息纷传开来。[3]果然，上谕令总理各国事务衙门会商李鸿章详加斟酌后回奏。

五月二十九日，刘铭传抵京，次日与惇亲王、醇亲王、左宗棠觐见慈禧太后。同日，北黎冲突爆发，《申报》刊出《论中国铁路事宜》认为铁矿开采与修筑铁路息息相关。此间，不断有开修津通铁路的消息传出。1884年6月25日，《申报》刊出《津信译登》，透露出自天津开至通州的铁路尚未获准，但大沽开至天津的铁路已"蒙朝廷允准"。7月，附属《申报》的《点石斋画报》推出《兴办铁路》，配图文字曰："兹于五月下旬，天津来信云，创办铁路一节，朝廷业已允准，由大沽至天津，先行试办。嗣于六月二十三日悉，朝廷又颁谕旨，饬令直督李相速即筹款兴办天津通州铁路"，将来"逐渐推广，各省通行，一如电线之四通八达，上与下利赖无穷。"8月23日，《申报》又刊载《铁路纪闻》称："前日闻京师传有电谕，令李傅相即日派员赶筑铁

---

1 《论火车火船之险》，1884年1月14日；《与法战宜筑铁路说》，1884年3月1日；《续论火车铁路》，1884年3月4日。

2 时任总理衙门大臣的周家楣提议，由军机大臣兼总理衙门大臣阎敬铭出面上奏。周与李鸿章关系密切，因此，这项提议可以说是李鸿章的意思。

3 6月16日，刊载《论中国富强之策轮船不如铁路》；19日，刊出《准开铁路》；21日，发表《铁路继电线而成说》指出："铁路之不日兴办，有可操券者。"

路，由京师以达通州，计路四十里。"如此，修筑津通铁路之事，进入整个社会的视域之中，并引发了京师激烈的台谏舆论，如下材料可为例证：

九月十三日，内阁学士徐致祥上《论铁路利害折》，议论激切："窃闻诸道路纷纷传播，佥谓朝廷有开铁路之议，其说创自洋人，而中国之臣从而附和之，怂恿之，期必行而后已"，并力陈开设铁路之"八害"；[1]十月、十一月间，京师修筑西山至卢沟桥铁路的传闻不断。十一月初七日，山东道监察御史文海上折，力陈铁路"四害"；十一月二十三日，陕西道监察御史张廷燎奏陈铁路"六不可开"；十一月二十五日，徐致祥又上《请罢开铁路急修河工折》，内称："倡导此说与赞成此说者，非奸即谄，而置国家之大害于不顾"，何况"西山为神京拱卫，地脉所系，王气所钟，妄施开凿，亦属不祥"；[2]十二月初一日，浙江道监察御史汪正元继续上奏，条列不能在京师开铁路的六条理由。[3]

光绪十一年（1885）七月，闽浙总督左宗棠病故，临终遗折条上七事，其一是力主先造清江至通州铁路。[4]左氏临终建言发挥了作用。九月初六日，"总理海军事务衙门"设立，奕譞为总理海军事务大臣，李鸿章为帮办大臣。但阻修之请未断：九月二十日，御史文海奏请停修铁路；十月初五日，太仆寺少卿延茂奏陈铁路断不可开。[5]十二年（1886）四月，李鸿章奏请将铁路事务统归海军衙门管理。同月，醇亲王巡阅北洋海防，并就兴办铁路

---

1 《洋务运动》（六），第 167—168 页。

2 与以往不同，徐致祥遭到上谕申斥，说他"不平心论事，辄敢肆行訾诋，殊属妄诞"，徐被"交部议处"。

3 《洋务运动》（六），第 169—176 页。

4 《清史稿》卷 149《交通一》。

5 《洋务运动》（六），第 177—181 页。

一事与李鸿章深谈，回京后又往返函商，认为铁路之修，势在必行。8月间，李鸿章组成开平铁路公司，收购唐胥铁路，并扩修至芦台。九月二十七日，都察院左都御史奎润等代递武举李福明奏折，内称天津现修铁路，民心惶惑，他奏请将现修者拆毁，未修者永禁。[1]十二月初八日，奕譞与李鸿章筹划展筑阎庄至大沽铁路，以为调兵运军火之用。[2]李鸿章当即复函照办。[3]十三年二月二十二日，奕譞、李鸿章、曾纪泽联名上《请准建津沽铁路折》，奕譞称："自经前岁战事，复亲历北洋海口，始悉局外空谈与居中实济，判然两途。"曾纪泽称其"出使八年，亲见西洋各国轮车铁路，于调兵、利商、便民诸大端为益甚多，而于边疆之防务，小民之生计，实无危险窒碍之处。"开平铁路若接至大沽北岸，"则出矿之煤，半日可上兵船"，若将铁路由大沽接至天津，"商人运货最便"。慈禧谕准。但未制止阻修的奏请：三月初四日，太常寺卿徐致祥又奏请罢开津通铁路；四月十四日，再奏请"明降谕旨，宣示中外，已开之铁路姑且存之，未办之铁路立予罢之。"[4]

光绪十四年九月初九日，阎庄经塘沽至天津铁路全线竣工，李鸿章即日函请醇王速建津通铁路，以为各省兴造铁路表率。海军衙门奏请修筑津通铁路，[5]准奏。奕譞还利用承修三海工程，从法国买进机车钢轨，在西苑修了长7里的小铁路，想让慈禧太后及大臣们亲睹火车之优势，亦使都中士庶打开眼界。[6]但津通铁路和西苑小铁路二事凑在一起，举朝骇然。虽然上谕已允准，但上

1 《洋务运动》（六），第185—186页。
2 《李文忠公全书·海军函稿》卷2，第25页。
3 《李文忠公全书·海军函稿》卷3，第2页。
4 《洋务运动》（六），第186—192页。
5 《清史稿》卷149《交通一》。
6 《李文忠公全书·海军函稿》卷3，第10页。

自台阁大臣，下至御史讲官，依然纷纷"争陈铁路之害"，奏请停办。下列资料，可证台谏舆论之汹涌。

十一月十二日，大学士恩承、尚书徐桐、侍郎孙毓汶、太常寺卿徐致祥、国子监祭酒盛昱上奏，称铁路之举"享利在官，受害在民"，是"夺贫民之利以予富贾，夺中国之利以予外夷"；二十二日，河南道监察御史余联沅上奏；掌山西道监察御史屠仁守上《奏陈铁路宜慎始疏》，奏请召开"王大臣、部院九卿、翰詹科道公同会议，并谘南北洋大臣及海疆各督抚，策其短长，以定国是"；十二月初八日，余联沅又奏陈铁路"五大害"，特别强调："铁路取径宜直，又宜平，事必产墓拆庐，蹂田埋井"，又指出"天主、耶稣布满中华，牧师、神甫毒流村镇，其患为从古所未有，其横为有司所难惩"，若"铁路一行，则四通八达皆可任彼遨游，愚妇村氓不难尽被煽惑，冠裳化为鳞介，礼义必至消亡，是有害于风俗也。"十八日，御史屠仁守、国子监祭酒盛昱、仓场侍郎游百川、内阁学士文治等上奏，反对修建津通铁路；同日，御史张炳琳、林步青、给事中洪良品等会奏，反对津通铁路。面对众多反对舆论，中枢没有无视或碾压。十二月二十日，懿旨令海军衙门会同军机大臣就余联沅、屠仁守、洪良品、徐会澧等奏妥议具奏。[1]

但台谏舆论并未停息。二十一日，礼部尚书宗室奎润与九卿言官等21人会奏，反对开设津通铁路，并特别奏陈风闻之事："民间坟墓纷纷迁徙，其无主之坟，不辨族姓，不分男女，合为丛坟，且多暴露，行路靡不痛心"。又举康熙帝巡视河工时所发圣谕以为支持："所立标杆多有在坟上者，若依所立标杆开河，不独坏民田庐，甚至毁民坟墓。朕惟恐一夫不获其所，时存己饥己

---

1 《洋务运动》（六），第200—210页。

溺之心，何忍发此无数枯骨！"该奏请求停止修筑津通铁路"以顺舆情"；[1] 同日，户部尚书翁同龢、孙家鼐等会奏，指出："铁路势必举办，然此法可试行于边地，而不可遽行于腹地。"津通铁路"宜暂缓办，俟边远通行，民间习见，然后斟酌形势，徐议及此"，因为津通铁路一开，"本业顿失，其不流而为盗者几希。近来外间议论，无不以此事为可虑"，为政"以顺民心为要"；同日，仓场侍郎游百川奏请停修津通铁路称："坏人田庐、毁人坟墓，其显拂舆情者必不可行"；同日，内阁学士文治也奏请停修津通铁路，历陈修路诸害，其一谓："由津至通，田庐、坟墓多被残毁。田园庐舍纵能以价偿之，已必非民情所乐。至于坟墓，无故强令迁移，仁人孝子之心，其何以堪？是有伤朝廷之治化"，他奏请嗣后中外大小臣工断不准请修铁路，"以杜徼幸之心，以解臣民疑惧之惑"。一日之内诸多奏折上达，特别提到了由津至通，田庐坟墓多被残毁。而坟墓无故强令迁移令仁人孝子之心情何以堪，有伤朝廷治化，尤其是援引康熙帝对毁民坟墓之语，中枢不能无视。同日，懿旨将翁同龢等、奎润等、游百川、文治等停办铁路折四件、片一件，交总理海军事务衙门会同军机大臣归入余联沅等折件，一并妥议具奏。[2]

而台谏舆论依然没有停止。大学士恩承和吏部尚书徐桐并联名致函奕譞，奕譞将该函发李鸿章，同时复函恩、徐称，此路若废，"一旦有事，设误戎机，则海署、北洋转觉卸过有辞耳。"[3] 二十二日，李鸿章复函奕譞说："铁路一事，既有虑及病民因以

---

1 《洋务运动》（六），第210—212页。翁同龢十二月十五日日记记载："在朝房晤奎星斋（宗室奎润），言铁路事，欲邀余联衔抗疏，婉辞之；然民情恟恟，诚以不办为宜。"《洋务运动》（八），第245页。

2 《洋务运动》（六），第213—217页。

3 《奕譞致恩承等函》，光绪十四年十二月，《李文忠公全书·海军函稿》卷13，第12—13页。

病国者，若不切实敷陈，力破其似是而非之论，何以慰九重叩恤民之隐，何以保海署自强之谋？"在《议铁路驳恩相徐尚书原函》中，李鸿章倡言铁路之利，也驳斥了"铁路乃公司之利，非民人之利""津通铁路及码头所占之地，民间坟墓立限迁徙，愚民迁怒于洋人，欲焚洋楼以泄忿""民间因立限迁坟，百姓向衙门呈诉有二百起之多，俱未准理""穷民怨民迁怒洋人，铤而走险"等说，同时做了如何规避铁路之害的说明，特别是有关民间坟墓的部分。他希望奕譞将此信转给恩承、徐桐及海署各同仁公看，凡有议及铁路者，均不妨给其阅看，希望"海署不得已之苦衷可以共白，局外之过虑可以稍息。"[1]二十五日，监察御史何福堃上奏，特别针对李鸿章关于由津至通民间坟墓的辩驳说："政事之要，不外乎俯顺舆情，所以顺舆情者无他，亦使之有田庐之乐，衣食之计而已。今天津司道沈葆靖等以接修通州铁路，禀经转奏，蒙谕旨准行。该员等设局开办，势焰熏灼，民间房屋、坟墓、田产之当孔道者，薄偿其值，令人刻期避让，苟迁延旦夕，则营勇官役多方恫吓，而安土之民失其田庐之乐矣。"通州则"开办伊始，即有逼令民间墓之事，愁怨之声遍于道路。"[2]二十八日，李鸿章上《议驳京僚谏阻铁路各奏》，对各种津通腹地不可遽行铁路之论进行驳议。

光绪十五年正月十四日，奕譞将停修津通铁路各折意见归纳后会奏，指出：原奏所虑各节，一在资敌，"不知敌至而车已收回，岂有资敌之虑？"一在扰民，"已与李鸿章反复讨论，以避民间庐舍丘墓为最要之端，不独津通铁路为然，即唐山之至大沽，大沽之至天津，亦莫不然。偶有一屋一坟，关碍大势，万不能避，则给以重价，谕令迁徙，务恤民隐而顺舆情，以仰体朝廷

---

1 《洋务运动》（六），第218—220页。
2 《洋务运动》（六），第223—225页。

子惠黎元之至意"—在失业,"铁路兴而商业盛,谋生之途益广,更鲜失业之虞"。至于"传教之禁久开,洋人布满都京,何计乎穷乡僻壤?华洋之防久撤,风气遍于大地,更难论上古先朝"。他同时寻求疆吏们的支持,请"沿江沿海各将军督抚,各抒所见。"[1]次日,懿旨下:暂时收回允建津通铁路的懿旨,并令庆裕、定安、曾国荃、卞宝第、裕禄、张之洞、崧骏、陈彝、德馨、刘铭传、奎斌、王文韶、黄彭年等13位督抚将军对开修津通铁路"各抒所见",再行详议。[2]

这样,从光绪十三年二月二十二日懿旨允准,到光绪十五年正月十五日懿旨暂时收回,围绕开修津通铁路的争论持续了近两年。最初,李鸿章得到新闻舆论的支持,台谏舆论亦不汹涌。自京师修建西山铁路及西苑小铁路之后,舆论哗然,奏请停开津通铁路者多达数十人,包括尚书、侍郎、御史、学士。[3]除了利害之争外,如何"避开民间庐舍丘墓"是"最要之端"。对于"由津至通,田庐、坟墓多被残毁。田园庐舍纵能以价偿之,已必非民情所乐。至于坟墓,无故强令迁移,仁人孝子之心,其何以堪?是有伤朝廷之治化"的反对理由,涉及祖先崇拜、涉及孝道、涉及朝廷治化,无论李鸿章等如何辩驳,也无法抹去众虑,而"传教之禁久开,洋人布满都京,何计乎穷乡僻壤?华洋之防久撤,风气遍于大地,更难论上古先朝"的论述,并不能令舆论平息。同时伴随的边疆民族危机、持续四年的旱灾、京师灾异频现,人们对修建铁路对民间风水、坟墓破坏、民情不堪忍受更加忧虑,即如翁同龢在光绪十四年十二月二十九日日记中所说:"今年五月地震,七月西山发蛟,十二月太和门火,皆天象示儆。虽郑工合

---

1 《洋务运动》(六),第229—231页。

2 《洋务运动》(六),第233—234页。

3 《清史稿》卷149《交通一》。

龙为可喜事,然亦不足称述矣。况火轮驰骛于昆湖,铁轨纵横于西苑,电灯照耀于禁林,而津通开路之议,廷论哗然。朱邸之意渐回,北洋之议未改。历观时局,忧心忡忡。"[1]

结语:自强与自弱的兼顾考虑

光绪十五年正月十五日,懿旨令各省督抚各抒己见,希望了解疆臣对这场论争的态度。与以往不同,疆臣们的奏折更多地阐释争议双方的态度,其言语客观、公允、精当。如下材料可以管窥论争双方在那个时代针对该问题甚至不惜冒犯天颜,不断论争的深意所在。

正月二十八日,湖南巡抚王文韶复奏称:"时至今日,中外之交涉为千古未有之创局,因而风会之迁流,遂多千古未有之创举。即如铁路一事,总理海军衙门以为必当行,而廷臣交章论奏以为必不可行。如治病然,以为必不可行者,专主培养之议,于时局或未能深究,要足见忧危忠爱之诚;以为必当行者,力求瞑眩之方,于时议或未必交孚,要实为穷变通久之计。"二十九日,两江总督曾国荃复奏称:"国家凡创一事,利与害相因,凡议一事,闻与见互异。铁路之兴经海军衙门熟筹审处,而后奏请举行,非详加讲求,深以阅历辨别利害,焉能如斯精确?诸臣因事属创举,纷纷议论,所虑者不一端,而以资敌、扰民为重。所陈者累万言,而以停造、缓办为主。虽系得之传闻,要皆心存忠爱,上为宗社筹巩固之方,下为生民尽安全之策,众口同声,其心若揭。"铁路"不开于近日,必开于

---

1 《洋务运动》(八),第245页。

将来，势必为之也"。铁路一事，"为中国前代所未闻，一旦创办，小民骇异，无怪其然。待落成以后，向之所称有害者，未必尽然"。二月一日，浙江巡抚崧骏复奏称："铁路之开，建议昔时，自属奇创，骇人听闻，行之近年，风会所趋，正与轮船、电线相辅而行，此海军衙门之所以独排众议，力任其难，以期仰副宵旰勤求之望；而诸臣所奏，度必确有所闻，似非敢故作危词，上渎天听。如诸臣虑及为敌所乘，夺民生计，细绎海军衙门会奏，其苦心经营，思虑周密，二者似可无虞。"二月初十日，闽浙总督卞宝第复奏称："诸臣所奏，皆非自计身家，但不必危言耸听。"二十五日，江西巡抚德馨复奏称："铁路自津沽一带兴办告竣，去腊拟接通津通一路，在海军衙门原为外助海路之需，内备征兵入卫之用，一举两得，所关匪浅。而言者以逼近辇毂重地，不惟扰民及夺民生业，且恐变生肘腋，猝不及防，徒以资敌，纷纷陈奏，力请禁止。细思御史余联沅等先后所奏，俱系慎重图维，不失深谋远虑之意。"二十八日，福建台湾巡抚刘铭传复奏称，修筑津沽至京师铁路是安内攘外，刻不容缓之图，"近日訾议铁路者，即异日之赞美铁路者也。"[1]

地方疆吏们肯定了论争双方的出发点：从总理海军衙门及李鸿章等角度而言，必须修筑铁路，是"安内攘外，刻不容缓之图"，虽"于时议或未必交孚"而遭受众谤，却实为"穷变通久之计"；从清议舆论、廷臣交章论奏的反对理由而言，认为修建铁路是资敌扰民，"所陈者累万言"，是"专主培养之议"，虽"于时局或未能深究"，却足见"忧危忠爱之诚"，都是"心存忠爱，上为宗社筹划巩固之方，下为生民尽安全之策，众口同声，其心若揭，不可谓非务本之论、切理之辞。"如此局面，皆因事

---

1 《洋务运动》（六），第234—250页。

属创始所致。总之，诸臣所奏，皆非"自计身家"。

此番督抚的回奏，曾主持京师清议的"青牛角"、两广总督兼署广东巡抚张之洞几乎是最后上折。光绪十五年三月初二日，他上了《干路折》，[1] 提出"缓办津通，改建芦汉路"建议。该折未脱离修筑至京师的铁路这一根本点，只是从通州转向卢沟桥而已。以缓办津通调和反对声音，回避朝中纷争，又用大篇幅论说改建芦汉对小民生计之利，纾解了众论对小民生计之虑，以及对民间坟墓、人心风俗、洋教煽张的焦虑。张之洞发挥了清流健将的风采：逻辑清晰，有根有据，别开生面。这个"翰林院文章"为慈禧开了一剂"既能修铁路又可避开津通阻议"的药。[2] 八月初一日，总理衙门会奏，津通铁路应暂从缓办。[3] 初二日，上谕同意张之洞的铁路设想。[4] 旷日持久的铁路之争，经张之洞的巧妙大挪移，画上了休止符。清廷"下铁路之诏"，铁路成为"自强要策"，且是"至当不易之国策"。[5]

纵观持续二十余年的铁路之争，一方倡言铁路之利以图"自强"，一方极言铁路之害以防"自弱"，问题关键在于：不修铁路，无以自强，而罔顾民生，尤其是民众信仰风俗，则是"自弱"。从政治文化角度来看，反对筑路的一方，无疑属于维护大清王朝的营垒。当第二次鸦片战争后中国出现了深刻的政治危机、民族

1　《洋务运动》（六），第 250—256 页。

2　李鸿章不赞成缓建津通，认为张之洞所言非是，"通州、卢沟同一近畿，未必通州则谣诼纷来，卢沟则浮言不起"，但最终还是认同了先办芦汉路之议。《醇邸来电》，光绪十五年四月初九日，《李文忠公全书·电稿》卷 11，第 16 页。

3　《洋务运动》（六），第 257—261 页。

4　《德宗实录》卷 269，第 5—6 页。

5　铁路之诏不久，张之洞由两广总督、署广东巡抚调督两湖，锐意兴办卢汉铁路。甲午战后，为救亡图存，卢汉铁路重新上马，张之洞起用盛宣怀，借洋债筑路，招来谤议。盛宣怀倡议各省铁路自办以重路权，得旨，铁路由官办改商办，由此产生了事权不一，官商争利的弊端，并最终成为清朝灭亡的导火线。

危机、文化危机，并由此引发了各种复杂的问题时，要看到这些人应对危机的思路与发言中的某些合理性成分，要有一个超出非此即彼的评判标准，不能简单地用封建顽固派、保守派来界定。他们所持的文化保守主义或民族保守主义立场，亦即《剑桥中国晚清史》中批评的"强调中国的道德力量"的立场，实质上是晚清中国传统文化遇到外来异质文化空前的压力时，人们坚守自己的传统道德文化的急迫感和责任感。这些清流们是京师的文化精英和政治精英，出于对内忧外患的忧虑，在自己特定角色地位基础发生的特定的政治参与及思想行为，是对持守本土文化与道德传统的努力，因为铁路之修筑在当时中国而言，事属草创，他们的封建性、保守性，都属于不成熟时代的不成熟的努力。

庚子事变后京师小押的泛滥与整治

张西来 *

摘　要：小押是典当业的一种形式，有清一代多为地下灰色产业。嘉庆
　　　　年间朝廷即对京师小押下达禁令，庚子事变后小押数量激增，
　　　　成为危及社会稳定的重要因素。出于维稳与获利的双重动因，
　　　　《辛丑条约》签订后清廷决心对京师小押进行彻底整治，而其中
　　　　最大的阻力主要来自与外商的交涉。最终清廷对小押的整治在
　　　　曲折中还是取得了一定成效。京师小押的泛滥与整治过程，反
　　　　映出近代中国政府在城市治理中所面临的困境。

关键词：小押　北京　庚子事变　典当业

　　小押起初多与流犯相关联，类似于一种贱业，从业者多为
世人所鄙夷。清季以降伴随社会愈加严重的萧条和衰落，越来
越多普通民人在利益诱使下抛弃传统为人所不齿的观念投入到
这一典当行业中。目前学界对小押的研究已经有一些成果，[1] 但

---

* 张西来，暨南大学历史学系。

1　如熊艺钧研究了清代军流犯经营小押的内在制度因素，参见熊艺钧《清代军流犯与小
　押》，《安徽史学》2014 年第 1 期。冯剑、林泽、陈峥的相关研究对天津、广东、桂北
　的小押经营进行了考察。参见冯剑《近代天津民间借贷研究》，博士学位论文，南开大
　学，2012，第 272—288 页；林泽《晚清广东典当业初探》，硕士学位论文，暨南大学，
　2013，第 31—34 页；陈峥《清代至民国时期桂北民间典当业述论》，《贵阳学院学报》
　2015 年第 10 期。

多在于对小押形态的阐释，在政府对小押治理方面的研究相对欠缺，且据笔者管见，目前尚没有清末北京地区小押的专题研究。清季北京地区的小押问题因位于京师重地，所涉及的方面错综复杂，极具特点。本文拟通过分析庚子事变后小押扩张的原因及清政府对其治理的过程，进一步揭示清季城市运行中存在的顽瘴痼疾。

一　京师小押的起源与泛滥

京师小押起源有两种说法，一说起源于同治初年。据《南京日报》记载，同治初年大兴县和宛平县监狱内囚犯在墙壁上挖一形状如狗窝的洞经营小押牟利。至光绪初年京师小押经营走向成熟，崇文门内苏州胡同延寿巷内有一牌号叫"平心增"的小押首先使用标准化的当票，其外观较普通当票略窄，亦在票据中明确写上了"当"字。当票的标准化使用使小押更具典当业的形态，缩小了与传统当铺的区别，对京师小押经营形态逐渐成熟起到不小的推动作用。[1]

另一说起源于庚子前后。《晨报》曾记载宛平县狱内有一名叫王四的重刑犯，时间日久逐渐成为监头，他在狱内纠集罪犯赌博，输光的人便向他借贷，他要求无资者以随身物品相抵押，并对这些人加以重利再收回本金。日积月累中王四通过这种方式积累了一笔财富，庚子变乱后王四借机出逃，在西单牌楼二道街开设小押。自此北京小押之设，各处皆是。[2]

这两种不同的起源说分别出自 1936 年《南京日报》和 1926

---

1 《故都"小押"沧桑史》，《南京日报》1936 年 10 月 24 日，第 4 版。
2 《当》，《晨报》1926 年 6 月 21 日，第 6 版。

年《晨报》的报道，即便是《晨报》的庚子起源说也已距庚子年 26 年之久，可见两种说法都源自坊间传言，难免讹误。事实上据《清会典事例》记载，早在嘉庆八年（1803）朝廷就对京师出现的小押下达了禁令，[1]但从传言中至少可以反映出京师小押的起源确与囚犯有关，并且在咸同之交和庚子事变之后取得了一定发展。正如《晨报》所言，京师小押的数量庚子后确实迅速增加了，这一点也可以与江西道监察御史溥琦上皇帝整治小押的奏折相印证，溥琦在奏折中称，至 1902 年底"五城内外竟增至七八百户之多"。[2]那么庚子事变又是如何催生了小押的泛滥呢？

这还要从小押与典当的比较中去探寻其中的缘由。《清稗类抄》载："典质业者，以物质钱之所也，最大者曰典，次曰质，又次曰押，典、质之性质略相等。"[3]据此可知，小押的一个突出特点便在于"小"带来的灵活性，具体表现为传统典当业所不具备的两个优势，一是经营规模小，二是可收抵押物范围的广泛。

首先，小押经营规模较小，行业准入门槛低，资产不多者亦可开设。晚清时期京师典当资产雄厚的有三五万两，即使最小的典当资产也能达到将近一万两。典当房屋按经营需要建置完备，有相当于营业室的柜房五至七间，客房有两套或三套，每套占房二至三间，还有作为库房的首饰房和号房，此外还有作为配套的宿舍、饭房、厨房、更房等房屋。经营人员从管理层到最低层至少也要有十几人，多则数十人。[4]

与典当相比，小押的规模就小多了，小押的开设成本仅为白

1　光绪朝《钦定大清会典事例》卷 1037《都察院四十·五城·窃案》，中国第一历史档案馆藏，第 4—5 页。

2　《奏为申明例禁查封私设小押当局（附清单一件）》，台北故宫博物院藏，统一编号：故机152986。

3　徐珂编撰《清稗类钞》第 5 册，中华书局，1984，第 2289 页。

4　常梦渠、钱椿涛主编《近代中国典当业》，中国文史出版社，1996，第 72—73 页。

银数十两或者更少。其经营场所多为住户临街房屋所改造，门面只有一间，进入房间后迎门便是柜台，四周皆是砖墙，在柜台内坐着一个接手，除一桌一凳外，再无他物。门面有一方形洞口直通内室，若有客来押物便将所押物品由接手通过方洞送入内室由专人估值，估值结束后为押物人开具当票，给予钱款，并将所押物品存放于内室。[1] 营业人员也不过几人而已。这就是小押大致的经营场景，足见其简陋，开设这种小押对于普通小商人而言也并不困难。

其次，小押经营范围广泛，面向的群体数量巨大。晚清时期典当对所能典质的物品有一定门槛，比如破烂的布衣，铜器、锡器等一些普通的没有太大价值的生活用品当铺是不收的。小押收物的范围十分广泛，茶壶、茶碗、洗脸盆、破烂的鞋、帽、农具等一切日常用品都可以当押。经营范围的广泛使得广大的贫苦穷人成为其潜在的客户群体。

正是基于典当所不具有的这两个优势，庚子之变后京师的动乱为小押发展创造极好的机遇。庚子事变前京城有当铺 202 家，八国联军进城后被抢者 192 家，其余 10 家或全未被抢或被抢未尽者不尽相等。[2] 当铺的纷纷破产为小押打掉最强大的竞争对手。受联军侵略的影响大部分市民流离失所，这些破产的市民不得不举债维持生计，为小押的发展创造广阔的市场条件。低成本的开设条件使为数众多的富家子弟、闲散宗室或普通小商人看到其中"商机"投入到这一行业中。在这种社会环境下，庚子事变后小押在京城迅速蔓延开来。

---

1 《小押儿》，《光华日报》1946 年 1 月 11 日，第 3 版。
2 《体恤当商》，《申报》1902 年 2 月 15 日，第 2 版。

二 溥琦的奏折与朝廷的态度

小押的泛滥很快引起清政府关注，1902 年 2 月 1 日顺天府府尹陈璧在与京师各当商商议变乱之后典当业善后事宜时订立《整顿当商章程》十七条，其中规定："小押局、暂押局更为民害，自出示之日为止一律止当，候赎限至，赎尽期满后，概行勒令改业，如违标封提究。"[1] 然而此项禁令在当时并未能发挥实质性作用，直到近一年后溥琦的上奏。

溥琦，镶蓝旗宗室，毓英署佐领下人，由二品荫生赏戴花翎，至 1901 年补授江西道监察御史。[2] 1903 年 1 月 2 日他上奏题为《奏为申明例禁，将私设小押、暂押当局查封提究，按律法办以清盗源而安闾阎》的奏折，交代了小押对京师地面的危害和 80 户小押的地址，请求朝廷将京师小押全面禁绝。该奏折原件现藏于台北故宫博物院，下面结合奏折交代的信息看小押在京城泛滥带来的两大危害：一是加剧贫民的贫困与破产，二是助长犯罪，危及社会稳定。

小押虽收物范围广泛，估价也较典当要高，究其实质是一种民间高利贷。庚子后北京当铺的利率以月息 3%、2%、1.5% 不等，当期 20—30 个月为最长。据溥琦称：

> 小押私当九出满入，日息加一，当本一吊仅给九百，每日行息一百二十文，若至十日本利即成二吊二百文，其利轻者亦无不月息加一。较之官当之月息三分者尚多九倍，实属

---

1 《奏为申明例禁查封私设小押当局（附清单一件）》，台北故宫博物院藏，统一编号：故机 152986。

2 秦国经主编《清代官员履历档案全编》（8），华东师范大学出版社，1997，第 259 页。

盘剥渔肉、贼害良民。[1]

溥琦上皇帝的奏折不无夸大之嫌，但距事实恐怕也不远。也就是说，北京的小押有的日利息竟高达 10%，即使低的也是月息 10%，而且还要扣除估价的 10%，押当人到手的只有估价的90%。其当期短的 1 个月以内，最长也不过 6 个月。面对如此高额的借贷利息和条件，凡是到小押借贷多是走投无路的普通民人的无奈之举，他们很难按期结束还贷。还有的小押商人通过暗改利率和期限的方式对不识字的贫民进行欺诈。这些都加剧了庚子后本来就混乱的京城内民众的流亡与破产，破坏社会稳定。

同时小押又与京师的其他灰色产业有着千丝万缕的联系，助长偷盗，破坏社会治安。除走投无路的贫民外，小押的另一大客源便是京城内游走的盗贼，溥琦在奏折中称：

> 窃近今京畿盗案层见叠出，固由于各地面娼寮、赌局、烟馆其间盘踞，匪徒肆出劫掠，使若无小押各私当局代销劫掠之赃，尚可望该匪等因变卖艰难半途易辙。穷源溯本而小押私当固又为娼、赌、烟馆之罪魁，惟必严办罪魁而后方能弭盗。[2]

长期以来小押已经和盗贼形成一种销赃的结合体。小押本来就没有取得合法的地位，对于所收的押当物并不深究其来源，这为盗贼对所偷盗的物品进行销赃提供了很好的渠道。盗贼将所偷之物押在小押的原因也不同于普通贫民，他们不为借贷，只为迅

---

1 《奏为申明例禁查封私设小押当局（附清单一件）》，台北故宫博物院藏，统一编号：故机152986。

2 《奏为申明例禁查封私设小押当局（附清单一件）》，台北故宫博物院藏，统一编号：故机152986。

速变现，只要拿到本金就不会再去归还利息了。甚至还有专设于烟馆内为瘾君子准备的小押，让瘾君子背负高利贷，如此种种都威胁着京师的治安。

除这些社会影响外，小押还直接损害京师权贵利益和清廷收入。小押与当铺是竞争关系，当铺又与京官和清政府关系密切。庚子之后京师典当发展陷入绝境，清廷若要恢复典当的规模，就必然要对小押进行整治。

清中叶后清政府不允许官员直接经商，官员只得暗中用财东的名义出资，找人代为经营。庚子事变前北京的当铺总管著名的有常、刘、高、董、孟五号，他们每人管理的当铺多则二三十家，少的也有一二十家。而他们幕后的大财主多是内务府官员和宫中太监。[1] 小押的泛滥严重抢占典当的生意，这直接对一部分京官收入带来很大影响，因此这些京官不遗余力地想要禁绝小押。经营典当的大商人也会利用手中掌握的政治资源向政府施加压力，要求对小押进行打击。

此外，清政府还是各当铺的债权人。庚子之前各当铺欠官款生息银不下数十万两，庚子事变后清政府投入 100 万两到四大恒钱庄对京师金融业进行救济，其中当商又从四大恒钱庄借款数十万两。清政府投出的这 100 万两不是无偿的，只是暂时借予这些钱庄和当铺，以供它们应急而已，等恢复经营后还需偿还。而偿还方式经陈璧与各钱庄、当商议定，由四大恒钱庄认还官款 50 万两，各新开当铺认还官款 50 万两。[2] 清廷若要收回这 50 万两首先就要保证当铺的经营效益，也要对小押进行整治。

由此看来，小押的泛滥带来十分广泛的负面影响，不仅给京师社会带来危害，也直接触及官员和清政府的利益。可是溥仪的

1　常梦渠、钱椿涛主编《近代中国典当业》，第 69 页。

2　《体恤当商》，《申报》1902 年 2 月 15 日，第 2 版。

奏折并未特别强调小押对贫民的残酷剥削，也没有强调小押对京官收入来源的影响，而是更加突出地表达了小押对京师社会稳定的破坏，将小押归咎为京师盗贼迭生的根源。这一着重点很好地把握了两宫的心理，一针见血地戳中两宫所担忧的要害。此时两宫西狩回宫不久，庚子时义和团事件的遭遇还历历在目，恢复和维系京师的稳定是清廷所关心的头等大事，京师不能再发生大动乱了。同一日两宫即传上谕："将私设各当局严密查抄，永远封禁，并将开设私当之人送交刑部治罪。"[1]并命令步军统领衙门、顺天府、五城御史将溥琦在奏折附带清单中已列出的80家小押的地址一一查处，自此清政府京城整治小押的行动全面展开。

三　整治过程中的"硬骨头"：对外交涉

　　清政府在将中国人所开小押大都禁绝后很快就遇到一个棘手的麻烦。有些中国小押商人利用洋人在华特权，与洋人串通合资开设小押或者找洋人作为华人的代表开设小押，[2]还有一些小押完全是由洋人开设的。这些外商与各国驻华使节联系密切，对这些涉及外国人的小押整治困难重重。同时面对练兵与新政急需巨款的窘境，有内务府候补郎中大臣主张对小押免禁，"令其缴纳国课，庶不致利权旁落，贻笑外人"。[3]更传闻"某部有意批准某商开设小押，不久即明发也"。[4]禁或不禁成为清廷面临的一个难题，清廷最终还是选择了前者。

1　中国第一历史档案馆编《光绪朝上谕档》第28册，广西师范大学出版社，2008，第329页。

2　《指挥示禁小押》，《大公报》1905年1月2日，第3版。

3　《筹款六策》，《申报》1904年9月21日，第3版。

4　《中外近事北京》，《大公报》1904年7月14日，第3版。

上谕下达将近两年后，1904 年 10 月 21 日工巡局[1]致文外务部表示令日、韩、德在京城开设小押的商人歇业屡抗不遵，希望由外务部分别照会日、韩、德三国公使，请三国公使饬令该国商人予限 3 个月内只准取赎，不准再行当押，到期后一律歇业，自此以后无论何国人均不准在京城开设小押。[2]并将外国在京开设各小押基本信息同时传达外务部照会各公使，兹将外商所开小押档案整理如下：

表 1　京师外商所开小押基本信息

牌号	月息	押限（月）	抵押价折扣率	地址	经营人	国籍
恒通	无定息	4	未知	东安门外南湾子路南	冈田林吉	日本
瑞隆	10%	6	4%	朝门内钓鱼台口内路东	道元卫	日本
日升	未知	4	未知	八宝胡同路东	林良茂	日本
山中	未知	4 或 6	4%	板桥邉东路北	山中市太郎	日本
金兴	未知	4	6%	前牛肉湾路北	三元、高田	日本
泽田	10%	4	6%	扁担胡同	泽田熊八郎	日本
源泰	10%	3	6%	青风巷	土居纯橘	日本
益顺	10%	2	6%	西珠市口、西交民巷东头剪子巷	李顺枝	韩国
华德	10%	2	4%	牛血胡同	马甲第	德国
全美古玩局	10%	4	6%	东四牌楼北五条胡同内	土田	小吕宋

1　庚子事变后京师的警察机构先后经历安民公所、善后协巡局等阶段，1902 年 6 月将"善后工巡总局"改组为"工巡总局"，1905 年 9 月徐世昌任新成立的巡警部尚书，12 月为加强京城治安，徐世昌将内外城工巡总局改组为"内外巡警总厅"，与步军统领衙门共同维持京师治安。工巡局以及后来的巡警部也就成为整治小押的总领导机关。有关庚子之后京师警察机构的演变过程可参见蔡禹龙《清末民初北京警察机构的嬗递》，《北京档案》2015 年第 5 期，第 56—58 页。

2　《日本韩德等国人在京城内外开设小押应请该国公使严饬闭歇由》，台北中研院近代史研究所档案馆藏，馆藏号：02-26-013-02-001。

从表 1 可以看出，外商开设的小押利息均为 10%，押限最长为 6 个月，最短仅 2 个月，其中以 4 个月为最多。10 家当商中除恒通和日升未知外，其余 8 家均对抵押价进行折扣，3 家为九六出满钱入，有 5 家九四出满钱入。这种借贷条件与溥琦给皇帝奏折中的情况基本一致。从地址看这些小押呈点状分布在城区不同地域，其中以西交民巷附近为多，这是因为晚清这一带金融业较为发达。外商中以日本人最多，10 家中有 7 家属于日商，占总数的 7 成，韩国、德国、小吕宋各 1 家，如此看来，要解决外商开设小押问题，最大的阻力还是来自日本使馆。

10 月 24 日外务部将工巡局要求各使馆禁绝小押的要求分别照会日本、韩国、德国驻华公使。外务部提供的对日商的调查，清楚表明了小押的高利贷性质，日本驻华公使内田康哉有口难辩。10 月 31 日内田康哉照会外务部表示愿意禁止日本小押，但提出了相应的条件。首先，他认为日本政府对日商在京师经营典当早已定有管理章程，其中定明以 6 个月为止赎期限，清政府要求 3 个月只赎不押的期限太短，应延长至 6 个月。另外内田又称：

> 若别国人须用六个月以上之限期，则日本人须与之一律继续其营，此节固属应请允准为盼。再者同别国人所操同一之业，万难独禁日本人。又此次照会本大臣及德、韩两国使臣之外并应照会各国使臣，一面使德、韩两国使臣承允贵国政府之请求，一面得有各国使臣约明不准该各本国民开设该业。即请备文将以上各情照会前来，则本大臣即照上文所言预先传谕定章，传谕敝国当行一律禁止可也。[1]

---

1 《禁止小押须与期限并须通照会各国由》，台北中研院近代史研究所档案馆藏，馆藏号：02-26-013-02-006。

这是内田的第二项条件，即要求日本在小押经营上也同各国机会均等，利益一体均沾。11月4日外务部又收到韩国公使闵泳喆照会，其文义与内田照会完全一致，因为此时韩国外交权几乎已完全纳于日本控制之下。

对于日本的这两项无理要求，清政府一概接纳。11月6日外务部分别照会德、英、法、俄、美、奥、义（意）、日、比、大西洋（葡）、荷、韩驻京公使，称："外国商人在京城内外开设小押多处实干例禁，现准内田大臣复称以六个月为期，限满歇业，他国商人如有作此项生业者自当一律照办，俾昭公允以归画一。"[1] 各国公使对于禁绝这一明显有违法纪的行业难表异议，更为重要的是除日本之外的各国商人对此项生意并无太多干涉，各国自然不愿过多干预。

值得注意的是俄国公使雷萨尔的态度。雷萨尔复清政府的照会中竟将清政府奚落一番，雷称："俄系自主大国不随他国为转移，某国于中国之事如此计谋，与本大臣无关。本大臣专于自主之中国政府交涉而已。本大臣深喜本国人并无此等开设小押，损害贫民之人。"[2] 雷萨尔的复照显现了小押交涉中隐含的国际形势，此时正值日俄战争期间，日本以帮助中国收回东三省之名在东北与俄国战事正酣。内田康哉之所以没有公然拒绝清政府禁绝日商的请求，表现出配合清政府禁绝小押的态度，其中恐怕不无尽力拉拢清政府之意。

外务部在陆续收到驻京各公使同意的照会后，将这些文稿一方面照会内田康哉查阅，一方面咨行工巡局备案执行。工巡局最终于12月2日下令从光绪三十年十一月初一日（1904年12月

---

[1] 《京城地面开设小押以六个月为限期满歇业应饬遵由》，台北中研院近代史研究所档案馆藏，馆藏号：02-26-013-02-009。

[2] 《禁止小押余波》，《新闻报》1904年12月20日，第2版。

7日）起，定限为六个月只许取赎，不准收当，至光绪三十一年五月初一日（1905年6月3日）全面禁绝京师各外商小押，[1]此项禁令下达后由工巡局咨会外务部，再由外务部照会驻华各公使通知在华各外商。

内田康哉收到各国公使致外务部的照会以及工巡局的禁令后承诺通饬各日商小押当局，将12月1日至5月31日定为过渡期，到期后一律歇业。同时内田又一次提出附加条件，拒绝接受清政府6个月内只准赎不准当的限制条件，要求在这一过渡期内日商可以正常营业，可与当当人任意立契约。[2]外务部又一次接受了这一无理条件，这样一来外务部与日本公使就禁绝日商小押问题的交涉也就基本达成了一致。六个月后，1905年6月16日外务部收到工巡局咨文："京师各地面旧有小押当局均已一律歇业，现在并无影射、私行当押情事。"[3]至此清政府对小押的大规模整治基本结束。

即便如此，日商中依然有顽固分子存在。林良茂于崇文门内八宝胡同东开设的"日升"号小押已于6月3日按照最后禁令歇业。然而二十多天后林良茂将牌号改为"良隆"的古玩店，背后做的仍是小押高利贷的生意。[4]山中市太郎在板桥迤东路北开设的小押也在限期关停几日后改头换面重新开张，在押车时

---

1 《禁止小押定限六个月止当候续请照会各使由》，台北中研院近代史研究所档案馆藏，馆藏号：02-26-013-02-018。

2 《小押歇业限期六个月已饬遵惟期限准续不准当一节碍难禁止由》，台北中研院近代史研究所档案馆藏，馆藏号：02-26-013-02-022。

3 《小押一律遵限歇业由》，台北中研院近代史研究所档案馆藏，馆藏号：02-26-013-02-027。

4 《八宝胡同有日本人开设小押请查核办理由》，台北中研院近代史研究所档案馆藏，馆藏号：02-26-013-02-027。

以收买为名,赎车时以出卖为名,方法甚巧,利息甚重。[1] 这些小押偷梁换柱的重开,巡警部难以直接管理,处置的办法依然是先咨呈外务部,再由外务部照会日本公使,由日本公使饬令关停,更不可能做到上谕中要求的将开设私当之人送交刑部治罪了。

结　语

　　1902 年后清政府对京师小押整治的坚决态度和措施基本上扭转了小押在京师泛滥的局面,对外商小押的成功整治在时人眼中尤可视为一次外交上的胜利。《大公报》即不无自豪地评论道:"谁谓外人有强权无公理耶,是在执政者肯为认真力争与否耳!"[2] 纵使《辛丑条约》签订后有甚者称清政府已完全沦为"洋人的朝廷",外国驻华使臣成为清政府的"太上皇",从清政府对京师小押的整治来看,其过程虽然曲折却还是取得了一定成效。

　　然而透过庚子后京师小押的泛滥与整治,或许更应当看到的是近代政府城市治理中存在的困境。小押的泛滥根源于八国联军侵华后京师的社会混乱,而小押的存在又成为社会不稳定的重要因素,这种由乱到乱的局面仿佛成了近代中国社会不能走出的循环。1843 年中英《五口通商章程》签订后,列强开始在中国获得领事裁判权,这使得本来是中国的内政问题的管理小押,在涉及外商时反而成为外交问题。外商凭借这一特权在

1　《日商又在板桥地方收押对象请日使禁止由》,台北中研院近代史研究所档案馆藏,馆藏号:02-26-013-02-030。

2　《小押闭业》,《大公报》1905 年 6 月 5 日,第 4 版。

京师为非作歹，清政府却无法对外商的违法行为进行有效管辖。
1844 年中美《望厦条约》签订后列强在中国逐步确立利益均沾
原则，列强间在获利时争夺得你死我活，在承担责任时又开始
推诿扯皮。在与清政府的交涉中，内田康哉将这一原则运用得
淋漓尽致，清政府在这中间相当被动，只能任人摆布。这种困
境证明清政府没有能力实现京师由乱到治，近代中国还有很长
的路要走。

商办化中国银行的同业合作与博弈
——以北京分行分期存单问题为中心（1920—1922）

祝　越[*]

摘　要：中国银行商办化时期的同业关系，不仅体现在金融同业所持股份的增加及参与行务决策，还包含双方在具体银行业务上的合作，以及缘此引发的一系列互动博弈。本文从中国银行与金融同业关系的视角，考察北京分行分期存单的签发、付现、整理等环节。金融机构因抵充领券保证准备及整理京钞而持有分期存单。当分期存单付现发生困难，同业以个人名义向中国银行提出意见，促成双方达成共识。中国银行向金融同业举借整理金融公债是分期存单实施整理的重要基础，但公债优先分配于金融团，又引起社会舆论对整理办法不公的非议。从金融业的长远发展看，中国银行与金融同业在北京地区的合作带有明显的临时性与救济性。

关键词：中国银行商办化　同业关系　分期存单

北京政府时期，中国银行作为国家银行居于华资银行业的核心地位。杜恂诚提出此种核心形成的原因与具体表现为：中国银行扶助金融同业的产生和发展，金融同业领用中国银行钞票及对其投资入股。[1] 董昕就中国银行在"市场主导下的市场化发展"

---

[*] 祝越，复旦大学历史学系。

[1] 杜恂诚：《北洋政府时期华资银行业内部关系三个层面的考察》，《上海经济研究》1999年第5期。

下，同业核心的确立、变迁与作用也有论述。[1] 除以"核心—外围"定义中国银行与金融同业的关系外，既有研究还注意到"外围集中保核心"的现象，特别是 1916 年 5 月，中国银行上海分行抵制北京政府"停兑令"，得到上海金融同业的支持与奥援。洪葭管进而强调：双方在此事上的合作是"江浙资产阶级"内部的合作。[2] 值得注意的是，从同期政商关系的走向看，中国银行在停兑风潮后主动摆脱政府的控制，股权、治权与业务重心逐步由官向商转移。在中国银行商办化的过程中，商业金融机构是重要的投资者，并有代表加入董事会以参与行务决策。对中国银行而言，如何利用、处理同业关系日益成为影响自身发展的要素。双方在合作过程中的博弈互动值得进一步加以呈现。

分期存单问题恰为考察中国银行商办化时期的同业关系提供了一扇窗口。分期存单是一种特殊的定期存单，签发行须在票面所载时限内，分期向存户支付本息。中国银行分期存单系由北京分行签发并担任付现。既有研究多在京钞整理的脉络下，简要述及分期存单的相关史实，包括收换京钞、到期付现困难及以整理金融公债收回等。[3] 此项公债系中国银行向金融同业借入。值得进一步探讨的是：（1）同业对分期存单付现困难的反应；（2）中国银行向同业订借公债的交涉过程；（3）同业交付公债和中国银行

1　董昕：《中国银行的市场化发展研究（1912—1937）》，中国社会科学出版社，2014，第130—169页。

2　洪葭管：《1916年上海中国银行不执行"停兑令"的始末》，《中国金融》1987年第10期。

3　代表成果有徐沧水《民国钞券史》，银行周报社，1924，第49—52页；余捷琼《民国五年中交两行的停兑风潮》，《社会科学杂志》第7卷第1期，1936年3月；姚崧龄《中国银行二十四年发展史》，台北：传记文学出版社，1976，第53—57页；本书编辑委员会编著《中国银行行史（1912—1949）》上卷，中国金融出版社，1995，第91—102页；毛知砺《张嘉璈与中国银行的经营与发展》，"国史馆"，1996，第205—216页；吴景平等《近代中国的金融风潮》，东方出版中心，2019，第102—106页。

以之收回分期存单的具体情况。本文拟基于中国银行等金融机构的已未刊档案，结合相关人物的日记、书信等史料，从中国银行与同业关系的视角，对分期存单的签发、付现、整理等环节作更为细致的考察，以期深化理解中国银行在商办化时期与金融同业的合作与博弈。

一 分期存单的签发

中国银行北京分行所发分期存单，以存入款项的性质划分，有银元与京钞两类；以付现期限划分，有四年半、五年、六年三种。分期存单性质与付现条件上的差异，同北京分行签发存单的背景与用途密切相关。

先来看以银元存入的四年半分期存单。1919年底，中国银行北京分行的库存现金极形匮乏，库存现金6月结算为49万元，12月骤跌至24万元。[1] 究其原因，一是中国银行与交通银行作为国家银行经理国库，为北京政府财政支出垫付款项。虽然财政部曾有公函声明：自1918年10月12日起，不再令中交两行垫付京钞；[2] 但现金垫款并未中断，据报道称："中交两行对于政府垫款虽属严加限制，并非一文不垫，向例每月军政费不敷时，由中行垫七成，交行垫三成，以最近之国库收入及盐余等为抵还之用。"[3] 然而，在国库收入竭蹶、盐税收入复被各省截留的情况下，垫款归还延宕，占用了中国银行（特别是北京分行）大量流动资

---

1 《中国银行北京分行资产负债表》（1919），中国银行北京分行、北京市档案馆编《北京的中国银行（1914—1949）》，中国金融出版社，1989，第458页。

2 张公权：《一年半以来之中国银行》，《银行周报》第3卷第14号，1919年4月29日。

3 《乍阴乍阳之组阁声》，《申报》1919年8月8日，第6版。

金。二是 1919 年 6 月起，安福国会为取得中国银行的控制权，先后通过恢复 1913 年《中国银行则例》案、查办中国银行正副总裁案，与中国银行当局、商股股东的冲突激化。影响所及，京津地区 "市面现货缺乏，生意萧索，各银行、商号亦均止做放押款项"，[1] 北京分行自无从吸收现金。

为补充北京分行的流动资金，中国银行总管理处设法鼓励各领券行向北京分行存入现洋。自 1915 年起，中国银行开始推行领券制度。领券行领用中国银行钞券，获得 "可支配的货币资金，和由增加货币资金投放所带来的收益"，中国银行亦可借此推广发行。[2] 根据 1915 年 5 月中国银行与浙江地方实业银行所订《领券合同》："（浙行）应备现金六成、中央公债券一成，交付中行，以充保证"；"除缴前项保证金七成外，其余空额，应由浙行自备保证存库"。[3] 领券行以北京政府所发公债券交付中国银行作为保证准备，亦可见于同年 9 月中国银行与浙江兴业银行所订《领券合同》，但成数略有差异："（兴行）应备现金五成、中央公债券二成半"，"其余二成半空额应由兴行自备保证"。[4] 至 1920 年 3 月，此项保证准备即成为中国银行扩充北京分行存款的突破口。天津分行经理卞白眉在日记中记载此事称："总裁（按：冯耿光，字幼伟）来函，详述以各行存京存单代公债，作保证准备事。"[5]

1　《中行则例风潮汇志》，《银行周报》第 3 卷第 25 号，1919 年 7 月 15 日。

2　参见董昕《近代中国银行业领券发行制度的演进》，《中国经济史研究》2014 年第 1 期。

3　《中国银行总裁李士伟呈财政部文》（1915 年 5 月 13 日），中国人民银行总行参事室编《中华民国货币史资料》第 1 辑，上海人民出版社，1986，第 178—179 页。

4　《浙江兴业银行领用中国银行兑换券合同》（1915 年 9 月 14 日），何品、李丽编注《浙江兴业银行》，上海远东出版社，2016，第 165—166 页。

5　中国人民政治协商会议天津市委员会文史资料委员会（以下简称 "天津市政协文史资料委员会"）编《卞白眉日记》第 1 卷，1920 年 3 月 27 日，天津古籍出版社，2008，第 91 页。

　　领券同业以分期存单抵充保证准备的情况如下：浙江兴业银行 1915—1920 年间，曾先后领用中国银行各地名券 395 万元，[1] 若照二成五保证准备的规定，应交公债 98.75 万元。1920 年 3 月，该行与中国银行北京分行订结"四年半分期还款之长期存款"81.25 万元，4 月 10 日交齐现洋。存款月息 1 分，本息合计 125.125 万元，每半年付现一次。中国银行北京分行签发之四年半分期存单，"得按六五申算，视同中央公债票"（如存款本金 6500 元，即同于公债票面 1 万元），抵充领券保证准备。若存单本息到期 10 日后仍未给付，浙江兴业银行得在自存二成五领券准备内扣抵，或抵充他项对于中国银行之债务。[2] 浙江地方实业银行存入现洋 22.5 万元，存款利息则高达每月 2 分；应交领券保证准备亦按 6.5 折，改交四年半分期存单。[3] 其中，杭州总行领用杭州地名券 70 万元，一成保证准备 7 万元改交分期存单 4.55 万元，于 4 月 29 日交齐现洋。[4]

　　再来看各类以京钞存入之分期存单。截至 1919 年 11 月，中国银行、交通银行的京钞流通、存款总额达 3800 万元（内中钞 2100 万元，交钞 1700 万元），[5] 因无法兑现而市价涨落不定。两行遂于 1920 年初提出："由政府再发行内国公债一宗，将市上跌价票收回"；公债发行期满后，"其仍执有中交京钞之人，则给以

1　《历次领用中券清单》（1930），何品、李丽编注《浙江兴业银行》，第 189—190 页。

2　《中国银行致浙江兴业银行函》（1920 年 3 月 25 日）、《中国银行北京分行致浙江兴业银行北京支行函》（未注日期），上海市档案馆藏浙江兴业银行档案，档号：Q268/1/615。

3　《张嘉璈致李馥荪函》（1920 年 4 月 3 日），上海市档案馆藏浙江第一商业银行档案，档号：Q270/1/113。

4　《浙江地方实业银行总务处致中国银行浙江分行函》（1920 年 4 月 15、29 日），上海市档案馆藏浙江第一商业银行档案，档号：Q270/1/357。

5　《国务院咨众议院文》（1919 年 11 月 29 日），《众议院公报》第 2 期临时会第 4 册，1919 年 12 月。

该两行之特别存款据，依照公债条例取赎"。[1] 报刊亦披露中国银行之"钞票长期存款优待办法"称，"存款为钞票，还本为现洋，利息较寻常长期存款为优"，期限 4 年或 6 年，"每年均还其若干分之几"。[2] 中国银行计划签发"特别存款据"一事，得到金融同业的关注。卞白眉日记称："章甫（按：孙多钰，字章甫，中孚银行董事）、景西（按：孙元方，字景西，中孚银行上海分行经理）来行，商询整理京钞存单可否代替公债，用为领券保证。"[3]

1920 年 7 月直皖战争结束后，京钞的进一步整理被提上日程。9 月 11 日，国务会议通过并公布整理办法，一面由财政部发行整理金融公债，交内国公债局收购京钞；一面委托中交两行在公债发行期满（1921 年 1 月 31 日）后，签发分期存单替换京钞存款、收换市面流通之京钞。存单利率、期限与公债相同：年息 6 厘，期限 6 年，每年支付本息 2 次；付现资金以拨发两行之售余公债到期本息抵充。[4] 但实际上，中国银行北京分行早在 9 月 22 日即开始签发分期存单以吸收京钞。分期存单期限与利率，总管理处曾指示北京分行："如有以京钞来行存者，可稍加优待，给予五年分还存单，看存数多寡再随时商量截止。"[5] 另据京钞存户张辅廷称："（分期存单）五年还清，比九年公债（按：即整理金

---

1 《京钞之整理问题》，《申报》1920 年 1 月 10 日，第 7 版。

2 《京钞收回之筹商办法》，《大公报》1920 年 2 月 9 日，第 6 版。

3 天津市政协文史资料委员会编《卞白眉日记》第 1 卷，1920 年 2 月 6 日，第 88 页。

4 《财政部整理京钞提议案之经过》，《银行周报》第 4 卷第 35 号，1920 年 9 月 21 日；《整理金融短期公债条例》（1920 年 9 月 19 日），千家驹编《旧中国公债史资料（1894—1949）》，中华书局，1984，第 61—63 页。

5 《中国银行北京分行致总管理处函》（1920 年 10 月 15 日），北京市档案馆藏中国银行北平支行档案，档号：J31/1/745。

融公债）期短一年；息金七厘，比公债为优。"[1] 由此观之，中国
银行试图以缩短分期存单期限、提高利率的方式，一面吸收流通
市面的京钞充作存款，一面鼓励京钞存户向北京分行调换存单，
而非提取现钞向内国公债局换购公债。究其原因，与当时北京分
行京钞头寸紧缺有关。9 月底，北京分行京钞存款共计 2100 万
元，而京钞库存仅 800 万元，[2] 并无实力应付京钞存户的大规模提
存。时任交通银行北京分行经理的陶湘即注意到："京钞存单，中
行方面因头寸关系，本有五年期限之一种"。他进一步将交行与
中行相比较："本行则始终遵照院令办法，与整理金融公债利息、
期限一律办理，以免与院令抵触"；"且京行并不缺票，更不应有
所歧异"。[3] 此外，北京分行另签发四年半分期存单，以示对行员
京钞存户的优待。[4] 总管理处鉴于"行员与外人存款分还期限两
歧，恐腾物议"，旋即下令"如有新收存款，自无论是否行员，
一律均定五年"。[5] 直到 11 月，北京分行签发分期存单的期限始
改为 6 年。截至 1922 年 3 月，北京分行为整理京钞签发分期存
单 1997 万元，内四年半期 70 万元、五年期 1770 万元、六年期
157 万元，[6] 以五年期为大宗。此番整理后，金融机构所持京钞及
京钞存款遂转化为分期存单。

---

1 《张辅廷致交通银行北京分行函》（1920 年 10 月 1 日），北京市档案馆藏交通银行北平分
  行档案，档号：J32/1/324。

2 《贾士毅、吴乃琛呈财政部总次长文》（未注日期），中国银行总行、中国第二历史档案馆
  编《中国银行行史资料汇编》上编，第 2 册，档案出版社，1991，第 983—985 页。

3 《陶湘致顾贻毂函》（1920 年 11 月 8 日），北京市档案馆藏交通银行北平分行档案，档号：
  J32/1/318。

4 天津市政协文史资料委员会编《卞白眉日记》第 1 卷，1920 年 10 月 14、15 日，第
  111 页。

5 《中国银行总管理处致北京分行函》（1920 年 10 月 19 日），北京市档案馆藏中国银行北
  平支行档案，档号：J31/1/745。

6 徐沧水：《民国钞券史》，第 49—50 页。

二 分期存单付现困难与金融同业的反应

分期存单付现问题的爆发，首先应注意北京金融界整体性式微的背景。由于北京政府财政收支失衡，金融业赖以生存的公款存放、汇兑等业务严重萎缩，加以直接面临政府财政性垫款的压力，垫款久欠不还进一步导致资金周转的恶化。中国银行北京分行各类存款总额在 1920 年后逐年下跌，各类放款截至 1923 年底的呆账率近 90%，纸币发行因京钞名目取消而受限；盈利额自 1919 年起大幅下跌，1921—1925 年甚至连续出现亏损。[1] 其次，各联行对北京分行的现洋接济趋于断绝。尤其是天津分行，据董事会报告称："自九年整理京钞，京行已成束手之势，无在不仰给于人"，"津行首当其冲，势不能不受其牵累"。[2] 北京、天津两分行在中国银行的组织架构中既处于平等地位，故卞白眉对总管处"协济京行"之嘱，"婉词却之"，认为"各有责任，固不能妄事牺牲，阿谀取悦"。[3] 特别地，以京钞存入之分期存单，自身即带有风险性。中国银行副总裁张嘉璈在随笔中承认，为整理京钞，"以公债本息指抵，发行定期存单一举，过于冒险"。[4] 自分期存单签发后，中国银行北京分行的政府垫款有增无减，垫款资金系以所存整理金融公债押借而来，"于是抵作应付溢额存

---

1 《1914—1927 年存款余额表》《各类放款分析表》《1914—1927 年历年损益变化情况》，中国银行北京分行、北京市档案馆编《北京的中国银行（1914—1949）》，第 35、84、86 页。

2 《中国银行第一届董事会报告书》，《银行月刊》第 2 卷第 6 号，1922 年 6 月。

3 天津市政协文史资料委员会编《卞白眉日记》第 1 卷，1922 年 3 月 28、31 日，第 191、192 页。

4 姚崧龄编著《张公权先生年谱初稿》上册，1922 年 4 月 11 日，社会科学文献出版社，2014，第 53 页。

单之公债，一变而为抵押款项之担保"。[1] 此外，1921 年 11 月，中国银行天津、张家口分行地名券爆发挤兑风潮，北京分行因领用津钞，不得不动用库存现洋应付兑现，同时商请天津分行将银元运京。

因此，分期存单付现自 1922 年开始出现困难。1 月 3—4 日，中国银行总裁冯耿光、副总裁张嘉璈、各分行经理等齐集天津召开业务会议，议决分期存单整理办法并建议董事、监事："到期者先付息，缓还本，商转一期，但到期愿入股者听"。[2] 北京金融同业亦觉察到分期存单付现可能生变。浙江兴业银行北京支行曾向总办事处报告："京中行五年定期存单只限一二百元以内可付，若为数过大，即行停付本息"。总办事处遂下达指示："我行为谨慎营业起见，如遇有此项存单前来作抵押品或作透支担保品者，暂勿受作"；已做押款及透支者，催其取赎或调换押品。然而，中国银行董、监事会似未采纳业务会议的建议，分期存单第二期本息仍照常给付。浙江兴业银行北京支行报告称："中行到期存单近日内第二期到期之款，确系照常给付本息。"[3]

中国银行内部继续对分期存单付现提出不同解决办法。[4] 面对行内意见莫衷一是，1922 年 3 月新到期本息又待给付，中国银行总管理处遂在京召集行中要员，2 月 27 日—3 月 3 日连开会议。此时，财政部为清偿盐余作抵之中外短期借款，发行公债 9600 万元，以盐余及增收关税为本息基金（故亦称"九六公债""盐余公债"）；积欠中国银行之借款，以公债票面实收 9

---

1 《中国银行第一届董事会报告书》，《银行月刊》第 2 卷第 6 号。

2 天津市政协文史资料委员会编《卞白眉日记》第 1 卷，1922 年 1 月 3、4 日，第 177 页。

3 《浙江兴业银行北京支行致总办事处函》（1922 年 1 月 5、13、24 日），上海市档案馆藏浙江兴业银行档案，档号：Q268/1/751。

4 详见天津市政协文史资料委员会编《卞白眉日记》第 1 卷，1922 年 2 月 5、6、11、21 日，第 184—186 页。

折抵偿。[1] 会议议决：以"一半盐债，一半转期"收回分期存单。至于转期存单的签发办法与本息资金来源，经卞白眉赴沪与上海分行经理宋汉章洽商，决定由北京分行签发，津、沪、汉三分行担保付现。[2] 时任浙江地方实业银行上海分行经理的李馥荪关注此事的进展。他认为："此次中行各行长汇集沪上，结果颇良"；"展期存单议仍由京行发给，暗中归津、沪、汉三行担保，事属可靠。"他进一步站在上海分行的立场指出：若以津、沪、汉三分行名义签发存单，"沪行实有为难情形"；因该行已声明"各行债务，划分界限"，"若强令分出，恐致决裂"。[3] 然而，中国银行总管理处方面因恐"存户不见谅"，反对再由北京分行签发存单；[4] 另一方面，由于财政部披露之盐余借款细目经审查"颇有弊窦"，九六公债发行受挫，中国银行直到 1922 年 4 月方才取得债票。[5] 因此，京钞存单原定"一半盐债，一半转期"的整理办法无从实施。

分期存单整理虽告停顿，中国银行北京分行仍须应对新到期本息的给付。时任中国银行董事的王克敏提出："存单本转期，利照付"；付息所需现洋 50 余万元，由冯耿光"私电沪行商办"。[6] 金融同业所持分期存单的付息情况，以浙江兴业银行为例，该行总办事处持有五年存单（以京钞存入）7.2 万元（原 9 万元，已

1　《财政部呈大总统文》（1922 年 2 月 9 日），中国第二历史档案馆编《中华民国史档案资料汇编》第 3 辑《财政》（2），江苏古籍出版社，1991，第 927—928 页。

2　天津市政协文史资料委员会编《卞白眉日记》第 1 卷，1922 年 3 月 3、8、9 日，第 188—189 页。

3　《李馥荪致施肇曾函》（1922 年 3 月 11 日），上海市档案馆藏浙江第一商业银行档案，档号：Q270/1/267。

4　天津市政协文史资料委员会编《卞白眉日记》第 1 卷，1922 年 3 月 11 日，第 189 页。

5　唐林：《九六公债发行始末记》，《银行周报》第 6 卷第 28 号，1922 年 7 月 25 日。

6　天津市政协文史资料委员会编《卞白眉日记》第 1 卷，1922 年 3 月 17 日，第 190 页。

付两期 1.8 万元 ），3 月底到期利息 2160 元"向中行如数收归"。[1]
四年半分期存单（以银元存入）应付利息由于数额较巨，大部分
转作押款。据北京支行报告：到期及过期利息计 74392.50 元，
"中行以款项困难，未能照付"。其中 7.2 万元作为押款偿还，月
息 2 分，期限 4 个月，每半月归还本息一次，以偿还外债之九六
公债为担保品；尾数 2392.50 元以现洋给付。[2] 然而，分期存单
本金推迟付现，却不为金融同业所接受。李馥荪即向中国银行董
事施肇曾提出缓办："中行展期存单一事，急切不能解决。"浙江
兴业银行董事长叶揆初、办事董事蒋抑卮专为此事赴京相商。[3] 卞
白眉在津亦听闻："京中各银行以京行存单事，有攻击说。"[4]

延期还本既遭受阻力，中国银行总管理处遂计划以公债及本
行股票收换分期存单。具体办法分为五种："一、全额换盐余公
债，找现金一成（给一年期存单）；二、前四期换金融公债，后
四期换盐余公债；三、六成换盐余公债，四成入股；四、全数贴
现入股；五、存单全数不满百元者，按期付现。"各种办法虽同
时并行，准存户自行选择，但"总以多多入股，最为相宜"。[5] 金
融同业有条件地接受此种整理办法。以新亨银行为例，董事长施
肇曾表示：对于分期存单一事"并无成见"；但提出领用上海地
名券 80 万元，"应对于董事会可以交代"。李馥荪亦向张嘉璈极

---

1 《浙江兴业银行北京支行致总办事处函》（1922 年 3 月 21、30 日），上海市档案馆藏浙江
  兴业银行档案，档号：Q268/1/751。

2 《浙江兴业银行北京支行致总办事处函》、《借款合同》（1922 年 4 月 26 日），上海市档案
  馆藏浙江兴业银行档案，档号：Q268/1/751。

3 《李馥荪致施肇曾函》（1922 年 3 月 22 日），上海市档案馆藏浙江第一商业银行档案，档
  号：Q270/1/267。按：叶、蒋二人于 3 月 24 日抵京。

4 天津市政协文史资料委员会编《卞白眉日记》第 1 卷，1922 年 3 月 23 日，第 191 页。

5 《中国银行北京分行致各分行函》（1922 年 4 月 6 日），北京市档案馆藏中国银行北平支
  行档案，档号：J31/1/933。

力促成此事："弟意此事还望鼎力至成，则彼此感情益臻融合，定非小补也。"对于新亨方面的要求，中国银行总稽核居益鋐回应称："新亨存单一事，可照省老（按：施肇曾，号省之）原议办法，以期解决。"李馥荪还在沪与东莱、永亨等银行就领券一事"商有眉目"。[1] 需要说明的是，申券在中国银行各地名券中，需用数额大但领用难度高，同业可以此弥补分期存单不付现洋的损失。然而，整理办法却招致一般存户和社会舆论的抨击。《晨报》评论称："无论采用何种，而其不付现款则一"；并揶揄道："中行当事对于此层已筹之熟矣，但听说持存单者，对于债券及中行股票都不愿承受，不知中行当事者又想什么妙计也"。[2] 因整理办法涉及牵涉入股问题，故由董事会提交 5 月 24 日股东会讨论，结果以此案无异抵赖存户之债权而将其撤销。[3] 整理未及正式实施即告失败。

三　中国银行向金融同业举借公债

中国银行内部早有以整理金融公债收换分期存单之议。居益鋐曾提出：以现洋 450 万元赎回抵押在外之整理金融公债 900 万元，加以九六公债 1000 万元，各半收换分期存单。但问题在于，北京分行的库存银元本已枯竭，何来余力以现洋筹措公债，故下

1　《李馥荪致张嘉璈函》（1922 年 4 月 6 日）、《李馥荪致居益鋐函》（1922 年 4 月 27 日）、《李馥荪致张嘉璈、施肇曾函》（1922 年 6 月 12 日），上海市档案馆藏浙江第一商业银行档案，档号：Q270/1/267。

2　《中行存单终不肯用现款付本》，《晨报》1922 年 4 月 13 日，第 2 版。

3　《中国银行股东大会之第三日》，《京报》1922 年 5 月 25 日，第 3 版；《昨日中行股东会已选出董事》，《晨报》1922 年 5 月 25 日，第 2 版。

白眉认为："（该办法）是仅顾存单而从未计及他项急债也"。[1]

　　1922年6月3日，中国银行总管理处为补充北京分行的公债库存，与"协借金融公债团"[2]签订《借款草合同》，借入整理金融公债1000万元（当时认定810万元），以现洋分期偿还本息。具体条件包括：月息5厘，期限61个月（1922年6月1日—1927年6月30日）；担保品包括中国银行每月所收存之长芦盐款6万元（由横滨正金银行自6月起转交金融团），以及中国银行沪、津、汉三分行自12月起，每月分认15万元（内上海7.5万元，天津、汉口各3.75万元）。金融团成员及各自认数为：浙江兴业银行300万元（内100万元由蒋抑卮出面）、中国银行上海分行150万元（由浙江地方实业银行出面）、中国银行浙江分行100万元（由蒋抑卮出面）、金城银行100万元、中孚银行70万元、浙江地方实业银行50万元、中华懋业银行40万元。[3]6月16日，中国银行与金融团正式签约。与草约相比，正约在借款条件方面未作更改；[4]但金融团的组成与债款分配却有调整，定为浙江兴业银行300万元、中国银行上海分行160万元、中国银行浙江分行152万元、金城银行100万元、浙江地方实业银行65万元、中华懋业银行50万元、新亨银行50万元、通易信托公司40万元、中国银行南京分行与山东分行共83万元。[5]值得注意的是，中国银行内部不乏反对此项借款的声音。卞白眉在日

1　天津市政协文史资料委员会编《卞白眉日记》第1卷，1922年2月11日，第185页。

2　该团成员于1922年8月正式订立《协借金融公债团合约》。

3　《浙江兴业银行北京支行致总办事处函》、《借款草合同》（1922年6月3日），上海市档案馆藏浙江兴业银行档案，档号：Q268/1/751。

4　《借款合同》（未注日期），北京市档案馆藏中国银行北平支行档案，档号：J31/1/935。

5　《中国银行总管理处致北京分行函》（1922年7月13日），北京市档案馆藏中国银行北平支行档案，档号：J31/1/935。内83万元后调整为：蒋抑卮出面30万元、南京分行15万元、山东分行38万元。

记中透露："挹之（按：蒋抑卮）等拟借一千万金融公债与京行，欲津、沪、汉三行担保，自明年起每月任十五万元"，"各行长均不谓然，余尤极端驳难。"[1]

金融团部分成员与中国银行存在直接的持股与人事关系。持股方面，中国银行 1915 年 9 月首次募集商股。至 1916 年 7 月共招到 364.33 万元，其中军阀、官僚、买办等大股东占有一定比例。1917 年 11 月《中国银行则例》修订后，中国银行第二次招收商股。由于新则例给予商股更大的权利，此次招股成效显著，商股至 1918 年 2 月达到 727.98 万元。[2] 部分商业金融机构有机会入股中国银行。到 1921 年 7 月中国银行第三次招收商股时，副总裁张嘉璈亲自赴沪劝募，结果浙江兴业银行认股 20 万元，浙江地方实业银行认股 14 万元，连旧股共 20 万元。[3] 金城银行亦持有中国银行股票 25 万余元。[4] 人事方面，各金融机构作为商股股东，其主要经理人、代表先后经股东会选举为董事。施肇曾于 1918 年 2 月当选中国银行第一届董事，1919 年 12 月新亨银行成立后，施兼任该行董事长。1922 年 5 月中国银行改选第二届董事，周作民（金城银行）、李馥荪（浙江地方实业银行）新当选董事，金还（浙江兴业银行）新当选候补董事。时论指出："除旧董事连任者外，其他皆为与普通商业银行有关系而代表其权利者。"[5] 此外，张嘉璈早在中国银行上海分行副经理任内（1914—1917），即与上海金融界有密切的私人往来。金融团

---

1 天津市政协文史资料委员会编《卞白眉日记》第 1 卷，1922 年 5 月 26 日，第 201 页。

2 参见本书编辑委员会编著《中国银行行史（1912—1949）》上卷，第 31—32 页。

3 参见汪敬虞主编《中国近代经济史（1895—1927）》下册，人民出版社，2000，第 2319 页。

4 《金城 1927 年时对工商企业的投资》，中国人民银行上海市分行金融研究室编《金城银行史料》，上海人民出版社，1983，第 174 页。

5 《中国银行股东会纪事》，《银行月刊》第 2 卷第 6 号，1922 年 6 月。

其余成员则与中国银行存在间接关系。施肇曾持有中华懋业银行
（1920 年 2 月开业）的大量股份。[1]1921 年 6 月在上海成立的通
易信托公司，其董事长范磊（字季美）曾任中国银行总司券。[2]金
融团成员与中国银行在持股与人事上直接或间接的联系，为借款
的成立创造条件。

《借款合同》虽已签订，借款的交付却发生波折。中国银行
上海分行意图减少原定每月 7.5 万元的担保数额。在签约当日，
金还即函告叶揆初称："各行承认之款，上海行先只认五万，嗣
电嘱其仍认原数，尚无复电。"金更站在浙江兴业银行的角度提
出建议："我们交债票，仍以俟其现款筹到、确有办法以后再交
为是。"[3]为解决借款交付问题，张嘉璈不仅"切电汉章照原议办
理"，[4]更于 6 月 25 日亲自赴沪与金融团磋商。[5]会议结果：上海
分行担保额减至每月 4.5 万元，空额 3 万元由南京、浙江分行各
半担任。整理金融公债 1000 万元遂于 6 月 29 日成交，[6]其日后各
项用途分配详见表 1。

1 参见〔美〕蒲嘉锡著，赵真华、陈佳琪译《同床异梦——中华懋业银行的历史（1919—
   1937）》，北京大学出版社，2014，第 50—51 页。

2 参见何旭艳《上海信托业研究（1921—1949）》，上海人民出版社，2007，第 17 页。

3 《金还致叶揆初函》（1922 年 6 月 16 日），上海市档案馆藏浙江兴业银行档案，档号：
   Q268/1/751。

4 《王克敏、张嘉璈致蒋抑卮电》（未注日期），上海市档案馆藏浙江兴业银行档案，档号：
   Q268/1/751。

5 天津市政协文史资料委员会编《卞白眉日记》第 1 卷，1922 年 6 月 24 日，第 205 页。《申
   报》对张嘉璈此次上海之行略有报道，称系"接洽关于财政之重要事件"，并邀请马寅初
   北上担任中国银行总司券；但未提及整理分期存单事。《张嘉璈来沪即去》，《申报》1922
   年 7 月 4 日，第 14 版。

6 《吴蕴斋致周作民函》（1922 年 6 月 29 日），上海市档案馆藏金城银行档案，档号：
   Q264/1/286。

表 1　整理金融公债 1000 万元用途分配表

用　途	数额（万元）
交付中国银行北京分行	450
金融团成员抵换所持分期存单	315
中国银行上海分行调换七年长期公债 200 万元	120
留存中国银行上海分行，备换本地分期存单	40
中国银行浙江分行抵还北京分行欠款	34
留存中国银行浙江分行，备换本地分期存单	31
浙江兴业银行抵作中国银行北京分行京钞押款担保品	10

　　资料来源:《中国银行北京分行致总管理处函》（未注日期），北京市档案馆藏，中国银行北平支行档案，档号：J31/1/935。

　　值得注意的是，截至 1922 年 7 月，未付现之京钞存单尚有 1700 余万元。[1] 金融团所借整理金融公债显然不敷分配。张嘉璈自沪返京后，新兼中国银行北京分行经理的卞白眉曾"偕祖基（按：李祖基，北京分行副经理）往晤，洽存单办法"。卞在会晤后认为："所凑金融仍系不足，办法颇勉强。"[2] 总管理处为弥补整理金融公债之不足，原计划以银元搭收京钞存单，并曾向金融团商借现洋。然而，金融团对银元借款态度消极。卞白眉在新任总裁王克敏处讨论行务时，即获悉"京存单借现事尚无把握"。[3] 金融团方面，蒋抑卮在京时向叶揆初报告："至于现款，则我行（按：浙江兴业银行）早已声明不加入也。"金城银行对于现洋借款"决不加入"。[4] 中国银行总管理处与上海分行在沪洽商存单"筹现办法"，亦以"无结果"而告终。居益鉽遂"另出不付现金解决之主张"，"改用九六等债票"。此议经董事会核议通过：京

1　《中行之存单问题》,《京报》1922 年 7 月 21 日，第 3 版。

2　天津市政协文史资料委员会编《卞白眉日记》第 1 卷，1922 年 7 月 2 日，第 205 页。

3　天津市政协文史资料委员会编《卞白眉日记》第 1 卷，1922 年 6 月 4 日，第 202 页。

4　《蒋抑卮致叶揆初函》（1922 年 6 月 3 日）、《浙江兴业银行北京支行致总办事处函》（1922 年 6 月 6 日），上海市档案馆藏浙江兴业银行档案，档号：Q268/1/751。

钞存单"一律以金融公债发还"，"倘有不足，则以九六盐余照金融折扣抵补"。[1]

四　分期存单以不同办法分批整理

分期存单整理的实施有先后批次之别。首批整理者有浙江兴业银行所持各类分期存单。以银元存入者：1922 年 6 月底，该行与中国银行总管理处商定，未付存单 609375 元调换七年长期公债 200 万元。所需七年长期公债由总管理处在金融团借款项下，以整理金融公债 120 万元向上海分行换得。[2] 以京钞存入者：中国银行总管理处鉴于"所借金融公债不敷分配"，指示北京分行称：浙江兴业银行所持五年分期存单 98.24 万元，以九六公债等额交换；并找给现洋二成（计 19.648 万元），抵冲该行应还中国银行浙江分行欠款。浙江兴业银行所得九六公债主要用于：（1）抵偿中国银行浙江分行欠款现洋 13.24 万元；（2）抵充领用兑换券应交中国银行各分行之二成五保证准备，计上海 45 万元、浙江 13.75 万元、天津 12.5 万元、汉口 12.5 万元，浙江兴业银行相应抽回九六公债票 45 万元、银元存款分期存单 24 万元、七年长期公债票 8.25 万元及整理六厘公债 6.5 万元；（3）余额 1.25 万元由中国银行上海分行转入"蒋抑记"户。[3] 值得注意的是，此举可能造成中国银行各分行兑现准备金不足，进而酿成挤兑风

1　《李馥荪致张嘉璈函》（1922 年 6 月 12 日）、《李馥荪致施肇曾函》（1922 年 7 月 1 日），上海市档案馆藏浙江第一商业银行档案，档号：Q270/1/267。

2　《中国银行上海分行致北京分行函》（1922 年 6 月 29 日）、《中国银行总管理处致北京分行函》（1922 年 7 月 7 日），北京市档案馆藏中国银行北平支行档案，档号：J31/1/935。

3　《蒋抑卮致王克敏、蒋抑卮函》（1922 年 6 月 30 日）、《中国银行总管理处致北京分行函》（1922 年 7 月 7 日），北京市档案馆藏中国银行北平支行档案，档号：J31/1/935。

潮。以上海公债市场为例，九六公债市价仅 3 折，后更因到期利息无法偿付而跌至 2 折。[1] 中国银行出售九六公债所能吸收的现洋相当有限，故一旦领券现金准备用罄，九六公债作为保证准备势难应付纸币兑现。因此，卞白眉向总管理处委婉表示反对："兴业欲以九六作保证准备，津意与其收九六，不如准其免交，藉联感情。"[2] 首批整理者还包括其余金融团成员所持京钞存款分期存单。金融团成员通过扣抵公债借款的方式，将所持分期存单全数换为整理金融公债，计新亨银行 1404400 元（内 500000 元在该行名下抵扣，904400 元在他行名下抵扣）、中国银行浙江分行 593760 元、中华懋业银行 497427 元、金城银行 427540 元、通易信托公司 176250 元、浙江地方实业银行 39500 元。[3]

首批分期存单的整理办法与后续中国银行北京分行经手调换者不无出入。按照总管理处指示：北京分行对于柜上来换五年京钞存单者，除第一、二期已付外，第三至八期付给等额之整理金融公债，第九、十期付给九六公债，按 7 折申算（即存单票面 1 元付给九六公债 1.428 元）。六年分期存单：第三至九期付给金融公债，第十至十二期付给九六公债。同时，为缓解库存债票的紧张，规定分期存单可用于入股，换发股票。[4] 问题在于，九六公债市价远较整理金融公债为低。金融团作为整理金融公债的提供者，自不愿换回价低之九六公债。但就其余存户而言，难免因待遇不公向北京分行发难。卞白眉即指出：总管理处所拟办法"表面无所纷歧，内实分作三种：（甲）浙江兴业几尽取足现洋；（乙）金

---

1 《九六公债付息问题》，《银行周报》第 6 卷第 36 号，1922 年 9 月 19 日。

2 天津市政协文史资料委员会编《卞白眉日记》第 1 卷，1922 年 7 月 11 日，第 206 页。

3 《中国银行总管理处致北京分行函》（1922 年 7 月 13 日）、《中国银行北京分行致总管理处函》（未注日期），北京市档案馆藏中国银行北平支行档案，档号：J31/1/935。

4 《中国银行总管理处致北京分行函》（1922 年 7 月 5 日），中国银行北京分行、北京市档案馆编《北京的中国银行（1914—1949）》，第 160—161 页。

融团则尽换金融公债；（丙）七成金融，三成九六"，"将来必贻人口实"。他更向总管理处质问道："持存单者欲仿照金融团办法，能否允办？允办之后，谁负归债之责？"[1]《晨报》曾披露整理内幕称：凡"（中国银行）股东中重要分子"，"一概付与现款"；"此外无论到期、未到期各存户，概予以金融公债，不足则以九六公债补之"。[2] 报章所载虽与档案史料有所出入，却可印证整理分期存单办法在金融团成员与其余存户之间分有"等级"。

第二批分期存单整理在北京及上海、杭州同时进行。截至 7 月 19 日，京、沪两地共收回五年分期存单 1242693.60 元、六年分期存单 34727.27 元。[3] 截至 7 月 29 日，杭州一地收回分期存单 254866.40 元。[4] 中国银行北京分行经手收换分期存单后，旋即面临整理金融公债票不足的问题。未付存单除在上海、杭州了结及联行持有者外，由北京分行负责对外收换 1104 万元。然而，金融团认借之整理金融公债总额 1000 万元，经该团扣抵 550 万元，北京分行实际所得债票仅 450 万元（详见上表）；加上库存九六公债 120 万元（合整理金融公债 100 万元），总计整理金融公债 550 万元；较之待换存单额 1104 万元，不敷 554 万元。总管理处方面亦承认"公债确尚不敷"，并提出补救办法：商劝存户以存单入股，或换立北京分行新存单。[5] 新存单以现洋付给，条件与金融团借款相同：月息 5 厘，分 61 个月摊还，每万元前 6

1　天津市政协文史资料委员会编《卞白眉日记》第 1 卷，1922 年 7 月 5、6、11 日，第 206 页。

2　《中行存单付款居然有等级》，《晨报》1922 年 7 月 13 日，第 2 版。

3　《中国银行北京分行致总管理处函》（1922 年 7 月 19 日），北京市档案馆藏中国银行北平支行档案，档号：J31/1/935。

4　《中国银行浙江分行致北京分行函》（1922 年 7 月 29 日），北京市档案馆藏中国银行北平支行档案，档号：J31/1/933。

5　《中国银行北京分行致总管理处函》（1922 年 7 月 18 日）、《中国银行总管理处致北京分行函》（1922 年 7 月 22 日），北京市档案馆藏中国银行北平支行档案，档号：J31/1/935。

个月每月还本息 60 元，自第 7 个月起每月还本息 210 元，第 61 个月找零 29.94 元。付现资金由总管理处与东三省、奉天两分行商定：自 1922 年 7 月起，每行每月各拨 6000 元；自 1923 年 1 月起，各拨 1.4 万元，至 1927 年 7 月为止。[1] 其后，北京分行对于个人大额存单"极力设法兜揽入股，或按六十一个月摊还办法办理"。截至 8 月 15 日，入股者 44 万元，换立新存单者 58 万元。[2] 截至 10 月底，各类分期存单（7 月统计数字为 1753.47 万元）的整理已粗具成效，累计收回 1283.96 万元。[3]

浙江地方实业银行所持四年半分期存单的情况较为特殊，整理的实施屡经延宕。对浙江实业银行而言，存款最初系以现洋存入，自不甘以京钞存款之办法实施整理。李馥荪曾多次向张嘉璈表达此意："敝行前存入尊处之款统系现洋，不能与存入京钞者同一办理"；"敝行当时存款统系现金，且纯为信用贵行而存入，全系营业性质"，"今次存单到期，本利付现，是贵行应履行之契约"。值得注意的是，浙江兴业银行所持同类分期存单，早在 1922 年 6 月底即以七年长期公债完成整理，故李馥荪曾提出：可"照兴业办法"全数了结。[4] 对中国银行而言，一方面，有必要及时确定办法并实施整理。北京分行在签发银元存单时，曾约定：到期本息若延迟不付，浙江地方实业银行得以之抵充自存准备金；若成事实，到时"益增纠纷"。另一方面，从上海分行换得之七

1 《中国银行北京分行致存户函》（1922 年 8 月 18 日）、《中国银行总管理处致北京分行函》（1922 年 8 月 19 日），北京市档案馆藏中国银行北平支行档案，档号：J31/1/935。

2 《李祖基、王绍贤致宋汉章函》（1922 年 8 月 17 日），北京市档案馆藏中国银行北平支行档案，档号：J31/1/935。

3 《中国银行北京分行致总管理处函》（1922 年 11 月 2 日），北京市档案馆藏中国银行北平支行档案，档号：J31/1/935。

4 《李馥荪致张嘉璈函》（1922 年 7 月 10 日、10 月 27 日、11 月 11 日），上海市档案馆藏浙江第一商业银行档案，档号：Q270/1/267。

年长期公债早已用罄，"兴业办法"无从实行。[1] 经张嘉璈与李馥荪多次交涉，至 11 月底商定：（1）存单未付本金及未到期利息计 170625 元，内 17 万元转作押款，月息 1 分 5 厘，期限 6 个月，以北京分行所存额外四年公债[2]9 折作押；尾数 625 元付给现洋；（2）到期及逾期利息 26163.34 元付给现洋。[3]

结　语

中国银行商办化时期的同业关系，不仅体现在金融同业所持股份的增加及参与行务决策，还包含双方在具体银行业务上的合作，以及缘此引发的一系列互动博弈。不可否认，中国银行早在官股占主导地位时，即通过开放领券的方式与金融同业达成合作；双方在上海地区已有资金上的融通互助。然而，对处于北京政府政治中心的北京分行而言，当其无力应付存款、发行等负债业务的取兑时，仍仰赖政府以国家信用为其背书或实施整理。在 1916—1920 年的京钞整理中，北京政府或出面举借外债以充兑现基金，[4] 或发

1　《中国银行总管理处致北京分行函》（1922 年 12 月 1 日），北京市档案馆藏中国银行北平支行档案，档号：J31/1/935。

2　财政部因国库入不敷出，曾陆续以发行定额以外之三年、四年整理金融公债票，抵押现款。为解决额外债票本息基金问题，1922 年 6 月，财政部拟订整理办法并经总税务司安格联（Francis A. Aglen）承认：发行特种四年公债 280 万元以资抵换，本息在整理公债基金余款内拨付。

3　《李馥荪致张嘉璈函》（1922 年 11 月 24 日），北京市档案馆藏中国银行北平支行档案，档号：J31/1/935。

4　根据徐义生编《中国近代外债史统计资料（1853—1927）》，用途涉及"兑换中国银行钞票准备金"或"收回该行所发钞票"的债项有：1916 年 10 月 31 日"北京中国银行垫款"银元 80 万元、1916 年 11 月 16 日"芝加高银行借款"美金 500 万元、1918 年 1 月 6 日"善后续借款第二次垫款"日金 1000 万元（中华书局，1962，第 150—157 页）。

行公债收换纸币。[1] 在 1921 年 11 月京津地区爆发挤兑风潮后，北京政府亦与外交团和总税务司交涉，请拨关余接济中国银行。然而，随着中国银行国有股份的减持与治理结构中政府因素的淡化，加以北京政府政治、军事局势纷扰（以 1922 年 4—5 月第一次直奉战争为最）和自身财政状况恶化，北京分行分期存单的付现与整理没有得到政府的助力，同业合作的重要性因此越发凸显。

就分期存单问题而言，金融同业首先是存单的持有者。在按期付现出现困难，而整理办法又未最终确定时，李馥荪、蒋抑卮等向中国银行当局抒发己见，维护和保障存户的经济利益，并在中国银行与各同业间居中斡旋，以求尽速达成共识。待到金融同业以商股股东的身份，在中国银行董事会增加席位后，又联合贷出公债以供整理分期存单之用。另一方面，金融同业的援助又带有营业性质、遵循一般商业准则，中国银行须为借款的清偿指定担保品。在中国银行内部本位主义抬头的背景下，以卞白眉、宋汉章为代表的分行经理围绕是否提供担保及所认数目，又与以张嘉璈为代表的总管理处不无龃龉与谈判，增加了中国银行作为整体与金融同业达成合作的曲折性。

从中国银行与金融同业合作的成效看，分期存单的付现与整理固然得以解决，但因所借公债的用途分配存在"先金融团，后普通存户"的特点，从而导致整理批次、办法的差异以及债票不敷分配的问题。受其影响，原本旨在挽回社会信誉的举措反而遭到社会舆论"存单付款居然有等级"的非议。还应指出：中国银行与金融同业在北京地区的合作带有明显的临时性与救济性。浙江兴业银行担任公债借款的份额最大，且在中国银行股东中"最占势力"。[2] 然而，该行的经营重心毕竟在以上海为中心的江浙地

1　包括七年短期公债 4800 万元、七年长期公债 4500 万元、整理金融公债 6000 万元。

2　《无法解决之时局》，《晨报》1923 年 7 月 18 日，第 2 版。

区，浙江地方实业银行亦然，两行能够调拨至北方的资金实属有限。新亨银行、中华懋业银行的总行虽设在北京，但论资力与业务规模却相形见绌。[1] 更重要的是，北京政府政治、军事、财政缺乏基本稳定，北京本地工商业的发展水平又不足以支持银行业务的发展。[2] 因此，中国银行通过与金融同业的合作，可以缓解分期存单付现等一时的业务危机，却无法从根本上扭转北京分行及整个行业的颓势。结果，中国银行北京分行于 1925 年 4 月被降格为支行，归天津分行管辖；交通银行北京分行自 1928 年起，由一等分行改为三等分行。不同于北京的"救济性合作"，中国银行与金融同业的"发展性合作"继续在上海推进。以领券活动为例，1924 年 5 月，中国银行上海分行首次向各钱庄开放领券；并将领券准备专库存储、实行公开，由领券行庄推派代表，随时检查，中国银行得以推广申券发行。京、沪之间在中国银行同业合作方面的反差，似为南京国民政府成立后，中国金融中心的区域变迁埋下伏笔。

---

1 截至 1921 年底，新亨银行实收资本 100 万元，当年各类存款总额 240 万元，各类放款总额 250 万元；浙江兴业银行实收资本 250 万元，各类存款总额超过 1600 万元，并领用中国银行兑换券 365 万元，各类放款总额 890 万元。《银行年鉴（1921—1922）》，银行周报社，1922，第 5—6、67—68 页。

2 有评论指出："北平并非商场，徒以政府所在之首都，因承揽政府公债借款等业务之关系，遂为一部分银行之发源地。"中国银行总管理处经济研究室编《全国银行年鉴》，中国银行总管理处经济研究室，1934，第 A7 页。

春秋时期区域邦交研究
——以莒国为中心

陈光鑫[*]

摘　要：在春秋诸侯中，莒国应是一个中等的邦国。与大国相比，邦交关系对于莒国的生存与发展有着更加重要的意义。莒国巧妙地利用鲁与晋、齐与晋、晋与楚的制衡关系，运用军事斗争、缔结政治同盟和联姻等手段实现自保的目的，并在强盛时期有能力进攻其他国家，体现了它的邦交政策在增强国力方面的积极作用，以莒国的视角来看齐、晋、楚、鲁之间的复杂关系，能更深地体会到大国为维护自己的利益，把周围的小国视为自己的政治工具，小国的利益成为大国之间交换的筹码。

关键词：春秋　邦交　莒　诸侯

　　莒国，少昊部落后裔建立的东夷古国之一。春秋时期，莒国实力渐强，跻身众诸侯国之列。战国前期，莒国亡于楚。作为一个政权来说，莒虽被灭，但莒文化在此后长达近一个世纪的时间里仍然是绵延不绝。

　　从民国开始，老一辈的史学家对莒地的研究已经做了许多开创性的工作。[1]新中国成立之后，各地区的考古调查和发掘工作

---

*　陈光鑫，北京市社会科学院历史研究所。

1　王国维通过对《珅古录金文》的研究，成功地释读出金文中的"莒"字。徐中舒和郭沫若先生均从此说。此外，见于历代金石学著录的传世有铭莒国青铜器还有西周棘生簋和中子化盘等。

开始全面启动。关于莒国的研究成果汇集在《莒县文物志》中。[1]
进入 20 世纪 80 年代后，区域历史文化研究热潮兴起，各地商周
时期考古学资料的积累逐渐增多，先秦古国考古和古国史的研究
方兴未艾。莒国史和莒文化逐渐受到学界的关注并很快成为研究
的热点之一。

但是，相比较齐、鲁、晋、楚等春秋时期的大国，时贤对莒
的研究关注仍显不足。历来出版的史学著作，对其关注较少。如
范文澜先生著的《中国通史》，白寿彝总主编《中国通史》，对
莒国或者只字不提，或者列入"附庸小国"一笔带过。本文将题
目限定在春秋时期，而它的邦交关系是一个了解齐鲁地区的路
径，以莒国为中心，辐射燕、齐、鲁、晋、楚，还能了解东夷之
地与中原的关系。所以，本文试图以莒国的邦交为切入点探讨春
秋时期诸国的邦交关系。

一　远交近攻

莒国的地理位置一定程度上影响了其邦交方针的制定。春秋
时期的莒国，北临齐国，西接鲁国，东至大海。莒紧邻齐、鲁
两国，与这两国关系的好坏和亲疏就成为决定其自身安定与否
的重要因素。所以莒和这两国的关系是其制定邦交政策的主要
依据。

纵观整个春秋时代，莒国都是以所面临的齐、晋、楚等大国
之间关系的变化为依据而制定自己的邦交方针的。中国历史进入
春秋时代，这时周王室刚刚东迁四十余年，依靠晋、郑两国的势

1　苏兆庆等：《莒县文物志》，齐鲁书社，1993。

力尚能维持自己地位的巩固。晋、郑成为实力最强的封国，而不久以后，晋国分为翼和曲沃两国，内乱不断。所以，一时间郑成为最强的诸侯国，唯一能与其抗衡的就是宋国。此时，齐、楚等国势力还未强盛起来。宋、郑两国经过长时间的互相攻伐，最终因两国国内均发生内乱而相继衰落。此后，历史进入了齐桓公称霸的时代，齐国的霸主地位一直持续到公元前637年，莒一直依靠齐国维持稳定，至此为第一阶段。

发生于公元前619年的城濮之战，晋国打败了楚国，晋文公成为中原的霸主，开启了晋国的霸业。莒依靠参加晋文公主持的会盟，渐渐提高自己的地位，所以该阶段是莒邦交的初步活跃时期。邲之战后，楚庄王称霸，齐国趁机再次兴起，几次讨伐莒国。莒国的邦交一度陷入困境，至此为第二阶段。

公元前586年，晋悼公即位，晋国再次强盛，复霸于中原。依靠晋的庇护，莒国的邦交也进入了"黄金时期"，并时有侵扰其他国家的事件发生。至此为第三阶段。

随着晋悼公的死去，晋的势力衰弱，晋公室开始强大起来。莒失去了依靠。这期间，莒的国土屡次被齐鲁侵占，国势已弱，只好采取守势。进入战国时代，莒最终被楚国所灭，至此为第四阶段。

由此可见，诸侯争霸是春秋时期的历史基调，直接影响各国的亲疏关系，进而影响各国邦交政策的制定。具体而言，莒国就是在春秋霸主不断变化的过程中，根据不同阶段各国的国力变化来适当地制定和随时调整邦交政策。

二 若即若离

鲁国是姬姓封国之一，因为周公在建立和巩固周王朝的过程中立有大功，所以鲁国的地位非一般封国可比，"成王乃命鲁得郊祭文王，鲁有天子礼乐者。"[1]据《春秋》记载，春秋时期，鲁周围的小国纷纷朝鲁，如：杞国、邾国各朝鲁七次，曹、滕、郯、薛、纪、穀、邓、鄑、郜、葛、牟、萧等小国也都有朝鲁的记载。但紧邻鲁国的莒国却始终不曾朝鲁，顾栋高总结春秋时期莒鲁关系："莒与鲁为列国，差倔强，非若邾之附庸，能卑屈于鲁也，故始而争向，继而争郓争鄑，中间附于齐，更诉于晋、楚，至叔孙见执，意如为囚，兵端与春秋相终始，共公以后不复见矣。"[2]莒国对鲁国的强硬显示出与一般小国的不同之处。

最早关于鲁、莒交往的记载见于《春秋》，隐公八年（前715），"九月辛卯，公及莒人盟于浮来"。而《左传》对此次会盟的描述为"公及莒人盟于浮来，以成纪好也"。纪国之所以成为"中间人"，起于隐公二年（前721），纪与鲁通婚，此后，纪又与莒结盟于密，至于两国结盟的原因，《左传》言："鲁故也。"可见，这次结盟是为两年后的莒与鲁的结盟做铺垫。在桓公十二年（前700），《春秋》记载"夏六月壬寅，公会杞侯、莒子盟于曲池。"目的在于调和杞与莒的关系，因为在隐公四年（前719），莒人伐杞，足可以见莒与杞不和，鲁与两国相邻，因而"平杞、莒也。"[3]后在鲁庄公二十七年（前667），《春秋》载"莒庆来逆叔姬"。庆，为莒国大夫，庄公之女下嫁给这个莒国大夫，一方面反映出鲁国对莒国的重视，不敢视其为东夷，另一方面也反映出，春秋初年时两国的关系尚属和睦。

但在闵公二年（前660），鲁国的公子庆父出奔莒国，但鲁国"以赂求共仲于莒，莒人归之"。[4]之后本应无事，但在僖公元

1 《史记》卷33《鲁周公世家》，中华书局，1982。
2 顾栋高：《春秋大事表》卷36《春秋鲁邾莒交兵表》，中华书局，1993，第2119页。
3 《左传》桓公十二年。
4 《左传》闵公二年。

年（前669），"莒人来求赂。公子友败诸郦，获莒子之弟挐"。[1]
至于"求赂"二字，存在两种理解：一种认为在闵公二年，莒
国已经得赂，但莒国贪得无厌，又来索要更多；另一种认为，当
年，鲁国没有兑现承诺，所以莒国来索要。无论作哪种理解，鲁
莒两国第一次冲突出现了，而且以莒国的失败而告终，在经过
二十多年后，即僖公二十五年（前664），"公会卫子、莒庆盟于
洮。"[2]至于原因，据《左传》记载，"卫人平莒于我，十二月，盟
于洮，修卫文公之好，且及莒平也"。杜注："莒以元年郦之役怨
鲁，卫文公将平之，未及而卒。成公追成父志，降名以行事，故
曰修卫文公之好。"卫国在鲁、莒之间调停，然而卫国父子二君
一番美意，却没有达到目的，莒国国君不赴盟，"平莒而莒子不
至，以庆如会，何益于平？盖此时莒疑鲁之不肯平，故权以大夫
听命，则此盟犹未平也"。[3]最终，鲁、莒于次年还是结盟于向
（当时为莒地）。

从宣公四年（前605）开始，两国的关系由时好时坏的"盟
友"转为敌人。据《春秋》载"公及齐侯平莒及郯"。但莒国不
肯就此善罢甘休，所以鲁国开始"伐莒"，战争的起因看起来有
些牵强，以至于《左传》评其为："公伐莒，取向，非礼也。平
国以礼不以乱，伐而不治，乱也。以乱平乱，何治之有？无治，
何以行礼？"鲁国以夺得向地而罢手。随即在宣公十一年（前
598），公孙归父会齐人伐莒，与此同时，齐国也趁机伐莒。（详
细经过见"莒与齐国的关系"一部分）可见，莒国此时的处境是
十分困难的，在这以后的十年间，齐恃其强，开始欺压鲁国，使
得鲁国的注意力从莒国转向防御齐国，从大的形势看，晋、鲁、

---

1 《左传》僖公元年。

2 《春秋》僖公二十五年。

3 《春秋三传》卷6，赵鹏飞注，上海古籍出版社，1987年影印本，第191页。

卫、曹合兵伐齐，败齐于鞍，以至于晋再次称霸，于是，莒国又参加了以晋为盟主的马陵之会及蒲之会。晋势复强之后，30年间大会盟24次，莒都参加了。由于多次参加会盟，莒似乎逐渐以大国自居，开始对外用兵。

襄公四年（前569），"邾人、莒人伐鄫。"[1] 鄫位于今山东省兰陵县西北，与莒、鲁、邾为邻，三国都想把鄫置于自己的直接统治之下。是年，鲁国求得盟主晋悼公同意，把鄫国作为自己的附庸。鄫国附鲁，引起邾、莒两国反对，随即联合出师伐鄫。鲁派臧纥救鄫，结果被邾打败，鲁只好放弃与鄫的隶属关系。莒国则乘机于襄公四年一举灭掉了鄫，使得莒国的疆土直接与鲁国接壤。《左传》襄公八年（前565）载"莒人伐我东鄙，以疆鄫田"。自襄公十年开始，鲁襄公会同晋侯、宋公、卫侯、曹伯、莒子、邾子、滕子、薛伯、杞伯，小邾子、齐世子光一同伐郑国。但是，莒国趁此机会不断骚扰鲁国东部边境。后又于襄公十二年（前561），"莒人伐我东鄙，围台。季孙宿帅师救台，遂入郓"。[2] 又于两年后，再次侵鲁国边境。但是，由《春秋》及《左传》可见，虽然自襄公四年开始，莒不断骚扰鲁国边境，但鲁国并没有像以前一样"伐莒"，相反，不断地出现包括鲁和莒在内的众国会盟，究其原因，一方面由于莒与以前相比本身实力大增，另一方面鲁国也是基于霸主晋国对莒国的庇护，不敢对莒国轻举妄动。

襄公十六年（前557），晋悼公死，鲁国终于向晋国提出申诉，由此可见，晋悼公对莒国的庇护之深，以至于鲁国不敢向其提出对莒国的责难之辞。刚即位的晋平公以通齐、楚为名拘捕了邾宣公，莒犁比公。（《左传》载"葬晋悼公。平公即位……以

---

1 《春秋》襄公四年。
2 《春秋》襄公十二年。

我故，执邾宣公、莒犁比公，且曰：'通齐、楚之使'"。）到了襄公十九年（前554），各国诸侯又在督扬结盟，约定"大毋侵小"，晋又拘捕了邾悼公，取邾国所侵土地还鲁，划定鲁国疆界。晋给鲁国出了气，鲁襄公在蒲圃设"享礼"招待晋国六卿，并各有重赐，以感谢晋国。督扬之盟，鲁国得到晋国保护，政治上挽回面子，经济上得到实惠。莒国也受到了惩戒，军事上有所收敛。莒、鲁两国在督扬盟会翌年结盟和解。《左传》襄公二十年载："春，及莒平。孟庄子会莒人，盟于向，督杨之盟故也。"

随着晋悼公的去世，晋国的霸主地位也慢慢失去，莒国也就失去了保护伞，襄公二十三年（前550），齐伐卫国和晋国，又伐莒国，此时鲁国还处于救晋抗齐的状态。

襄公三十一年（前542），莒国发生内乱，"莒人杀其君密州……莒犁比公生去疾及展舆，既立展舆，又废之。犁比公虐，国人患之。十一月，展舆因国人以攻莒子，弑之，乃立。去疾奔齐，齐出也。展舆，吴出也。书曰'莒人弑其君买朱鉏'。言罪之在也"。[1] 正当去疾与展舆争夺王位之际，鲁国季武子于昭公元年伐莒，取郓。昭公十年（前532）"秋七月，季孙意如、叔弓、仲孙帅师伐莒"。[2]《左传》说："秋，七月，平子伐莒，取郠，献俘，始用人于亳社。"至此，莒国的西部疆界的屏障彻底消失。

莒国连续被伐，只好求救于盟主。昭公元年（前541），"季武子伐莒，取郓，莒人告于会"。昭公五年（前537），"莒牟夷以牟娄及防兹来奔"，鲁国唾手而得到莒国三邑，昭公十年（前532），"季孙意如、叔弓、仲孙貜帅师伐莒"。又于"秋七月，平子伐莒，取郠，献俘，始用人于亳社"。[3] 同年，晋平公去世。

---

1 《春秋》襄公三十一年。

2 《春秋》昭公十年。

3 《左传》昭公十年。

两年后，因为鲁国"取郓"的原因，"莒人愬于晋"。[1] 但因为平公的丧事而搁置，直到昭公十三年（前529），《左传》载，诸侯盟于平丘，"邾人、莒人斥于晋曰：'鲁朝夕伐我，几亡矣。我之不共，鲁故之以'"。所以晋昭公拒见鲁昭公，鲁昭公未能参加盟会。晋拘押了季孙意如，经过多方斡旋，才偷偷放回季孙。此后，由于莒内部动乱，国力日微，日后又依附于齐，已无力再与鲁抗衡了。

三　夹缝求生

刚进入春秋的一段时间里，莒国与包括齐国在内的周围各国都保持较为友好的邦交关系。《左传》中最早所见的齐国与莒国有关系的事件就是在庄公八年（前686），公子小白出奔莒国，第二年，小白先于公子纠从莒回到齐国，开始了齐桓公的时代，这一时期各国之间的关系开始以齐桓公企图称霸、齐国代郑国成为强国为中心，齐桓公于庄公十年（前684）开始他的扩张计划，灭掉了谭国，而谭公逃亡其盟国莒国。以后在齐桓公在位期间，再不见齐国与莒国直接的联系，包括齐桓公主持的几次会盟，也不见莒国参加，联系齐桓公的"尊王攘夷"的口号，莒国当时尚被作为夷的一个小国，其国力也不足以与其他各国平起平坐。闵公二年（前660）齐逼近迁阳（今沂水西南），直到完全灭纪国，齐向东扩张的面目已经不再掩饰了，面对齐国的步步紧逼，莒国开始寻找靠山，慢慢倒向晋国。同时也不再向北发展，转向西、南两方，开始与鲁、郯发生纠葛。

---

1 《左传》昭公十二年。

　　直到齐桓公去世后，齐国的霸业开始衰退。僖公二十八年（前619）发生了城濮之战，齐、晋、宋、秦四国的军队一起打败了楚国，并于同年各国盟于践土，莒国第一次参加了各国的会盟，同时也是莒国同齐国的第一次正式接触，可以反映出莒国的地位开始上升，开始为各国所承认，一方面是基于自身国力的增强，另一方面也是投靠晋国的邦交方针有效实施的结果。但是，齐国并没有因此而停止向东拓展的步伐，于公元前600年伐莱，取根牟。莱为东夷族，根牟又在莒之邻境，所以齐国顺势进攻莒国，先是宣公十一年（前598）齐国会同鲁国一同伐莒。第二年，在邲之战中楚国打败了晋国，齐国见莒失去了依靠，在两年后再次伐莒，至于前一次的原因，文献中没有记载，第二次伐莒，《左传》载"齐师伐莒，莒恃晋而不事齐故也"，[1]表明了齐、莒双方在这一时期的邦交策略。在这以后的十年间，齐恃其强，开始欺压鲁国，又侮辱晋的使臣，形势又为之一变，晋、鲁、卫、曹于前589年合兵伐齐，败齐于鞌，给了莒一个喘息的机会。当然，这一时期的主要矛盾还是晋楚争霸，就更大的范围来说，齐、莒这时都是站在晋的阵营当中，面对楚的威胁还是会联合在一起的。成公七年（前584），楚公子婴齐帅师伐郑。晋、齐、鲁、卫、曹、莒、邾、杞一起救郑，并于同年会盟于马陵。两年后，又会盟于蒲，同年，楚国又伐莒。可见，当时莒国面临楚国强大的压力，为其后来"通楚"而被伐埋下"伏笔"。

　　楚称霸中原的时代结束以后，晋悼公在位时期，晋国再次称霸中原，莒国也依靠晋国的支持迎来了最强盛的时期，自襄公三年（前570）至襄公十四年（前559），莒国参加了有齐国参加的七次会盟，又参加了伐郑和伐秦的战争，可见，这一时期，莒

1　《左传》宣公十三年。

国与齐国关系正常，彼此视为同盟，莒国也趁晋楚争霸的时机，伺机侵扰鲁国，同时与楚国暗地交好。襄公十六年（前557），齐国进攻鲁国，引起了以晋为首的十二国伐齐，莒曾要求以"车千乘"从东南方向攻齐。这一次齐兵不敢出，晋军焚临淄。十二诸侯之兵到达齐的南疆。齐坚守城池，未导致大败。然而齐开始有了向莒报复之心。此后，随着晋悼公的死去，晋国实力下降，给了齐国再次崛起的机会，经过三次表面较为友好的会盟之后，终于在襄公二十三年（前550），"齐侯伐卫，遂伐晋。……齐侯袭莒"，[1] 迫使莒子"朝于齐"，[2] 但因崔杼作乱而作罢，后莒子与齐景公会盟，从此，莒国开始倒向齐国。但莒国不甘心一直依附齐国，曾试图反抗，昭公十九年（前523），齐国突然讨伐莒国，据杜预的说法因为"莒不事齐故"，结果以"莒子奔纪鄣"而告终。两年后，齐国再次伐莒，对于此次战争，《左传》中有详细记载："齐北郭启帅师伐莒。莒子将战，苑羊牧之谏曰：'齐帅贱，其求不多，不如下之。大国不可怒也。'弗听，败齐师于寿余。齐侯伐莒，莒子行成。司马灶如莒莅盟，莒子如齐莅盟，盟于稷门之外。莒于是乎大恶其君。"[3] 可见此时的莒国已无力与齐国抗衡，第二年，莒国内发生内乱，其原因是国君庚舆"虐而好剑，苟铸剑，必试诸人。国人患之"。还有一个重要的原因是"又将叛齐"，[4] 反映出国人对与齐国作对的方针的担忧，最后以"齐人纳郊公"。据杜注记载，郊公是著丘公之子，昭公十四年逃往齐国。此后至春秋结束，莒对依附于齐不存二心了。

纵观齐莒的关系，莒国一直以晋国为依靠来牵制齐国，随着

---

1 《春秋》襄公二十三年。
2 《左传》襄公二十五年。
3 《左传》昭公二十二年。
4 《左传》昭公二十三年。

晋国的失势，齐国马上对莒国发起进攻。而对于莒国来说，在不同的阶段依靠当时最强大的国家是不变的方针，从依靠齐国，到随晋攻打齐国，再到再次投靠齐国是这一方针的充分体现。

四　左右逢源

莒与晋、楚的邦交关系是在晋、楚长期争霸的大历史背景下开始和发展的。晋和楚国力对比的不断变化，使得莒对两国的态度也要随之调整。莒作为一个小国，在晋、楚截然对立的两派中一定要明确自己的立场，依靠其中一个大国，但是，又要尽量避免与另一大国的矛盾激化。所以，晋、楚与莒的关系是紧密联系在一起的，这也是本部分把晋与莒、楚与莒的关系放在一起论述的原因。

据《春秋》和《左传》记载，莒与晋的邦交关系始于城濮之战，这同时也是晋楚争霸的一个标志性事件。城濮之战发生于僖公二十八年（前632），此时的晋国正是晋文公当政时期，晋军攻打曹国和卫国成为战争的导火线，晋国攻入了曹国，俘获了曹伯。楚国出兵救援卫国。结果，晋军、齐军、宋军和秦军一起在城濮打败楚军，卫侯也逃往楚国。这一年的夏天，晋文公主持了践土之盟，莒国也参加了这次会盟，这也是莒国第一次参加这样的大会盟，此前齐桓公由于标榜攘夷，所领导的几次会盟，莒都不得参加。后宋襄公也领导了几次会盟，莒亦未获准参加。由此可以看出晋文公对莒国的态度，同时也体现出晋国对于莒国提高自身政治地位的特殊作用。此后，一直到晋文公去世，莒与晋的同盟关系一直稳定，同时，在晋国的庇护下，包括楚国在内的诸国不敢对莒采取行动。莒国也把注意力转向与齐、鲁的关系。晋文公于公元前628年去世，晋的地位有所下降，齐国乘机对莒国发起进攻，宣公四年（前605），"公及齐侯平莒及郯。莒人不肯。公伐莒，取向"。[1]，而《左传》对这次讨伐的评价是"公伐莒，取向，非礼也。平国以礼不以乱，伐而不治，乱也。以乱平乱，何治之有？无治，何以行礼？"可以体现出一旦失去晋国的庇护，莒作为小国，存在于像齐这样的一个大国旁边，所要面对的境况是何等的艰难。随后，宣公十一年（前598），齐与鲁联合伐莒。两年后，齐国再次进攻莒国，原因是"莒恃晋而不事齐故也"[2]，面对齐国的强大，莒又面临着侍晋与侍齐的矛盾，当时齐国还依仗强势，欺压鲁国，侮辱晋国的使臣，引起众怒。终于在成公二年（前589），晋、鲁、卫、曹于合兵伐齐，败齐于鞍。三年后，晋悼公当政，晋国也逐渐重新兴盛起来。成公七年（前584），楚国讨伐郑国，在晋悼公的统领下，齐、鲁、宋、卫、曹、莒、邾、杞一同对抗楚国以救郑。并又一次会盟于马陵。莒与晋、楚的关系似乎又回到了晋文公当政时代的状况，由于晋国在晋悼公的统治下再次强盛，莒在其"保护国"的庇护下才能维持稳定的局面。成公九年（前582），在晋国的主持下，莒又参加了众国的蒲之会。但随后，楚国便发起了对莒国的征伐，据《春秋》记载，"楚公子婴齐帅师伐莒。庚申，莒溃。楚人入郓。秦人、白狄伐晋。"战争中，莒俘获了楚国的公子平，楚人要求互相交换俘虏，但莒国却杀掉了公子平，引起了楚国的怒气，向莒发起猛攻，接连占领了莒城和郓，从而前后攻占了莒的三都。《左传》对此次莒失败的原因的分析是："君子曰：恃陋而不备，罪之大者也。备豫不虞，善之大者也。莒恃其陋而不修城郭、浃辰之间，而楚克其三都，无备也夫！"但楚不能据而有之，不久就退出了。

此后，正式进入了晋悼公称霸的时代。其间，晋国主持了24

---

1 《春秋》宣公四年。
2 《左传》宣公十三年。

次大会盟,莒国都参加了,并参与了数次讨伐郑国的军事行动。而此时的楚国也在不停地侵扰宋、吴等国。莒国也依靠晋国,开始对外扩张。初期,即与邾联合共同侵鄫,鄫在莒之西南,距鲁不远,便向鲁求救,然而鲁的兵力不能胜莒,鄫终于为莒所灭。鲁感到受了威胁,开始修建东疆的费城。公元前 565、前 563、前 561 年,莒三度侵犯鲁境,表面上看,似仅是争夺边境上的田地,然而鲁国却以为:"莒人间诸侯之有事也,故伐我东鄙。"[1] 可以看出,此时莒国已经具有相当的实力与鲁抗衡。但是,这实力的背后确有着楚国的暗地支持,襄公十四年,莒再次侵扰鲁国,而同时楚国讨伐吴国,吴国向晋国求援,晋没有直接助吴抗楚,而是"执莒公子务娄,以其通楚使也"。[2] 杜预在注解中指出,莒国之所以敢伐鲁是由于其"贰于楚"。接着邾在齐国的支持下又侵扰鲁的边境,鲁向晋申诉,晋决定举行会盟一同讨伐莒、邾两国,但因为晋悼公身患重病而作罢。次年,晋悼公去世,晋平公即位,会盟于溴梁,晋平公"命归侵田。以我(鲁)故,执邾宣公、莒犁比公,且曰:'通齐、楚之使。'"[3] 晋悼公执政后期,齐国再次强盛起来,晋平公即位后开始联合诸国讨伐齐国,襄公十八年(前555),以晋为首的 12 国伐齐,莒曾要求以"车千乘"从东南方向攻齐。这一次齐兵不敢出,晋军焚临淄。此后,齐国开始伺机报复,襄公二十三年(前550),齐国攻打晋国,随后,又攻莒国的且于(莒邑)。终于经过几年的征伐,莒最终"朝于齐"。[4]

昭公元年,鲁国趁莒的内乱而伐莒,莒向会盟求援。《左传》载:"楚告于晋曰:'寻盟未退,而鲁伐莒,渎齐盟,请戮其使。'"

---

1 《左传》襄公十年。
2 《左传》襄公十四年。
3 《左传》襄公十六年。
4 《左传》襄公二十四年。

但被拒绝。可见，楚与莒当时仍保持很好的关系，而晋出于自保，不想再过多干涉莒与鲁的矛盾。但作为盟主，表面上还是要做出一种姿态，昭公四年，因牟夷奔鲁，并向鲁献了牟娄及防二邑。于是，"莒愬于晋。晋侯欲止公。范献子曰：'不可。人朝而执之，诱也。讨不以师，而诱以成之，惰也。为盟主而犯此二者无乃不可乎？请归之，间而以师讨焉。'乃归公。"[1]晋国的这种态度助长了鲁的气焰。之后，莒出兵于鲁，但被鲁打败。其后对鲁国的数次伐莒，晋国也视而不见。只是在昭公十三年（前529），众国会盟于平丘，邾人、莒人向晋国申诉"鲁朝夕伐我，几亡矣。我之不共，鲁故之以。"[2]以至于晋侯不许鲁参加会盟，最终迫使鲁国屈服。但是莒的内乱不止，国君去疾死后，蒲余侯杀了公子意恢，从齐迎回了去疾之弟庚舆，此后莒国依附于齐。

直到定公四年（前506），有晋、齐和莒参加的诸国会盟一起向楚国发起进攻。这也是春秋时期莒国与楚国的最后一次接触。

进入战国以后，楚的势力扩张到淮上，灭蔡，进而灭莒。

结　语

通过以上对莒与鲁、齐、晋、楚的邦交的具体分析，我们可以得出以下几点认识。第一，莒国在春秋诸国中的地位。莒国有能力入向、灭郮、伐杞，说明莒国与一般的小国相比，属于较为强大的国家；但是，又要避免夸大它的实力，通过对莒国邦交的考察，进一步认识到莒国自身的经济不够强大，导致国力不强，需要在大国的保护下才能求得自存，从这个意义上来讲，莒国应

---

1 《左传》昭公五年。
2 《春秋》昭公十三年。

是一个中等的国家，所以，我认为用"子国"来界定莒国的地位较为合适。第二，莒国邻近齐、鲁两个大国，加之春秋时期王室的衰落，迫使莒国在失去王室庇护的情况下，必须运用恰当的邦交手段来处理与诸国的关系，以求得自身的稳定，所以，与大国相比，邦交关系对于莒国的生存与发展有着更加重要的意义。第三，具体而言，莒国巧妙地利用鲁与晋、齐与晋、晋与楚的制约关系，运用军事斗争、缔结政治同盟和联姻等手段实现自保的目的，并在强盛时期有能力进攻其他国家，体现了它的邦交政策在增强国力方面的积极作用，这在以上四部分的论述中都得到了充分的体现。第四，以莒国的视角来看齐、晋、楚、鲁之间的复杂关系，能更深地体会到大国为维护自己的利益，把周围的小国视为自己的政治工具，小国的利益成为大国之间交换的筹码。自身的独立和强大是像莒国这样的小国最应该努力争取的，而单纯依靠大国的庇护，所得到的只能是暂时的苟安，最终仍然是走向灭亡，春秋后期的莒国就是一个典型的例子。这些对于我们认识今天的国际关系仍有借鉴意义。抛开表面的差异以后，历史与现实的本质是多么相似！这或许也是历史的魅力的一种体现吧。

明代太监与阉割人口数量考

李宝臣 *

摘　要：自永乐将太监引入朝廷权力机制以后，太监群体规模逐渐扩大，到正德末年达到了万人。不言而喻，明代太监总数始终是个变量，凡历史记载比较准确的统计数字，都具有鲜明的年份特征。绝不能把它当作有明一代太监常态存量数字使用。因此就要区分时段对其总量增减做出相对详细的梳理。

关键词：太监　净军　自宫　海户

　　明代宦官干政始自永乐时代。检其成因，流行说法是燕王朱棣发动靖难之役夺位成功曾得到过建文帝宫中太监暗中输送情报的帮助，所以即位后选择重用宦官。这纯系皮相之见。揆诸常理，背叛建文帝的宦官都是有名有姓的具体人物，成祖登极，论功行赏重酬他们符合情理，却没有理由因此惠及宦官群体，实质性提升其政治地位与权力。众所周知，在政治军事斗争中，利用对方背叛者获胜的一方，虽功成必要重奖之，但不等于就是在政治道义上褒扬其背叛行为，反倒会在心理上愈加鄙视其人其事，产生警惕防范之心，一般是不会重用这些人的。盖因同样之事可能也会发生在自己身上。

　　明太祖时代严禁宦官读书参政。成祖一向标榜自己忠实继承

＊　李宝臣，北京市社会科学院历史研究所。

了太祖事业，一登皇位，却贸然背离父训，将宦官权力引入朝政。个中原因，别有隐情，尚需深入辨析。

毋庸讳言，靖难之役是一场皇室内部争夺最高权力的战争，源于太祖分封诸子拥兵屏藩而埋下的政治祸端，不具通常意义上的正义与否。如果从皇朝继承统续合法性上讲，靖难就是叛乱。

由于朱棣夺位正当性饱受正统观念质疑，所以，他登上皇位不能立即获得文官集团的一致拥戴。而他对建文旧臣齐泰、黄子澄、铁铉等与不肯迎附者的大规模血腥屠杀，更加深了君臣之间的猜忌背离。

成祖即位后面临两大现实难题：一方面，缺乏文官集团通力合作，难以让政局尽快稳定，行政有效运行；另一方面，必须解除从龙起事的功臣武将军权，不然皇位难于长治久安。文武两方面的政治压力，促使他果断置父训不顾，构建宦官权力系统与文官、武将集团并行，分派太监出使、专征、监军与镇守要地，从而削弱文武官员权力，化解文官普遍的抵制性怠工与武将把持军权威胁皇权的风险。永乐三年（1405）开始的规模宏大的郑和七次武装船队下西洋，为什么不任用文武大臣，而选择太监做统帅，足以说明成祖的政治心态。永乐十八年（1420）创立东厂分解刑部与锦衣卫职权，尤以"刺臣民隐事"为要务，借此控制文武官员与社会。

历史上，在皇权机制运行中，始终存在江山易主的篡位风险。与皇权结缘的文武权臣、外戚是威胁皇位安全的经常性力量。从西汉到宋朝，皇朝更替大都由逼宫篡位完成。如外戚王莽代西汉建新朝，权臣司马炎代曹魏建西晋，武臣朱温代唐建后梁，权臣赵匡胤代后周建宋。

宦官是皇权附庸，宦官干政专权对于皇位转换他家的风险远远低于权臣与外戚。宦官由于无后，即使掌控大权，也是假皇权行个人威权，难以自立门户，开创以本人为创始人的家族政治事业。他们更依赖现实皇权，对皇帝更为忠心。历代只见逼宫篡位的权臣与外戚，而从未出现过登上皇位的权阉。东汉与唐朝皆是宦官权势熏天的时代，但皇朝更替都不是由他们完成的。宦官权势之大，可以频繁更换甚至杀死皇帝，却没有一个选择自立为帝，只是在皇族内选择容易操纵的儿童或弱智低能者继位延续本朝统治，从而固权树威，挟制朝野。也许宦官认清了本身六根不全，属于社会另类，登极难以获得朝野认同与支持的现实，所以只有同类抱团，维系现实皇权不倒，才是保持自身权力的最佳选择。可见，宦官是操弄皇权的高手，而非觊觎皇位的侵占者。皇朝不改姓的最大意义，就是皇族整体利益得以保全。若改朝换代，旧日王孙必成他人砧板上的鱼肉。

历史上，宦官专权大都发生在皇帝年幼或昏聩荒政时期。即以幼皇继位而论，宦官是太后较为熟悉并能任意驱使的群体，年轻太后与朝臣之间存在礼制鸿沟，文官集团又天生厌恶女人干政，因而，太后十分倚重宦官。

永乐以后，中枢政治权力结构始终是以司礼监制衡内阁的。儿童皇帝时期尤为明显。宦官作为君权附庸参与政治行政，是横在朝臣面前一道难以逾越的关卡。大臣若想进位揽权有所作为，必先交好权阉。

世间绝少有人不排斥宦官，但排斥不等于就拒绝与之合作。譬如，万历少年继位之初，顾命大臣首辅高拱与张居正、高仪在内阁共同做出扳倒权阉冯保的决定。但张居正转身就把消息"阴泄之保，乃与保谋去拱"。[1] 张、冯联合立即断送了高拱的政治生命，被革职强制还乡。张出卖高的理由很简单，他若追随高驱离了冯保，还会有第二个冯保，只要内府司礼监存在一天，内阁就无法染指其权力，而自己更不会由次辅晋升首辅，而与冯保联

1　谷应泰：《明史纪事本末》卷 61《江陵柄政》，中华书局，1976。

手，高拱一败，首辅非其莫属。同时，也能交好司礼监，使内阁与之重新回到协作状态。高拱为官多年，还没有深刻理解君权体制的实质。他企图趁皇帝年少，把持内阁包揽政权，一开始就处于权力体制上的劣势。正是由于皇帝年少不能亲政，才必须要由司礼监代表皇室与内阁合作，方能让权力制约平衡。

司礼监是内府二十四衙门中的第一衙门，匹敌内阁，设掌印太监一名，秉笔、随堂太监四至九名，"凡每日奏文书，自御笔亲批数本外，皆众太监分批，遵照阁中票来字样，用朱笔楷书批之，间有偏旁偶讹者，亦不妨略为改正。最有宠者一人，以秉笔掌东厂。掌印秩尊视元辅；掌东厂权重，视总宪兼次辅；其次秉笔、随堂如众辅焉"。[1]

黄宗羲检讨明亡之因指出"今夫宰相六部，朝政所自出也，而本章之批答，先有口传，后有票拟。天下之财赋，先内库而后太仓。天下之刑狱，先东厂而后法司。其它无不皆然。宰相六部为阉宦奉行之员而已"。[2]只要皇朝权力结构引入宦官集团，就没有一个皇帝不是信任宦官胜于大臣的。皇帝独握的决策权，往往由权阉代行，让内阁与司礼监碰撞时，彻底处于下风。宦官权势熏天权力无处不在，也让官员平日遇见宦官时丧失了往日礼仪体势上的优势。嘉靖年间，南京国子监司业朱大韶（嘉靖二十六年进士）对何良俊说"有一顺门上内臣尝语余曰：我辈在顺门上久，见时事几变矣。昔日张（璁）先生进朝，我们多要打个躬，盖言罗峰也。后至夏（言）先生，我们只平着眼儿看哩。今严（嵩）先生与我们拱拱手，方始进去。盖屡变屡下矣"。[3]

1　刘若愚：《酌中志》卷16《内府衙门职掌》，清道光二十五年海山仙馆丛书本。

2　黄宗羲：《明夷待访录》，中华书局，2011。

3　何良俊：《四友斋丛说》卷8，中华书局，1959。

自成祖将宦官纳入皇朝权力运行机制对抗文臣武将集团以后，直到宣德朝也未出现宦官专权乱政现象。宦官专权始自正统朝的王振。其后以成化朝的汪直，正德朝的刘瑾，天启朝的魏忠贤最受历史关注。

宦官权力日渐膨胀带来的最直观后果就是太监群体规模愈来愈大，到正德末年达到了万人。不言而喻，明代各个时期的太监人数不一，始终是个变量，所有比较准确的统计数字，都具有鲜明的年份特征。绝不能把它当作有明一代太监常态存量数字使用。

涉及明代太监数量的史籍大致可分三类：一是清朝的，无论官方说法还是亡明孤忠遗民著述，皆对明宦官干政专权持彻底否定态度，不免将太监数目有意做大以彰其君昏政弊，亡国必然，最具代表的就是清圣祖的"明后宫太监十万、宫女九千"之说；二是明本朝仕宦文人的记录，文官集团与宦官集团历来势同水火，因此，忧国的官员士子向来对宦官乱政与靡费国家资财抨击不遗余力，无不夸大太监数量，常用的数万之数，无非在警示皇帝，吁请尽快革除弊端，"数万"绝非统计意义上的，只表明情势严重与个人政见立场；三是宦官系统以及与之交集过事的朝廷衙门的文件，这才是考察明代太监真实数量最重要最可靠的资料。

太监一定是阉人，而阉人不一定就是太监。太监只是阉割人口的主要构成部分。明代的阉割人口，按分流去向，可以分作三类进行专题探讨：一是太监；二是自宫入海户；三是自宫遗弃人。在此，首先依据第三类历史资料梳理明代历朝太监人数的变化；其次自宫入海户数量；再次自宫遗弃人数量。

太监分宫廷与王府两类。先叙宫廷太监。这里所说的太监系指被朝廷正式收用的阉人，而未区分其身份地位的高低。

一　宫廷太监

明代宫廷按例间隔五年一收太监，[1] 由皇帝下达谕旨，礼部会同司礼监办理。而在实际操作中，并没有严格按五年一集中收录执行，有时连年集中大量收录，有时间隔长达十几年乃至三十年，皇帝也不下旨集中收录。"凡收选内官，于礼部大堂同钦差司礼监官选中时，由部之后门到此厂（东安门外菜厂，地处今王府井大街北端西侧菜厂胡同）过一宿。次日早辰点入东安门，赴内官监，又细选无遗碍者，方给乌木牌。候收毕，请旨，定日差司礼监掌印于万寿山前拨散之。"[2] 根据需要分配给宦官各衙门与南京、中都、湖北显陵以及地方上的王府。严禁京外各拥有使用太监权力的衙门与王府私自收录，违者严惩。

自正统朝起民间自宫者逐年增多，到成化朝形成了相当规模的私自阉割人群，涌向京师，不时聚集礼部或宫门喧扰请求收用。尽管事态严重，但宫廷没有妥协采取大批录用，而是问罪驱离。检《宪宗实录》可知当时情形：

成化十年（1474）十一月，自宫者三百一十四人先已奉旨谪戍，皆逃至京师复希进用。逮至重杖而讯之。拒收。[3]

成化十五年（1479）正月，自宫者至二千人群赴礼部乞收用。诏十日内尽逐之。[4]

成化十六年（1480）七月，自宫者至千余人喧扰官府，散满

---

1 《熹宗实录》天启三年四月辛未条：礼科都给事中成明枢批评宫廷连年收录太监，为"非五年之例"。中研院史语所，1962 年影印版。

2 刘若愚：《酌中志》卷 16《内府衙门职掌》。

3 《宪宗实录》成化十年十一月辛未条，中研院史语所，1962 年影印版。

4 《宪宗实录》成化十五年春正月戊申条。

道路。逐回原籍。[1]

成化十八年（1482）八月，通州右卫军余金凤等总三百九十一人自宫以求进，下都察院治其罪，皆发原籍原卫收管。[2]

成化二十三年（1487）六月，自宫者三千余告扰礼部。命十日内逐之。[3]

惩罚可谓严厉，自宫人却有增无减。盖因"自宫求进称为净身人者动一二千人，虽累加罪谪，旋得收用"。[4]只要是衙门，无论朝廷的还是内府的，无不希望扩充人手，壮大本部门实力，以便延伸权力触角，同时还能减轻个人工作负担。内府衙门正是利用自宫人众，屡求进宫的形势，顺势扩充了人手。成化二十一年（1485）正月，吏科都给事中李俊指出，"近侍之设国初皆有定，今或一监设太监一二十员，或一事参内官五六七辈"。[5]冗员超编问题虽严重，却未采取有效的抑制措施，二十年过后，依然如故，各宦官衙门无不争相增添人手。弘治十八年（1505）五月，户部尚书韩文具题："看得前项各马房仓库监局管事内官，先年设立多者不过二三员，少者止是一二员。以故官无冗滥，事有定规。近年以来逐渐加添，且如坝上北马房仓实在马止有一百四十一匹，内官添至八员。又如上林苑监林衡一署，原额止有九员，今添至三十二员。其他大率类此。"[6]

成化年间对于自宫求进者，严惩之余，也不得不"旋得收用"，但未见宫廷大规模成千上百的收录记录。想必是内府衙门各自题请旨准后零散分批录用，再就是衙门私自个别收录而不上

---

1 《宪宗实录》成化十六年秋七月乙巳条。

2 《宪宗实录》成化十八年秋八月辛卯条。

3 《宪宗实录》成化二十三年六月丙子条。

4 《宪宗实录》成化二十一年春正月己丑条。

5 《宪宗实录》成化二十一年春正月乙丑条。

6 韩文：《题为开读事（查革添设内官）》，《明经世文编》卷85，中华书局，1962年影印版。

报。至于成化朝太监总量究竟是多少，尚未检到直接的官方统计数字。嘉靖年间郑晓《今言》一则记载，为今日梳理成化朝的太监数目提供了可靠证据，过录如下：

> 正德十六年，工部言：内侍巾帽、靴鞋，合用纻丝纱罗皮张等料，成化间二十余万（两），弘治间三十余万（两），正德八九年至四十六万（两），今至七十二万（两）……洪武二年定置内使、监、奉御凡六十人。今自太监至火者近万人矣。[1]

正德十六年（1521）"太监至火者[2]近万人"的鞋帽等用料七十二万两。人均七十二两。以此上推，成化间的二十余万两供应的人数为三千人上下。弘治间的三十余万两供应的人数为四千五百人上下。正德八九年的四十六万两供应的人数为六千三百余人。正德十六年则人数近万。三朝历经五十余年，太监人数翻了三倍。这一年武宗过世，嘉靖继位。不久，太监人数便破万。

嘉靖三年（1524）到天启三年（1623）恰恰百年。为让太监数量历年变化一目了然，有必要剪贴这百年间官方记录的数目与增补情况：

嘉靖三年（1524）四月，内供用库太监梁政言：内官内使人等月粮例人四斗，食者一万五千余人。[3]这里的食者并非全是太监，还应包括宫女人等。但太监至少要占到九成。

嘉靖八年（1529）六月，司礼监揭帖：内官、长随、内使、

1 郑晓：《今言》卷4，中华书局，1984。

2 火者系指低级杂役太监。

3 王世贞：《弇山堂别集》卷98，中华书局，1985。

小火者、净军，见在一万二千六百三十九员名。[1]

嘉靖十五年（1536）六月，收三千四百五十五名送内府供役。[2]

隆庆元年（1567）九月，太监翟廷玉奏：见任内官一万四千五百余名。[3]

隆庆六年（1572）九月，工部言：两京内官旧使人等，自隆庆五年九月至六年八月，除事故五十一员名，实在一万二千七百二十九员名。[4]

万历元年（1573）四月，收三千二百五十名。[5]

万历六年（1578）七月，收三千五百七十名。[6]

万历十一年（1583）二月，驱逐了万历元年与六年这两批收录的太监。复于七月收两千余名。[7]

万历十六年（1588）四月，收二千名。[8]

万历二十九年（1601）四月，收四千五百名。[9]

万历四十六年（1618）四月，户科给事中官应震言：光禄米关内监者月粮，每岁全支有五千七百六十八员名；每岁半支有八千三百三十二员名。[10] 共一万四千一百员名。

泰昌元年（1620）九月，收三千名。[11]

1　梁材：《复议节财用疏》，《明经世文编》卷 102。

2　《世宗实录》嘉靖十五年六月壬辰条，中研院史语所，1962 年影印版。

3　《穆宗实录》隆庆元年九月辛未条，中研院史语所，1962 年影印版。

4　《神宗实录》万历元年九月甲申朔条，中研院史语所，1962 年影印版。

5　《神宗实录》万历十一年七月丙午条。

6　夏燮《明通鉴》卷 67，清光绪上海点石斋书局本。

7　《神宗实录》万历十一年七月丙午条。

8　《神宗实录》万历十六年四月戊辰条。

9　《神宗实录》万历二十九年四月癸未条。

10　《神宗实录》万历四十六年四月壬辰条。

11　《熹宗实录》泰昌元年秋九月戊戌条。

天启元年（1621）正月，收一千五百名，旋再收二百名。[1]
共一千七百名。

天启三年（1623）二月，收一千五百名。[2] 五月，再收年力精壮者一千名。[3] 共二千五百名。

罗列官方记录年报，就是要细化梳理出百年间太监人数的变化趋势。为此，需要先选一个官方当年统计数目作为考察的基数。因嘉靖三年报告的 15000 余人包含宫女等人，故选嘉靖八年司礼监揭帖的 12639 人作为基数，展开考察其后的数量变化。

嘉靖十五年收 3455 人。随着岁月流逝，太监存在自然减员，因之不能将 12639 人与 3455 人简单相加而认定该年的太监总数是 16094 人。

太监的年减员率，选择按 3% 计算。[4]

嘉靖十五年去嘉靖八年间隔七年。（1—0.03）的 7 次方约 0.8，乘以 12639，约剩 10110 人，加上新收的 3455 人，总数 13500 余人。

嘉靖四十五年去嘉靖十五年间隔三十年，（1—0.03）的 30 次方约 0.4，乘以 13500，那么，到嘉靖过世之际，宫廷太监只剩下了 5400 余人，且年纪皆在 35 岁以上，以五十岁左右的居多，许多重体力工作已不能胜任。因之，其间绝不可能不补充新手。但遗憾的是未能检到《世宗实录》集中大量收太监的记录。世宗继位以后裁抑太监，对之管束甚严。《世宗实录》嘉靖

---

1 《熹宗实录》天启元年正月乙酉、戊戌条。

2 《熹宗实录》天启三年二月己卯条。

3 《熹宗实录》天启三年五月戊辰条。

4 隆庆五年九月至六年八月整整一年，事故 51 名，实在 12729 名。减员率在 51/（12729+51）约是 0.4%，一年的数据，明显偏低，结合明代人口死亡率 2.5% 到 3.2%，以及太监犯罪与病老退职等因素，故选择年减员率为 3%。隆庆元年 14500 余人，隆庆六年 12729 人。间隔五年，累计减员约 1800 人，年均减员 360 人。亦可佐证。

十五年以后不但没有收太监的记录，就连有关太监的活动信息
也很少。然而，严管太监，并非彻底革除太监的政治体制改革，
只是暂时削弱了司礼监权力，撤销了监军、镇守等差事，而其
他宦官衙门依然如故，按部就班分担宫廷日常事务。按例逢缺
员时题请补充，按例得到批准。使太监规模基本维持在 13500
人左右。嘉靖二十一年（1542）十月"宫婢之变"后，世宗移
居西苑，专事斋醮玄修，疏于朝政。皇帝不出面集中大量收录
太监，也就为宦官衙门各自分散题请补充，提供了有限的扩充
人手的机会。

隆庆元年工部报告太监 14500 余人。比嘉靖十五年的 13500
余人还多出了 1000 人。足证嘉靖十五年以后，宫廷太监补充采
用的是随时分散收录方式，其间必然也存在缺员申报虚高而获批
现象。

隆庆六年工部报告太监 12729 人。此去隆庆元年间隔五
年，其间没有收录记载，故（1—0.03）的 5 次方约 0.85，乘以
14500，约剩 12325 人。这一数字与本年核查的现存 12729 人，
相差不多，亦证选择 3% 减员率比较符合实际状况。

万历元年四月收 3250 人。此去隆庆六年九月间隔半年，减
员约 200 人，剩 12529 人，加上新收的，总数近 16000 人。

万历六年七月收 3570 人。此去万历元年间隔五年，（1—
0.03）的 5 次方约 0.85，乘以 16000，约剩 13600 人，加上新收
的，总数 17170 余人。

万历十一年驱逐了万历元年与万历六年这两批收录的太监。
这是神宗亲政以后，铲除权阉冯保的结果。他不能让冯保主持收
录的太监继续留在宫中以生不测。随着驱逐完成，太监数量骤
减，留下的都是隆庆六年的老人。不久，复收 2000 余人。

万历十一年去隆庆六年间隔十一年，（1—0.03）的 11 次方
约 0.71，乘以 12729，隆庆六年留下的老人约剩 9000 余人，加
上新收的 2000 人，总数 11000 余人。

万历十六年收 2000 人。此去万历十一年间隔五年，（1－0.03）的 5 次方约 0.85，乘以 11000，约剩 9350 人，加上新收的，总数 11350 余人。

万历二十九年收 4500 人。此去万历十六年间隔十三年。（1－0.03）的 13 次方约 0.67，乘以 11350，约剩 7600 余人，加上新收的，总数 12100 余人。

万历四十六年户科给事中官应震报告 14091 人。此去万历二十九年间隔十七年，未见《神宗实录》记载大规模集中收录太监。（1－0.03）的 17 次方约 0.6，乘以 12100，原有的太监应只剩 7260 余人。然而，官方本年的记载总数不降反升，多出 6800 余人。究其原因，这一现象与嘉靖后三十年的情况类同。凡大规模收录太监，必由皇帝下令，皇帝不出面，《实录》也就无记载。神宗是位懒于政事，几十年不上朝，坐视衙门缺员而不闻不问的皇帝。因之，宫廷十七年不集中大量收录太监，也不足为奇。皇帝懒得出面，也就为高中级宦官提供了寻租发财、扩充个人势力的良机，皆能打着缺员而随时分散题请补充。不过，本次报告的人数多，不见得实存人数就同样多。其中存在着严重的吃空饷现象。诚如报告人官应震所言"中间或以一人而当数十人数百人皆不可知"。[1]

泰昌元年九月收 3000 人，此去万历四十六年间隔二年，（1－0.03）的 2 次方约 0.94，乘以 14091，约剩 13250 人，加上新收的，总数 16250 余人。

天启元年正月收 1700 人，此去泰昌元年九月，间隔仅四个月，减员约 120 人，剩 16130 人，加上新收的，总数 17830 余人。

天启三年收 2500 人。此去天启元年间隔二年，0.94 乘以

---

1 《神宗实录》万历四十六年四月壬辰条。

17830，约剩 16760 人，加上新收的，总数 19260 余人。

通过以上梳理，可以看出百年间宫廷常态存量太监在 11000 余人到 19260 人之间变动。凡太监人数短期内暴增，大都与权阉当政相关。

不管皇帝与权阉多么热衷扩充名额，也不管自宫人多么企盼进宫，太监名额一直受财政支付能力限制。仅隆庆六年九月报告的 12729 名太监的一年靴银，就要用去 72127 两 4 钱白银，为此工部请求向营缮司、都水司挪用。[1] 据此可知，太监靴料银消费人均一年 5.66 两。内府巾帽局每年在夏初，"据见在员数，具题移文工部。至冬初，即于节慎库领银十余万（两），分散内官、内使人等靴料。凡有羡余，缴进御前"。[2] 十余万两靴料银专用款差不多可供应 18000 人领取各自制鞋。天启三年的 19200 余人，已超过朝廷财政常规支付能力的限度，不可能再有"羡余"让皇帝使用，反而要追加支出。

天启三年去明亡仅二十一年，皇朝陷入内忧外患、灾荒频发、哀鸿遍野、民变丛生、干戈四起的风雨飘摇衰亡期。崇祯十七年（1644）三月，大顺军攻占北京，旋而清军入关。京师两次易手，致使崇祯朝的官方资料多散佚灭失。因之，今天也就难寻当时宫廷收录太监的官方记录，只有私人著述的只言片语可供参考。旅京亲历甲申之变的浙江平湖贡生钱士馨讲："阉竖之设，自神宗辛丑（万历二十九年）以后，不复选用者二十年；熹庙时仅一。至上（崇祯）十七年间，选用至三。内禁增万人，岁增月米七万三千（石），靴料银加多五万（两）。"[3] 清初江南常熟诸生王誉昌对此稍加改动采入其作《崇祯宫词》的诗注中。

---

1 《神宗实录》万历元年九月甲申朔条。

2 刘若愚：《酌中志》卷 16《内府衙门职掌》。

3 钱士馨：《甲申传信录》卷 3，上海书店，1982。

考证这条史料，其中颇有失载与抵牾之处。首先，《熹宗实录》记录天启年间除为王府专门收录太监一次之外，宫廷大小收录共五次，而非仅一次；其次，崇祯年间三次收录年份不明，更无每次收录数目；最后，所收的万人分别与岁增月米七万三千石，靴料银五万两对不上。太监月米供应标准一直是 4 斗，加上闰月，平均为 4.12 斗，年均每人消费将近 5 石。73000 石可供应 14600 人左右。靴料银消费年均每人约 5.66 两，50000 两只能供应 8800 余人。两者相差约 5800 人。

尽管崇祯年间三次共收万人的历史信息存在瑕疵，但也不能视而不见。解析这收录万人的具体情况，首要问题是选定年份。崇祯继位之初，清除了阉党，同时疏远太监，兼之天启朝遗留的太监还很富裕，显见大量收录的可能性极小。乙巳之变以后，皇帝越来越对文臣武将失去信心，于崇祯四年恢复太监监军制度，因此选定本年为第一次收录年份；崇祯十一年恢复内操（十四年罢停），存在补充年轻力壮太监的需求，故选定为第二次收录年份；崇祯十六年再次恢复内操，故选定为第三次收录年份。每次皆按平均 3300 人计算。这一数字也符合上面移录的历年宫廷集中收录太监人数多在 3500 人上下的惯例。

崇祯四年（1631）去天启三年间隔八年，（1 — 0.03）的 8 次方约 0.78，乘以 19200，约剩 15000 余人，加上 3300 人，总数 18300 余人。

崇祯十一年（1638）去崇祯四年间隔七年，（1 — 0.03）的 7 次方约 0.81，乘以 18300，约剩 14800 余人，加上 3300 人，总数 18100 余人。

崇祯十六年（1643）去崇祯十一年间隔五年，（1 — 0.03）的 5 次方约 0.85 乘以 18100，约剩 15300 余人，加上 3300 人，总数 18600 余人。

可以推断崇祯一朝太监存量大致在 14800 余人到 18600 余人之间变动。高峰数量没有超过天启三年的 19260 人。

二 净军部队由宫廷太监临时组建

太监不过是对宫廷阉人的统称。实际上，内官职级序列，按职司事务的高低粗细甘苦，分很多级很多叫法，如内官、长随、内使、小火者、净军等。净军处在最低级，分布在宫内、南海子、皇陵、南京、中都与口外卫所等处。职司无非人所不愿干的勤杂苦累差事。如清运垃圾、打扫厕所、值班打更、护陵守冢、南海子种菜、南京孝陵种菜，等等。

因此"罚充净军"也就成为惩罚犯事太监的常用手段。这是对太监尤其是位高者犯罪的法外施恩，体现了皇帝对自家奴才的照顾。譬如：正德十三年十月镇守蓟州太监郭原"克索官军银七千余两。执至京下镇抚司鞫实，谪充南京孝陵净军"。[1]再如，万历四年三月南京内官监奉御靳成盗库银一千一百余两，充净军。[2]倘若如此巨额贪污，放到官员身上肯定要判处死罪。

《明史·宦官传》记录了历朝多名高级太监如尚铭、王岳、李芳等充南京净军；王敬、刘若愚、崔文升等充孝陵卫净军；王安充南海子净军。[3]

净军之名源于宫廷惩罚性收录自宫者的安置方式。收录之初，"编配口外卫所，名净军。遇赦，则所司按故事，奏送南苑种菜；遇缺，选入应役。亦有聪敏解事，跻至显要者。"[4]弘治以后，收录自宫人，不再发往口外卫所，而是安置在南海子充净军。检索《明实录》集中收录人数最多的一次是弘治五年，"于刚等

---

1 《武宗实录》正德十三年十月壬申条，中研院史语所，1962 年影印版。
2 《神宗实录》万历四年三月戊戌条。
3 《明史》卷 304、卷 305《宦官传》，中华书局，1974。
4 陆容：《菽园杂记》卷 2，中华书局，1985。

二千二百四十六名年籍相同，发南海子净军种菜。"[1] 虽然地位低下，却是太监身份，随时都可能被抽调进宫。这对于自宫者也算是幸运之事。

此外，由太监组成的部队，亦称净军。武宗好武，正德七年以后，江彬与许泰皆以边将得宠，遂"调辽东、宣府、大同、延绥四镇军入京师，号外四家，纵横都市。每团练大内，间以角抵戏。帝戎服临之"。[2] 正德十一年，演操于西苑，帝"自领阉人善骑射者为一营，谓之中军。晨夕操练，呼噪火炮之声达于九门"。[3] 将士皆身着黄罩甲，帝亲自检阅。部队甲胄光鲜，望之如锦，故谓之"过锦"。正德十六年六月，武宗过世，净军解散。世宗继位后，裁抑太监，停止内操，直至万历初期。神宗亲政以后，又"集内竖三千人，授以戈甲，操于内廷"。[4] 万历十二年十二月兵部尚书张学颜具题："内操兵虽止三千，而仆从无算，地在内苑。"[5] 天启朝魏忠贤专权，"内操净军三千人"，[6] 旋"增置内操万人"。[7] 崇祯继位，清除阉党，内操罢停。崇祯十一年恢复内操仍为三千人。十四年再停。十六年再复。[8] 不久明亡。

周同谷《霜猿集》谓"天启中，魏珰选京师净身者四万人，号曰净军"。[9] 这是当代认可明朝太监十万之说最常使用的重要证据。《霜猿集》系明季史事纪事诗集。周同谷名翰西，号鹤臞，

1 《孝宗实录》弘治五年十二月壬戌条，中研院史语所，1962 年影印版。

2 《明史》卷 307《江彬传》。

3 《武宗实录》正德十一年二月壬申条。

4 夏燮:《明通鉴》卷 68。

5 《神宗实录》万历十二年十二月壬子条。

6 李逊之:《三朝野史》卷 2，清《荆驼逸史》刊本。

7 《明史》卷 305《魏忠贤传》。

8 杨士聪:《玉堂荟记》卷 1，上海古籍出版社，1995。

9 周同谷:《霜猿集》，商务印书馆，1937。

江南常熟诸生（生员），入史可法幕抗清失败后，流寓昆山，显然是位明代遗民。因此，诗集哀亡国之痛时，离不开对宦官祸国的批判，把净军人数做大，不但能让宦官专权罪恶更加直观，也使批判更具说服力。然而，片言诗注毕竟不是对净军人数做了详实考察后的结论，只是表达了作者对此痛恨之深。所以，四万之说，绝不可视为信史。不要说是四万，就是《明史·魏忠贤传》所说的"增置万人"，也很值得怀疑。据《熹宗实录》记录，泰昌元年九月到天启三年五月，不足三年当中，宫廷共收净身男子六次，累计 9890 人。其中天启元年二月收的 2690 人，全部拨给了地方上的王府，留在宫廷的共 7200 人，即使全部用作净军，也离万人之数尚远，遑论四万。

魏氏专权期间，庙堂舆论并没有一边倒，始终存在质疑抨击之声。天启四年六月初三日，杨涟弹劾魏忠贤二十四大罪状，其中第二十二款，专门指证内操之害，"忠贤谋同奸相沈㴶创立内操，不但使亲戚朋党交互盘踞其中，且安知其无大盗刺客、东酋西夷之人寄名内相家用，倘或伺隙谋乱发于肘腋，智者不及谋，勇者不及拒。识者每为寒心"。[1] 四年过后，崇祯惩办魏氏，所列十大罪状的第三款，也只是说内操之害，"外胁臣民，内逼宫闱，操刀厉刃，炮石雷击，深可寒心"。无论魏得势时遭弹劾，还是失势后被定罪，皆列内操净军祸乱内廷威胁皇权之款。既然如此重视，却都没有涉及人数。倘若魏一改神宗旧例，净军由三千人骤增至万人乃至四万是真事。反魏者是绝对不会轻易放过的。要知道，变乱祖制，是板上钉钉的重罪。单纯指证内操之害只是老生常谈，伴随内操产生就一直遭庙堂舆论批评。可见，变乱祖制，擅自扩军，比一般性指认罪责，更能坐实魏氏居心叵测，威

---

1 《明熹宗七年都察院实录》天启四年六月初三日条，中研院史语所，1962 年影印版。

胁皇位的罪行。果真有此现成罪证，批评者岂能视而不见，不昭示于朝野？

内操净军并非常设部队。自正德创始到明亡，时而成军，时而罢停。存在时间远短于罢停时间。天启朝，由于权阉魏忠贤把持，七年当中存在了五年，而随后的崇祯十七年当中，只存在了四年。太监成军，并非在社会上招募自宫人，而是在现有的太监中选取年轻力壮的，犹如抽调服不定期兵役，解散后各归本职。万历朝"选少年强壮内侍三千名，俱先娴习骑射，至期弯弧骋辔，云锦成群，有京营所不逮者"。[1] 即是明证。

因此，在考察明朝太监人数时，绝不可把军队性质的净军单独计数，再加到太监总数之中。那样必造成重复计算，使太监总数失真虚高。

三　王府太监内使

宫廷之外，王府、公主府以及个别的外戚、功臣也可赐用太监内使。当代认同明朝太监十万之说，为之搜寻支撑证据时，往往把宗室爵职人口规模快速扩张，致使这一群体接收太监内使的数量猛增，作为主要证据之一加以论述。不错，明朝宗室爵职人口与太监以及自宫人口皆是不断上涨的。但是嘉靖以后，前者增速远高于后者。若要证明两者同时增长为正相关关系，起码得满足三个前提条件：首先，无论宗室爵职人口怎样暴长，朝廷皆能保障其优厚待遇；其次，无论爵职高低，朝廷不做区别对待，一律允许使用阉人，且无等级与数量限制；最后，宗室可以自行招

1　沈德符:《万历野获编》卷 2，中华书局，1989。

募与接纳投充的自宫人。只有满足如此前提条件，宗室群体才可能构成宫廷之外接纳自宫人的另一主体。然考诸历史，三项条件皆不能无条件满足。

明代宗藩政策是国家包养宗室人口，禁止其科考、入仕、务农、做工。宗室人口按明末徐光启推算，三十年翻一番。弘治时期，面对宗室人口暴增，宗禄已无法足额支付，故而采取"减半支给"以纾财政窘境。然而岁月迁移，宗室人口仍在增长。"减半支给"只是缓解了一时之困，不能获得长期的财政减负效益。朝廷仍然没能逃脱宗禄支付的困境。嘉靖四十一年（1562）十月，御史林润指出，"天下财赋岁供京师粮四百万石，而各处王府禄米凡八百五十三万石，不啻倍之。即如山西存留米一百五十二万石，而禄米三百一十二万石；河南存留米八十四万三千石，而禄米一百九十二万石。是二省之粮借令全输，已不足供禄米之半"。[1]

但宗禄应付数额不等于实际支付的。即使实行"减半支给"以后，也是经常拖欠的。在此捃摭一例，以窥一斑，嘉靖三十九年（1560），巡抚河南右副都御史张永明记述了河南唐、赵、崇、郑、伊五王府的禄粮本色与折色银的拖欠情况："三十八年分并三十九年春季计，五季该放本色禄粮银三十八万九千八百六十余两；又三十六、三十七、三十八年，计三年该放折色钞银五万六千八百余两。二项共该银四十四万六千六百六十余两。库内应支正项禄粮银止有二万二千四百四十三两有零，尚欠银四十二万四千二百余两无从凑处。"[2]真可谓是"虚额之以廪禄，

---

1 《世宗实录》嘉靖四十一年十月乙亥条。
2 张永明：《乞处补禄粮疏》，《张庄僖文集》卷3，《景印文渊阁四库全书》，台湾商务印书馆，1983年影印本。

而实坐之以饥寒。"[1]

嘉靖四十四年（1565）再次降低宗室待遇，除亲王继续保持禄米本色与折色对半发放以外。郡王无论始封还是承袭，禄米皆降至一千石，同时与镇国、辅国、奉国将军的禄米发放都改为三分本色，七分折钞；镇国、辅国、奉国中尉的禄米改为四分本色，六分折钞。在钞法大坏，快速贬值形同废纸的背景下，折钞无异于变相大幅度削减宗室收入。在本色与折钞两部分皆折银发放以后，本色部分，折银比率各地王府多寡不同，平均每石在五钱上下，而折钞部分，每石仅能折银二三分。[2]同时，取消或削减了多项补贴。[3]从而缓解了财政压力。据《宗藩条例》统计：本年郡王、将军、中尉共一万四千余人。

有明一代，诸帝皇子累计封藩之国的五十四位，除因绝嗣撤藩与获罪革爵的，嘉靖以后存世的藩王在二十四位到三十位之间变动。亲王是皇帝之子，藩府开创的始祖，世袭罔替地位贵显，虽历经宗禄削减，但朝廷还是优先保供的。而郡王数目远超亲王，达二百几十位。将军以下更是成千上万。宗禄供不应求的根本原因是郡王以下爵职疯长，必然也就成为重点削减宗禄的对象。

郡王以下宗室在减禄与拖欠双重打击下，爵职越低生活状况越差。比起减禄，经常性拖欠更为可怕。嘉靖四十年二月，山西代王府系的奉国将军聪浸等以禄粮积欠数年，诣阙自陈其生计困境：

---

1 刘宗周：《条议宗藩疏》，《刘蕺山集》卷 1，《景印文渊阁四库全书》。

2 朱勤美：《王国典礼》卷 3"禄米"谓："照周府折禄事例，每石准钞十五贯，折银二分，惟四川王府折钞每石折银三分。"北京图书馆古籍珍本丛刊第 59 册，书目文献出版社，1988。

3 《宗藩条例》"议处改折条""停给工价条"，北京图书馆古籍珍本丛刊第 59 册，书目文献出版社，1988。

臣等身系封城，动作有禁，无产可鬻，无人可依，数日之中曾不一食，老幼嗷嗷，艰难万状。有年逾三十而不能婚配；有暴露十年而不得殡埋；有行乞市井；有佣作民间；有流移他乡；有饿死道路。名虽宗室，苦甚穷民。俯地仰天，无门控诉。请下所司将积逋禄米共二十二季，清查催补，使父母妻子得沾一饱。[1]

"二十二季"累计为五年半。如果是十五年积累的，平均每年拖欠一季半禄米。因而"将军以下至不能自存，饥寒困辱，势所必至，常号呼道路，聚而诟有司"，[2] 必然成为常态。显然，宗室生育越繁盛，新增爵职人口越多，生活保障越差，对内使的实际需求量越低。倒不是全都丧失了获准使用内使的兴趣，而是现实的经济窘境使然。自家生计尚且发愁，怎能再奢望增添内使仆役。

朝廷也从来没有完全放开过宗室爵职自由使用阉人的限制。《明会典·王国礼》卷"内官内使条"开列了宗室爵职使用太监内使的各项规定：

弘治九年奏准：各王府缺少内官内使，司礼监择其老成读书者，具奏照缺给赐，以后有缺奏除。其郡王府，每府给与内使二名，专管宫闱事务及关防门禁。

凡保升内官，正德三年令各王府内使不系钦拨者，不准乞恩保升。四年议准：王府承奉等官并郡王内使俱有定额，不许额外滥保。

万历十年题准：王府承奉等官额设一正一副，俱照次序迁转。承奉正副员缺，该典宝正副挨补。典宝正副员缺，该

1 《世宗实录》嘉靖四十年二月癸丑条。
2 《世宗实录》嘉靖四十一年十月乙亥条。

典膳正副挨补。典膳正副员缺，该典服正副挨补。典服正副员缺，该门官挨补。门官员缺，该内使升补。不容一概滥请。其各处无名内使、私自净身人等，有托故擅入王府，因而拨置害人，贻累宗室者，抚按官严加禁治。

亲王内使如司冠、司衣、司佩、司履、司乐、司弓矢之属，总数不过十名，若果原额缺人，具实奏讨。司礼监择其老成读书者量拨四名。

世子及郡王，原未经拨给者，各量拨二名。其将军、中尉，不许违例滥请。[1]

明初只有亲王府才配置太监内使，皆由朝廷拨送，禁止私自收录阉人。成化以后，对王府私收阉人的处罚愈加严厉，王爷要听礼部查参，并将王府长史等官一体治罪。朝廷如不及时补送，王府太监内使一旦缺员，只能乞请补充。拨补事宜由礼部负责。为了能及时补充王府内使之缺，礼部平时也零星收录储备一些"食粮净身男子"，"寄养"在南海子劳作。[2] 遇王府有需，则选派前去。常备人数估计在一二百人，随派出而随收充。若一时需求暴增不敷使用，请旨准许后，在宫内富余的火者或海户当中抽调。

洪武二十八年（1395）规定：亲王府承奉司设承奉正（正六品），承奉副（从六品）。所三：曰典宝所，设典宝正一人（正六品），副一人（从六品）；曰典膳所，设典膳正一人（正六品），

---

1 《明会典》卷 57《王国礼三》，中华书局，1989。

2 俞汝楫：《礼部志稿》卷 75 "奏讨内使条"："嘉靖三十二年九月，净身男子江宁等奏乞收用。该本部议将年力稍壮男子侯景等送南海子收管，候各王府奏讨，查拨。"嘉靖三十六年三月，礼部拒绝唐王府系镇国将军宇洋乞讨二名内使时说："且将军乞请不已，必继之以中尉，南海子寄养有限，异日何以应之。"台湾商务印书馆《景印文渊阁四库全书》，2008，影印本。

副一人（从六品）；曰典服所，设典服正一人（正六品），副一人（从六品）。门官，设门正一人（正六品），门副一人（从六品）。又设内使十人：司冠一人，司衣三人，司佩一人，司履一人，司药二人，司矢二人。[1] 额定二十人。按职位高低细分，前十人称太监，后十人称内使。

同样是亲王，待遇有始封与继承之分。始封又有生母等级之分，皇后之子之藩用上十王礼，妃之子用中十王礼，嫔之子用下十王礼。明朝以太祖皇子最多，懿文太子而外，封王之藩的二十四人。但当时的太监政策严厉，王府配置太监内使难以超过定额二十人。弘治以后，亲王府严格意义上的太监名额始终保持十人，而内使则高度打破了定额，同时，又开始向郡王府分派内使。这是自宫人口急剧增长与亲王数目长期维持在二三十位的结果。一方面，自宫人口激增，远超宫廷吸纳能力，构成严重的社会问题，不断搅乱京师秩序，宫廷亟须扩大分流出口以减轻社会压力；另一方面，孝宗以后诸帝皇子数目不但稀少，而且完成封王之藩的更少。孝宗二子，武宗外，无封藩；武宗无子；世宗八子，穆宗外，只一子载圳封景王之藩德安；穆宗四子，神宗外，只一子翊镠封潞王之藩卫辉。神宗八子，光宗外，三子常洵封福王之藩洛阳，五子常浩封瑞王之藩汉中，六子常润封惠王之藩荆州，七子常瀛封桂王之藩衡州。从弘治初年到万历末年的一百三十多年当中，朝廷只办理了三位亲王之藩。其中，嘉靖朝一次，载圳封景王之藩德安，后因无嗣而撤藩；万历朝两次，皇弟潞王与皇子福王，前者因李太后，后者因郑贵妃而铺张。两次赏赐太监内使皆在五十人以上。这从万历二十九年四月再次拨给潞王五十名可以看出。此次拨送，

---

1 《明史》卷 74《职官三》。

距其之藩仅十二年。虽然万历二十九年（1601）同时封了四位亲王，但瑞王、惠王与桂王，都是拖延到天启七年（1627）才之藩的。因此，在自宫人口供应过剩与亲王数目基本恒定的情势中，朝廷才能轻易打破亲王府内使定额，同时将使用内使权力推及郡王头上，从而大大提高了王府接纳自宫人的规模。尽管朝廷不断发布禁令，一再申明王府太监内使要保持定额，但在实际操作中，常把向王府大量拨送内使，当作分流自宫人求职压力的权宜之计。

郡王虽比亲王只差一级，但待遇悬殊。府邸：亲王府周筑近四里的高大宫城，内有七百九十六间房屋，郡王府不过四十六间的大宅而已；年俸标准：亲王一万石，郡王二千石；纳妾限额：亲王十人，郡王四人。

在使用太监内使人数方面，官方文件明确了亲王府的太监职位品级与二十人的定额，而未对郡王府使用内使做出明确的职位品级与人数的规定。建文二年（1400）的《皇明典礼》出现了类似亲王府承奉司的郡王府应奉司机构，定制三人。[1] 但随着成祖登极，建文朝的制度设计不见踪影。直到弘治朝前期，郡王府是否可用内使并无明确规定，一般来说是不配置的。弘治九年（1496），兵部尚书马文升《题为选辅导豫防闲以保全宗室事疏》建议向郡王府分派内使：

> 自正统年间至今，除秦、晋、蜀、襄、淮、德、吉、徽、崇等府，并新封兴、岐等府，内官不阙外，其余王府内官有阙，不行具奏，有一府止有承奉一员，至全阙不补者。宫门传事多系女人。其他郡王府亦无火者，往来传事俱系外人。

---

1 《皇明典礼》，国家图书馆出版社，2014。

凡百出入，尤无禁忌。虽有藩王，其郡王并将军有系尊属，或族属颇疏者，虽知所为非礼，不敢戒谕，辅导官员不敢谏止。其镇巡三司官员惧其捏奏欺侮离间，动辄差官勘问，亦不敢具奏。所以肆其所为：有潜蓄异谋而烝淫不道者；有强抬军民子女而打死人命者；有骨肉相残而致成仇敌者；有密取外人之子为嗣者；有呼唤乐妓入府奸用者；甚至宫闱不肃，致生外议者。其他将军有潜入富乐院宿娼者，或与市人饮酒赌博者。及至事发，差官行勘，事多不虚。

其郡王府每府给赐内使二名，专管宫闱事务及关防门禁……郡王有过，专罪内使、教授。如此关防事无过举……各府郡王自行禁治。若藩王郡王府互相容隐，不行禁治，许镇巡等官将所为不法之事，会本着实具奏。[1]

显然，保持亲王府太监足额与向郡王府派遣两名内使，就是要严王府内外之别，监管宗室过守法生活，不能肆意妄为。建议获准执行，本年始向郡王府每府拨送内使二人，并形成了制度。而在日后的执行过程中，郡王府绝不止两名内使。尤其是嘉靖以后，凡是向所有王府集中拨送太监内使时，皆是按亲王二十人，郡王十人办理的。显然，郡王在使用内使数目上，与亲王在住房、俸禄、纳妾等方面的差距比较，是最小的。实质上，郡王府从开始配置内使二人到增至十人，纯属宫廷分流过剩的自宫人口而采用的强制摊派，必将加重绝大多数郡王的负担。

郡王以下的镇国将军、辅国将军、奉国将军、镇国中尉、辅国中尉、奉国中尉一直禁止使用内使。但制度禁止不等于现实生活中不发生违禁现象，正德八年二月，秦府系的邠阳王府镇国

1　马文升：《题为选辅导豫防闲以保全宗室事疏》，《明经世文编》卷62，中华书局，1962。

明代太监与阉割人口数量考

将军诚溧因私畜自宫者数人，革其禄米三之一。[1]正德十三年三月，晋府系的辅国将军表枏等三人与奉国将军表桃等二人，五人共"私蓄自宫者十余人，多为不法。镇巡官以闻，诏以表桃等俱违祖训，革其半禄，用示惩戒，自宫者发边戍"。[2]尽管违禁事件时有发生，但是，私蓄阉人仆役属于难以隐匿的行为，容易被人发现举报而遭到严惩，所以，绝不可能成为普遍现象。嘉靖八年（1529）在清理缩减南海子自宫人海户时，曾计划将"海子食粮净身男子，分别老壮造册。礼部备查各处王府并将军中尉数目，将年壮者斟酌多寡，派去各府供役"。[3]本年宗室将军中尉人数是：镇国将军438人，辅国将军1070人，奉国将军1137人，镇国中尉327人，辅国中尉108人，奉国中尉280人。[4]共计3360人。倘若打破旧规向将军中尉平均每处拨送内使二人，可以分流南海子海户与社会游离的自宫者6720人。宫廷这一甩包袱扩大使用阉人范围之策，是否付诸实践，不得而知。若真的继续扩大拨送面，不但有违祖制，而且增加了分流输送与管理成本。在宗室人口疯狂暴涨形势下，并不能持久运行。

二十四年过后，嘉靖三十二年（1553），亲郡王、将军、中尉的总数翻了几近三倍，达到9828人。[5]内中亲郡王不足三百人，疯涨的都是将军与中尉。因之，若有将军乞讨内使，皆遭朝廷拒绝。嘉靖三十六年（1557）三月，唐府系的镇国将军宇洋乞讨内使二名。礼部回绝说："若夫将军、中尉累朝并无拨给事例。止因嘉靖十五年该净身男子顾昇等奏乞收用。本部悯念其情概行题

---

1 《武宗实录》正德八年二月庚戌条。

2 《武宗实录》正德十三年三月丙辰条。

3 《明会典》卷80《自宫禁例》。

4 郑晓：《今言》卷4。

5 欧阳铎：《中尉女授宗女宗婿疏》，《明经世文编》卷212。

覆，自后袭为常例。然出一时权宜，实非祖宗定制。"[1] 如果应允宇洋乞请拨付内使，不但违背祖制祖训，也会让其他将军中尉纷纷效尤，必将造成内使供应紧张的结果。因此，命河南布政司行文唐府长史司，令宇洋恪遵祖训不得再次乞请。

通过以上简单梳理，不难看出，把宗室爵职人口快速扩充，从而导致对内使需求旺盛与接纳数量猛增，作为明朝太监十万的主要支撑证据，脱离了历史现实，令人难以信服。

自朝廷也向郡王府拨送内使以后，王府太监内使总量上究竟是多少，因缺乏各个王府具体供职人数资料，故难以汇总得出答案。只得依据嘉靖以后，宫廷集中向所有王府拨送净身男子时的数量进行推算。《明实录》记录宫廷向王府集中拨送净身男子共三次：

嘉靖十五年（1536）六月，净身男子二千九百九十名，分天下各王府使用。[2] 此前四年的嘉靖十一年（1532）四月，巡城御史汪铉曾建议，从"余瑾等一千三百六十二名"自宫者中挑选年力精壮的发往各王府效力。[3] 当时是否为皇帝采纳执行，不见下文。如果执行，究竟挑选了多少人，拨给了哪些王府，皆无案可查。

万历二十九年（1601）四月，潞王拨给五十名，亲王各二十名，郡王各十名。[4]

天启元年（1621）二月，拨给亲王、郡王应用净身男子二千六百九十名。[5]

嘉靖十五年拨送之际，未附带说明亲郡王的具体数目，因

---

1 俞汝楫：《礼部志稿》卷 75《奏讨内使》。
2 《世宗实录》嘉靖十五年六月壬辰条。
3 汪铉：《题为计处净身以图善后事》，见黄训《名臣经济录》卷 47，台北：文海出版社，1984 年影印版。
4 《神宗实录》万历二十九年四月癸未条。
5 《熹宗实录》泰昌元年十一月庚戌条。

此，依据靠本年最近的嘉靖八年统计数字："亲王三十位，郡王二百三位，世子五位，长子四十一位。"[1]分配标准最大可能就是亲王二十名，郡王增至十名。通计：亲王30位拨600人，郡王203位加5位世子（待遇视同郡王）拨2080人，共2680人。比总拨的2990人少310人。这310人的去向，最大可能就是也向长子与部分镇国将军分别拨送了二人。前面所述嘉靖三十六年三月，礼部回绝镇国将军宇洋乞讨内使二名时，称"嘉靖十五年（拨给将军内使）出一时权宜，实非祖宗定制"。即为明证。当年普向王府拨送内使时，确实纳入了部分镇国将军。宇洋乞讨内使的依据便是当时曾给过他内使，可能就是二人。不然他没有理由挑战祖制，贸然"乞讨内使二名"，唐王也绝不会同意为之奏请。

万历二十九年拨送，虽未标明总数，但明确了亲王20人，郡王10人的标准。嘉靖末期到万历初期，"亲王二十四位，郡王二百五十一位"。[2]通计：亲王府拨480人，郡王府拨2510人。共计2990人。唯潞王系《皇明盛事述》统计之后新增的，恩宠特拨50人。总计3040人。

天启元年拨送2690人，比前两次分别少了300人与350人，主要是郡王数目有所下降，或是有所遗漏。

嘉靖十五年集中拨送前夕，王府太监内使存量状况，没有检到史籍相关记载的确切数目。假如按亲王府存量足额20人，郡王府2人统计，30位亲王存600人，203位郡王与5位世子存416人。两者共存1016人，加上新增的2990人，总计4006人。亲王府平均到40人，郡王府平均到12人。宫廷在拨送之前，既未核查各府内使是否缺员，也未征询是否需要，而是一律强行分

---

1 郑晓：《今言》卷4。
2 王世贞：《弇山堂别集》卷1。按：亲王由三十位降至二十四位，盖因宪宗之子六位之藩亲王无嗣而爵除。

派。宫廷自己打破了祖制规定，王府普遍迈入内使超员时代。

万历二十九年去嘉靖十五年间隔六十五年，其间若不拨补，王府太监内使必将消亡殆尽，无人可用。不过，这种极端事件，也非不能发生。毕竟王府配置太监内使，只不过是王爵特权标志，并无实际政治利益，没有太监内使服务与监视，不但丝毫不影响王府限制性日常生活，而且还可以让生活放纵些。明中叶以后，朝廷办事拖沓懒政成风，遇事高谈阔论，而办事则推诿塞责，往往放任事态严重，到了非处理不可时才不得不解决。尽管个别的特别是郡王府的内使严重缺员乃至无人，但是作为普遍现象存在的可能性，则微乎其微。

检诸史籍可知，朝廷并未中断向王府分散拨补内使。譬如嘉靖三十三年（1554）五月，德王为服务年限已达十年的内使奏请冠服时称："三十名内使，俱于嘉靖二十四年钦拨到府。"[1] 嘉靖十五年普遍向王府拨送内使时，德王府已接收了 20 人，加上原有的 20 人，当时已达到 40 人。嘉靖二十四年（1545）又拨 30 人，此去嘉靖十五年间隔九年，原有太监内使仍按 3% 减员率计算，（1−0.03）的 9 次方约 0.76，乘以 40，约剩 30 人，加上新拨的，已高达 60 人。德王府的太监内使，即使随后二十年不再补充，到嘉靖末年也要维持在 30 人以上。再如万历二十四年（1596）四月，礼部在否决晋王敏淳上报其府内使挨补升职名单的回复中，有"先年钦拨见今在府供事，若复越补，则前官置之何地"之语。[2] 虽"先年钦拨"未注确切年代与人数，但肯定曾经拨送过，估计也不会只有几个人。"越补"又可证所拨内使到府时间不超过十年。[3] 亲王权利优厚，备受宫廷眷顾，同时也是监管

1　俞汝楫：《礼部志稿》卷 75《内使冠服》。

2　《神宗实录》万历二十四年四月癸丑条。

3　制度规定，王府内使须服役十年后，才可补缺升职。

重点对象，即使王府太监内使缺员不随时奏请补充，宫廷也要不时的主动拨送。因之，在自宫人口充裕背景下，亲王府太监内使在嘉靖十五年以后，超出二十人已是常态。

若论减员，主要是郡王府。郡王原本只给内使二人，嘉靖十五年集中拨送以后才变成了十人，因此少于十人，也不会让宫廷认为缺员。郡王人数是亲王的十倍左右，待遇又与之相差悬殊，以其财力与住房条件，难以养活过多人口，况且内使并非纯粹的仆役，同时也是宫廷耳目，肩负着监视府主行为的职责。因之，宫廷若不拨送，一般也不会主动奏请补充。郡王若想奏请补充内使以及其他事项，须经本支宗主亲王同意。"各处郡王并将军、中尉凡有奏请，务令长史司具启亲王知会，参详可否。若应该具奏者，然后给批差人赍奏。如违，该衙门将赍奏人员并教授一体参究。其所奏事件，仍行长史司，具启亲王查勘参详，明白具奏，方才施行。若机密重事，或与亲王事有干涉，及郡王分封相离窎远，不在一城居住者，许令径自具奏。"[1]平日，郡王乞请内使若超出二人，朝廷一般只按二人拨给。如嘉靖三十六年三月，河南唐府系的承休王宇渊乞讨内使四名。礼部经旨准"合照前例，行司礼监查拨二名前去该府供役。"[2]

万历二十九年拨送前夕，亲王府太监内使按平均每府 30 人计，25 府共存 750 人，郡王府内使仍按初额平均每府 2 人计，251 府共存 502 人，总计 1252 人，再加上本年新增的 3040 人，总计 4292 人。

天启元年去万历二十九年间隔二十年。减员仍按 3% 计算，（1−0.03）的 20 次方约 0.54，乘以 4292，剩 2318 人。显然，

---

1 《弘治问刑条例》，见《皇明制书》第四册，社会科学文献出版社，2013，第 1535-1536 页。
2 俞汝楫：《礼部志稿》卷 75《奏讨内使》。

此时王府太监内使依最初定额计算，仍处于超员状态。加上新增的2690人，总计5008人。

嘉靖、万历、天启三朝宫廷三次集中向王府拨送内使，在亲王不过三十位且太监内使早已超额再增量有限的情形下，为了提高自宫人收容总量，又把原本只给郡王二人的惯例，大幅提升至十人，却没选择向镇国将军以下爵职分派的扩容方式。显而易见，王府接收内使越多，伴生花费越大，在宫廷宗禄不增反减的背景下，无异于强制王府拿出部分宗禄分担内使衣食。郡王财力虽比亲王差许多，但尚处于国家能够基本保障的范围之内，且其多少拥有些宗禄之外的资产，具备多接收内使的能力。而将军以下爵职主要依靠有限的宗禄生活，普遍扩收仆役能力低下。不可否认，其中必然也存在一些拥有财力并愿意接收的人。然而，倘若区别对待，需要事先逐个征询其意愿。如此一来，操作程序过于繁琐，公文往来耗时较长，非当时的行政能量所能尽快理清的。因而，简单地将郡王内使数量提至五倍，便可增收自宫人两千左右，从而很快实现了一次性分流大量累年堆积自宫人口的目标。显然，王府太监内使持续打破定额，时而暴涨，实质上是在自宫人口激增的现实情势中，宫廷为化解危机，减轻本身压力，强令王府接收的结果。其实，选充王府内使比海户也强不了多少，远离京师不说，基本断了回京入宫升迁的机会。自宫人从来没把王府内使当作职业追求的理想目标。

嘉靖以后，王府太监内使配备已经高额打破了最初定数。在集中拨送年份，则迎来高峰期，达到5000余人。低谷期1250余人。常态存量推算在2500人左右。

嘉靖以后，宫廷太监、王府太监内使以及两者合计的数量变化如下。

宫廷太监大致在11000余人到19200余人之间变动，高峰出现在集中大量收录之时。常态在14000人左右。

王府太监内使大致在1250余人到5000余人之间变动，高峰亦出现在宫廷集中拨送之时。常态在 2500 人左右。

宫廷与王府太监内使在天启三年同时达到顶峰，两者合计 24200 余人。而低谷期统计，并不能简单的低低相加，盖因万历十一年宫廷太监数量处于低谷之期，无法确定当年的王府太监内使存量是否也处于低谷，因此，选择王府太监内使常态数量的八成 2000 余人与宫廷太监 11000 余人相加，两者合计 13000 余人。常态在 16500 余人。

王府之外，公主府也有"中使一员，阍者（守门人）数十员"。[1] 不过，显与王府不同的是，公主府皆在北京，且其权利不能传世。明代公主夭折幼殇率很高，以嘉靖到天启的五帝为例：世宗五女，四人下嫁；穆宗七女，三人下嫁；神宗十女，二人下嫁；光宗十女，三女下嫁；熹宗三女，无下嫁。五帝共三十五女，下嫁的十二位。具体的公主府存在时间以公主存活为期限，从下嫁到去世止。京城的公主府同期存在的不过几座而已。所使用的内使与阍者多时总计不过二三百人，均由司礼监派遣，属于宫廷太监范畴，故不宜单独统计，再加到太监总数之中。同理，皇子封王结婚后到之藩以前，留京期间所用的"承奉正副二员，典宝官数十员"亦属宫廷太监。若上命随亲王出京就藩，则变成王府太监。

四　太监边缘人：自宫人海户

海户指的是被朝廷佥充在宫廷苑囿南海子服役劳作的人户。南海子地处京师城南二十里，地理区位上对应城内三海什刹海水

1　刘若愚：《酌中志》卷 16《内府衙门职掌》。

域而得名，系皇帝游幸狩猎与宫廷畜养禽兽、种植蔬菜瓜果之所。永乐五年（1407）始在元朝下马放飞泊基础上营建，永乐十二年"增广其地，周围凡一万八千六百六十丈。"[1] 其后陆续增建行宫、庑殿、寺庙、七十二桥与两提督衙门。周筑土垣拓展到一百六十里。[2] 初"用北京效顺人役充。后于山西平阳、泽、潞三府州，起拨民一千户，俱照边民事例，给与盘缠、口粮，连当房家小，同来分派使用。"[3] 由上林苑监按业务分类管理。初置十署，正德十年（1515）合并为四署：蕃育署，掌管养殖鸡鸭禽类；嘉蔬署，掌管种植蔬菜；良牧署，掌管饲养猪牛羊；林衡署，掌管果树。初期服役民户统称海户，"永乐年间开设苑囿，金补海户七百九十四户，有丁二千三百余人"。[4] 随着调用人户愈来愈多，按专业又细分为养户、牧户与栽户等。"蕃育署畜养户二千三百五十七家，牧地一千五百二十顷三十四亩……良牧署牧户二千四百七十六家，草场地二千三百九十九顷十三亩。"[5] 两者主要分布在京畿区域，不限于海子之内。"凡苑地，东至白河，西至西山，南至武清，北至居庸关，西南至浑河，并禁围猎。"[6] 而海户则变成专指在南海子内服役的民户，分隶于嘉蔬署与林衡署，按专业分为养户与栽户。林衡署栽种地一百十八顷九十九亩，岁供宫廷蔬菜十三万七千五百八十三斤与光禄寺青菜二十四万七千五百斤。

上林苑监虽设左右监正（正五品）、左右监副（正六品）等朝廷官员，但以内府管理为主，设"总督太监一员，提督太监四

1　李贤：《大明一统志》卷1，三秦出版社，影印本，1986。

2　刘侗、于奕正：《帝京景物略》卷3《南海子》，北京古籍出版社，1980。

3　《明会典》卷225《上林苑监》。

4　《武宗实录》弘治十八年九月辛卯条。

5　谈迁：《枣林杂俎》智集《逸典》，中华书局，2006。

6　《明史》卷74《职官三》。

员，管理、金司数十员，分东西南北四围，每围方四十里，总谓之二十四铺。各有看守墙铺牌子，净军若干人。东安门外有菜厂一处，是在京之外署也，职掌鹿、獐兔、菜、西瓜、果子……林衡署、蕃毓署、嘉蔬署、良牧署，提督太监一员，各有掌署官一员，贴署、金书数员，职掌进宫瓜蔬、杂果、菜、栽培树木、鸡黄、鹅黄、鸭蛋、小猪等项"。[1] 与户部相关事宜，则由贵州司带管。

天顺以前，海户逃亡，由"民间金补。"[2] 随着自宫人口膨胀聚集成为严重社会问题以后，自成化始，不再金补民户充之，而改由录用自宫人弥补海户缺口。从此，民人海户除了原有的金充民户后代之外，新增的都是自宫人。朝廷十分清楚，自宫人一旦不能进宫，谋生形势必然更加恶化。所以尽量安排他们充当海户苦役，每人每月给米三斗。入选海户看似与宫廷挂上了关系，却基本上断了成为正式太监的希望，偶遇皇帝开恩，也只是挑其年轻力壮的发往地方上的王府效力。自宫人一旦成为海户再难入宫。所以称之为太监边缘人。也不宜计入太监总量中。

自从自宫人成为海户唯一来源以后，宫廷越来越依靠这一方式化解自宫人口日益增多的压力，很快由最初的几百人发展到成千上万。在此，按时序罗列几条历史信息：

成化十一年十二月（1476 年 1 月），礼部奏：近有不逞之徒往往有自宫其弟男子侄，以希进用，聚至四五百人告乞奏收。有旨：此辈逆天悖理，自绝其类，且又群聚喧扰，宜治以重罪。但遇赦宥，锦衣卫其执而杖之，人五十，仍押送户部，如例编发海户当差。[3]

---

1 刘若愚:《酌中志》卷 16《内府衙门职掌》。

2 《英宗实录》天顺元年二月丙辰条："内官保受奏：'海户逃亡者几三百户，乞行民间金补。'上曰：'……候年丰补之'。"

3 《宪宗实录》成化十一年十二月丁酉条。

弘治三年（1490）四月，自宫男子六百二十六名，命发海子编充海户。[1]

弘治五年十二月（1493年1月），礼部奉旨查奏：周英等八百三十八名无从查核。又杜刚等二百一十二名，不系先年发遣之数。命周英并杜刚等送户部编充海户。[2]共一千五十名。

正德元年（1506）二月，南海子净身人又选入千余。[3]

正德十一年（1516）五月，收自宫男子三千四百六十八人充海户。[4]

嘉靖元年（1522）正月，原充南海子海户净身男子龚应哲等万余人诣阙，自陈先年在官食粮，今奉诏裁革，贫无所归，乞恩收召供役。为首四人戍岭南，其余尽逐还原籍。[5]

嘉靖五年（1526）二月，海户九百七十余人复乞收入。尽逐还原籍。[6]

嘉靖十一年（1532）四月十七日，巡城御史汪铉等题奏："各将（礼部）查审过净身男子王堂等共八千七百一十二名，陆续开具到（都察）院案查"。审查以本年三月十五日为界限，此前备案的"王堂等三千五百一十五名收充海户"。"余瑾等一千三百六十二名"，挑选其中年力精壮的拟拨各王府效力。其余的给予执照驱逐还乡。三月十五日以后闻风续到的范玹等一千余人尽驱离京城。[7]处理的三部分人数，加起来共六千名左右，还有二千余人未见是怎样安排的，估计也是驱离。罗虞臣《中官传》

---

1 《孝宗实录》弘治三年四月乙酉条。

2 《孝宗实录》弘治五年十二月壬戌条。

3 《武宗实录》正德元年二月丁丑条。

4 《武宗实录》正德十一年五月甲辰条。

5 《世宗实录》嘉靖元年正月辛末条。

6 《世宗实录》嘉靖五年二月戊午条。

7 汪铉：《题为计处净身以图善后事》，见黄训《名臣经济录》卷47。

"礼部请收京师内郡自腐者一万余人。第为三等：上等者，给役宫中；次者，留应各王府补缺；又次者，充海户，皆得岁食粟钱如令。"[1] 所记就是这件事，但人数多了两千左右，变成了一万余人。而且在处理结果上，增加了"给役宫中"。但实际上，本次宫廷并未收录太监。除了收充海户与拟拨王府外，其余的都是驱离还乡。可见，同一历史事件，经办人的报告与局外人的事后记叙之间的巨大差异。官员文集在叙述历史事件时，不免对厌恶之事夸大。

嘉靖十五年（1536）六月，二千一名收充上林苑海户。[2]

成化十一年收四五百自宫人为海户时，称"如例"发送南海子，那么，肯定是存在先例的。因此，假定当时南海子已有五百自宫人海户，再加上此次新增的，故以1000人作为基数，考察后来历年的增减变化。

弘治三年收626人，此去成化十一年间隔十五年。减员率仍按3%，（1—0.03）的15次方为0.65，乘以1000，约剩650人，加上新增的约1276人。

弘治五年收1050人，此去弘治三年间隔二年，（1—0.03）的2次方为0.94，乘以1276，约剩1200人，加上新增的约2250人。

正德元年收1050人，此去弘治五年间隔十四年，（1—0.03）的14次方为0.65，乘以2250，约剩1463人，加上新增的约2513人。时南海子另有民人"海户一千七百余丁"。[3]

正德十一年收3486人，此去正德元年间隔十年，（1—0.03）的10次方为0.74，乘以2513，约剩1860人，加上新增的约5350人。

---

1 罗虞臣：《司勋文集》卷6，见《明文海》卷425，上海古籍出版社，1990。

2 《世宗实录》嘉靖十五年六月壬辰条。

3 《武宗实录》弘治十八年九月辛卯条。

嘉靖元年清理缩减海户。《世宗实录》所记以海户净身男子龚应哲为首的万余人"乞恩收召供役"的聚众请愿行动，绝不可能都是被精简的海户，其中必然加入许多新增的自宫求职者。且请愿目的也非充海户，而是要求入宫供役。如以海户与新增自宫人对半计算，精简的海户约为 5000 人。显然，正德十一年以后仍曾大量收充自宫人为海户，到嘉靖精简以前，可能达到 10000 人左右。

嘉靖五年再次驱逐海户 970 余人。两次驱逐的结果是，自宫人海户骤减，到嘉靖十一年"见在者不过三四千人"。[1]

嘉靖十一年收 3515 人，所剩三四千人按 3500 人算。两者相加 7000 余人。

嘉靖十五年收 2001 人，此去嘉靖十一年间隔四年，（1—0.03）的 4 次方为 0.89，乘以 7000，约剩 6300 人，加上新增的共 8300 余人。

梳理成化十一年到嘉靖十五年六十二年间的九条史料，能清晰看出成化以后，面对自宫人愈来愈多，聚众请愿入宫的压力越来越大，选充海户，成为宫廷不得已而行之的惩罚性安抚策略。然而，单纯机械增加海户，当财政难以担负与南海子劳力过剩之际，便走到了尽头。尽管如此，这一安抚措施却与自宫人的职业梦想大相径庭。自宫本是热望进宫谋得一官半职，选充海户苦役真的还不如当初不自宫在家务农打工。因之，入选海户者不可能放弃入宫信念，不然就不会发生集体反复请求入宫行动。至于个人抉择，不外是想方设法脱逃，另谋进宫机会，包括重新加入社会自宫人请愿行动中。

依照嘉靖元年到嘉靖十五年间自宫人海户数量升降推算，直

1　汪铉：《题为计处净身以图善后事》。

到明末南海子自宫人海户常态存量约 6500 余人；低谷期在 3500 人左右；高峰期在 10000 人左右。

五　严禁与重罚下的京畿阉割热潮成因

明代一直严禁民间自宫行为。历朝不断颁布禁令：

永乐二十二年令：凡自宫者以不孝论。军犯，罪及本管头目总小旗；民犯，罪及有司里老。

宣德二年令：凡自净身者，军还原伍，民还原籍，不许投入王府及官员势要之家隐躲避差役。若再犯者，本犯及隐藏之家俱处死。该管总小旗、里老、邻人知而不举，一体治罪。

正统十二年令：凡自首在官阉者，送南海子种菜。其隐瞒不首及再擅净身并私收使用者，事发，全家发辽东充军。

天顺二年令：净身者拿问边远充军。

成化九年令：私自净身希求进用者，本身处死，全家发烟瘴地面充军。十五年令：净身人，巡城御史、锦衣卫官督同五城兵马逐回原籍。若该城内外容留潜住者，并火甲、邻佑人等一体究治，本身枷号一个月，满日决打一百，押回。如再来京，并家下父兄人等俱治罪。二十二年令：各王府非奉朝廷明文擅收净身人，俱发回原籍收管，不许投托容隐。

弘治元年令：锦衣卫拘审净身人，送顺天府递回原籍，官司五日一点闸，不在者即杖，并户头追回见官，不许容纵。五年令：私自净身者，本身并下手之人处斩，全家发边远充军，两邻及歇家不举者同罪，有司、里老容隐者一体治罪。十三年奏准：先年净身人曾经发遣，若不候朝廷收取，官司明文起送，私自来京图谋进用者，问罪发边卫充军。

正德元年令：直隶顺天等府，山东、河南等布政司地方，

再有私自净身者，照例本身并下手之人处死，全家发边远充
军。其先已净身者立籍点闸，不使私自逃至京师扰害官府。
二年令：违例私自净身人，着锦衣卫、五城兵马着落各该地
方尽数逐去，如有潜躲在京者，拿住杀了。九年令：今后再
有私自净身者，除小幼无知者本身免死充军，其余俱照见行
事例，本身并主使下手之人处斩，全家发边远充军。里老、
邻佑及本管官不行举察者，各从重治罪。十六年诏：私自净
身人在京潜住希图收用，着缉事衙门、巡城御史访拿究问。
今后敢有私自净身者，本身并下手之人处斩，全家发烟瘴地
面充军。两邻及歇家不举首者治罪。

万历十一年奏准：小民犯禁私割致伤和气。着都察院行
五城御史及通行各省直抚按衙门严加禁约。自今五年以后，
民间有四五子以上，愿以一子报官阉割者，听有司造册送部，
候收补之日选用。[1]

律法上的严禁与重罚自宫是一回事，而实际效果是另一回事。
永乐以后，太监权势与财富的光环越来越耀眼，激起民间投奔此
业的热情，自宫现象随着时间推移，愈演愈烈。虽然朝廷历年反
复申明禁令"私自净身者，本身并下手之人处斩，全家发边远充
军"，这不过是虚张声势的恐吓而已，无论从法理上还是社会伦
理人情上，都不可能严格贯彻执行。因之，今天也就很难找到当
时按令处死的案例。果真依令执行，想必不用经过太多"本身并
下手之人处斩"的案例判决，操阉割手艺的人早就绝迹了。即便
成年自主选择自宫者与狠心家长不惧严惩非手术不可，也再难找
到下手的专业人士，自宫人绝不可能愈禁愈多。而常用的责打驱

---

1 《明会典》卷80《自宫禁例》。

赶回乡乃至充军的处罚，丝毫不能让热度降温。自宫者仍是无所畏惧前赴后继，最终形成了一个远超宫廷吸纳上限的自宫人群。

究其原因，在于宫廷需要一个适度的阉割青少年后备军。只要不彻底革除太监，宫廷就要随时补充新人，选用现成的自愿阉割投奔者总比拿人强制手术便利得多，明显具有省时省力省费用优势。只因自宫人口增长过快过多，远远超出了宫廷接收能力，同时搅乱了京师社会秩序，造成京师特有的社会严重问题，所以，才会不断发布禁令。其实，禁令并非意在杜绝，而在抑制增速过快。禁令发布差不多都伴随收录太监与海户行为。真可谓是抱薪救火，薪不尽而火不灭。

一般而论，自宫人群中，出于自我抉择的占比相对少得多。如果自宫出于成年人自我抉择，倒也无可厚非，毕竟自己身体由自己做主，用不着别人说三道四。但绝大多数是在孩提年纪被胁迫的，并非出于本人意愿，而是由家长决定的。

永乐迁都以前，太监多为福建、岭南与云贵人，主要为阉割的战俘与地方文武大员与镇守太监的进献。迁都以后直到正统朝，延续这一做法。例如：正统朝，福建总兵宁阳侯陈懋进净身幼男百八人，云南三司拣选黔公沐斌家阉者十六人进献；景泰朝，镇守福建右监监丞戴细保送净身小口陈石孙等五十九人入宫，永兴王志濮擅收阉者十四人，诏宥其罪，而将阉者收入司礼监；天顺四年，镇守湖广贵州太监阮让阉割东苗俘获童稚一千五百六十五人进献。[1]基本上不在社会上招募，盖因其时宫廷太监总量尚未急剧攀升。成化以后，随着宦官衙门扩充，太监用量越来越大，改变了以进献为主的方式，始从民间大量收录自宫人。因之，太监的主要来源也转向了北直隶、山东与河南等地，

---

1 《万历野获编》补遗卷1。

以京畿地区为主。不是南方从此再无自宫之人，而是个人远距离跋山涉水进京求用，总是不现实的。南方阉人能够大量进京大都出自政府行为。

古代社会不同区域的生态、风俗习惯、人文传统各具特色。职业追求呈现鲜明地域人文传统特征。成化以后，京畿东南府县在乡里太监成功者带动下，自宫以求富贵风气渐长，很快铸成区域性的职业首选太监的潮流，"习俗移人，贤智者不免。今一衣一帽，一器一物，一字一语，种种所作所为，凡唱自一人，群起而随之，谓之时尚"。[1] 正统以来，"宦臣收入渐多，及武宗之世，日益昌炽，锦衣玉食之荣上拟王者，为之弟侄者往往坐获封拜，而苍头厮养亦复纤金衣紫。是以闾阎小民朵颐富贵，往往自残形体，以希进用"。[2] 宦官宠盛富贵，竟使"愚民尽阉其子孙以图富贵，有一村至数百人者，虽禁之不能止"。[3]

乡里自宫一旦形成潮流，手术之后如何尽快入职便成为关键。宫廷不公开招募，就需要打通私人渠道，无非是通过关系请托而进宫。众所周知，关系请托，分直接的、间接的与辗转拐弯诸多层次。谋职者各显其能，展开公关攻势，即便千方百计攀上拥有收录之权的太监，但每次收录人数也很有限。因之，当投身者日益增多，进宫几率就愈来愈低，失败者很快就积累成了规模。

"阉其子孙以图富贵"是成化以后京畿区域流行的平民改变家族命运的职业选择方式，与通行的教子孙读书科举做官可谓异曲同工。自隋朝创建科举制以来到清末，平民改变命运首选路径就是读书科举入仕。这是民间渴望，也是朝廷鼓励提倡的。但是科举的投入，对平民来说是难以担负的，起码需要家长的见识，儿

1　云栖袾宏：《竹窗随笔》卷 2，华东师范大学出版社，2013。

2　汪铉：《题为计处净身以图善后事》，见黄训《名臣经济录》47。

3　《万历野获编》补遗卷 1。

童的天资以及必要的经济基础与地域文化背景的支撑。

儒学礼教的最大缺陷就是父子君臣家国同构。家长视儿孙为财产，有权决定其命运。同样设定致富目标，对儿孙投资，选择教育读书科举，投资高，用时长，竞争激烈，实现目标成功率较小。而选择阉割儿孙送入宫中服役，投资低，用时短，成功率相对高出许多。阉割只是由儿孙承担了成本与风险，无需家庭太多的经济投入。无论读书科举还是阉割入宫，都是渴求富贵向朝廷靠拢行为。

昔日儿童读书一般五六岁启蒙，学习十年左右参加县试，谓之童生，得中者入府县学校成为生员，继续读书。生员还不能做官，若想入仕，要么成绩优秀被选送国子监成为贡生，要么参加乡试得中举人，才能到吏部候选官职。贡生与举人虽然可以做官，但很难做大。明朝高级官员基本上是进士出身，顶级的大学士则非翰林基本上无望。

童生考取生员的第一道关卡县试，就挡住了许多人。昔日自幼读书到了壮年久考生员不中者大有人在。即使考中了生员，再向上一级关卡乡试（省试）迈进，得中概率就更低了。生员的最大意义是进入了朝廷认可的地方绅士阶层，享受一定的赋役优免权利，见县官不用跪拜，犯罪若不先行革去功名不受刑，故戏称生员为"屁股罩子"。殷实与仕宦家庭竞争相对容易考中的生员，往往是为了光耀门楣，提升或保持家庭在乡间的名望地位，而不十分在意是否能考取举人。

生员若想参加乡试考举人，必须在乡试前，参加由本省提学官主持的"科考"。这是生员获取参加乡试的资格考试，通过者称"录科生员"，准许参加乡试。录科选取人数，大都按乡试贡额的二十到三十倍划定。显而易见，录科生员再参加乡试的中举率分别为：二十倍的5%，二十五倍的4%，三十倍的3.3%。有时也采用固定名额录取方式，由于入选生员相对较少，从而使乡试中举率略微升高。以北直隶顺天乡试为例，成化十六年

（1480）至嘉靖十年（1531）抽取六科的平均中举率 5.2%。[1] 这是各科录科名额宽严不同造成的。成化二十二年与弘治七年都是固定名额，"止许二千三百有余"生员参考，[2] 录取举人皆是一百三十五名，故中举率达到 5.8%，致使六科的平均中举率超过了 5%。

录科生员的乡试中举率并不是全体生员的中举率。若以全体生员视角审视乡试中举率，那么，随着附生招收不再限制，乡试中举率也就随之趋低。景泰以后，全国生员总量很快超过二十五万，乡试贡额也不得不放量，以缓解生员参考的压力，以北直隶顺天乡试贡额为例：洪熙元年（1425）50 名；宣德七年（1432）增至 80 名；正统六年（1441）增至 100 名；景泰四年（1453）增至 135 名；隆庆五年（1571）增至 150 名；万历二十二年（1594）增至 170 名；天启二年（1622）增至 190 名。乡试贡额扩大，录科生员名额随之增多。但是乡试贡额扩充始终赶不上生员扩招。因此，乡试资格考试的录科，就把更多的生员拒之门外。嘉靖以后"录科"的入选率全国平均大致在 10% 上下，全体生员的中举率不过千分之四左右。故有"金举人，银进士"之说。举人中进士率大约在 25% 到 33%。

阉割儿孙入宫谋得一官半职就没这么复杂困难，只需经过两道关卡。第一道，越过手术风险，阉割失败率大概在 10% 上下。[3] 手术成功大抵相当于获得了科举的生员身份；第二道，寻求入宫，平均成功率不低于 45%。一般来说，20 岁以内的成功

1　钱茂伟：《国家、科举与社会》附表 3-1，书目文献出版社，2004。

2　《孝宗实录》弘治七年五月戊戌条。

3　《万历野获编》补遗卷 1："太监阮让阉割东苗俘获童稚一千五百六十五人。病死者三百二十九人。"失败率高达 21%。因是对待战俘，手术粗野仓促与术后调养等问题，这一失败率不能视为常态。故择其半数。

率最高，其次 25 岁左右的，过了 30 岁逐渐丧失竞争力。成功进宫差不多相当于通过了科举的"录科"，但比录科生员具有明显优势：其一，立即进入了皇朝权力核心体制内，享受公费生活，同时获得了晋升资格，不必再像录科生员那样残酷竞争，非要考中举人才能做官不可；其二，"凡奉旨收入宫人，选年十岁上下者二三百人，拨内书堂读书"。[1] 入选率大致在 10% 上下，小小年纪一旦入选，就获得比举人功名还要实用的学历，由此铺平了日后升职道路；其三，内官品级，洪武四年"命吏部定内官散官：正四品正中大夫，从四品中侍大夫，正五品中卫大夫，从五品侍直大夫，正六品内侍郎，从六品内直郎，正七品正奉郎，从七品正卫郎，正八品司奉郎，从八品司直郎。是时未有太监也。后以四品授太监，遂为中官极品。盖其名肇于金元，本朝因之，以至于今"。授职原归吏部掌管，"至永乐始归其事于内，而史讳之"。[2] 因而难以理出宦官职名对应品级与散官的细目表。不过，据《酌中志》卷十六《内府衙门职掌》的粗略统计，内官系统相当于九品以上官员的职数，至少在 1500 个以上。高级职位以司礼监、内官监以及外差如榷征、镇守、监军等最为权重缺肥。若以常态宫廷太监 14500 人计，阉割入宫后升迁成功率在 10% 以上。远比录科生员乡试中举率 4% 左右高得多，更是全体生员中举率所不能及的。

显然，阉割儿孙以图富贵，具有投资少，用时短，靠近皇帝快与升官便捷等方面优势。这对于缺乏文化底蕴的不识字平民更具吸引力。昔日平民憧憬富足生活，是以见到的富人为榜样的，京畿地理上的优势，让人近距离感受到太监事业的荣耀。不可否认，社会心理从来没有丢弃鄙视太监的传统观念。但鄙视归鄙

1　刘若愚：《酌中志》卷 16《内府衙门职掌》。
2　《万历野获编》补遗卷 1《内官定制》。

视，太监权势财富的诱惑力实在让人艳羡不已。这更让热衷暴发的贪婪之徒押上儿孙性征与命运前途肆意豪赌。

京畿地区自宫蔚然成风必造成阉割人口过剩，宫廷也不得不采取措施尽量分流安排。成化以前采用处罚驱逐而后"旋得收进"入宫与金充海户的方式。孝宗继位依然如此，弘治五年，在收一千五十人为海户的同时，第一次集中公开收录了年纪相仿的青年"二千二百四十六名充南海子净军。"[1]同样都是送往南海子，为何还要做海户与净军的区别？两者虽皆为苦役，但身份属性截然不同。净军是最低等的太监，标明"南海子净军"，只不过是为了彰显收录的惩罚性意义，不想激发自宫者更强烈的愿望而已。显然，这是遮人耳目的变相收录太监的方式，方便宫廷日后随时抽调使用。

实际上，这种半推半就的缓冲式收录，并没有产生抑制民间阉割的效果。反而让自宫人群看到了宫廷的妥协让步，更坚定了非入宫不可的顽强追求。所以宫廷随后索性抛弃了这一方式，直接间隔数年，在社会阉割人口中一次性大批选录太监。

宫廷历经多年厉禁严惩无效之后，终于在万历十六年（1588）不得不开禁，准许家有四五子以上者，可以阉割一子，由官府登记造册，送礼部备选。

六 自宫遗弃人

自宫遗弃人系指无缘被宫廷安置，而生活陷入极度困苦的人群。

---

1 《孝宗实录》弘治五年十二月壬戌条。

接受阉割最大的悲哀莫过于手术之后而无缘进宫，性别牺牲的血泪代价最终得不到偿还。阉割随时都在发生，宫廷收录却不定期。嘉靖朝以后，随着阉割人口越来越多，进宫愈来愈困难，自宫遗弃人规模进一步扩大。在此选嘉靖七年、万历二十九年与天启元年三个年份，分别比较宫廷集中收录前后，太监与自宫人数之间的比例变化。

嘉靖元年（1522）正月，原充南海子海户净身男子龚应哲等万余人诣阙求收用。为首四人戍岭南，其余尽逐还原籍。[1]

嘉靖五年（1526）二月，海户九百七十余人复乞收入。尽逐还原籍。[2]

嘉靖七年（1528）三月，净身男子八千余人守阙奏乞收用。为首十人发边卫充军。其余尽驱逐。[3]

七年之间，两次驱逐原充海户与社会上的自宫求进者累计11000余人，加上守阙奏乞收用的8000余自宫求进者，若超越年代简单相加，已近20000人。但是，不问年份与具体事由的简单数字相加反映的绝非真实情况。岁月流逝，仍按3%减员率计算，嘉靖元年的10000余人，经六年减员到嘉靖七年约剩8300余人；嘉靖五年的970余人经二年减员到嘉靖七年约剩915人；两者合计9200余人。不过，绝不能再简单的加上8000余人，就得出被宫廷拒收的自宫求进者是17200余人的结论。倘若简单相加，会把"人次"混入人数当中，从而产生重复计算问题。嘉靖元年与嘉靖五年相加的11000人，中间基本不存在重复计数，盖因第二批970余人都是海户奏乞进宫供役。唯有嘉靖七年聚众请求收用的8000余人，其中再次求进者必多。自宫人职业出路

1 《世宗实录》嘉靖元年正月辛未条。

2 《世宗实录》嘉靖五年二月戊午条。

3 《世宗实录》嘉靖七年三月壬申朔条。

别无选择，唯一目标就是进宫服役，一旦被驱逐还乡，大都会立刻冲破重重阻碍流回京师重新聚集求进。如果本年剩下的 9200 余人中有六成参与了"奏乞收用"行动，就是 5500 余人，那么 8000 余人当中新增的自宫人只有 2500 余人。粗算嘉靖七年拒收的自宫求进者为 11700 余人，比来年官方公布的宫廷太监 12639 人稍少。

万历二十九年（1601）宫廷收录太监 4500 人；拨送王府 3040 人。两者共收 7540 人。刚刚定居北京的利玛窦事后一年叙述当时"两万人竞相自阉，必备的两个条件是人长得好与口齿伶俐"。[1] 收录之后，宫廷太监 12100 余人。20000 余自宫候选者还剩 12400 余人。落选人数与宫廷太监数量依然旗鼓相当。

泰昌元年（1620）九月收太监 3000 人，"时民间求选者至二万余人蜂拥部门喧嚷"。[2] 不久，天启元年（1621）一月又收 1700 人，宫廷太监总数 17800 余人；二月再收 2690 人拨送王府。短短五个月，共收 7390 人。20000 余自宫候选者还剩 12600 余人。

熹宗继位后连续大量收录太监，必然激起民间阉割热潮，果然如其所愿，两年之后，天启三年宫廷又收了 2500 人。但是，不太可能明显改变自宫落选者 12600 余人的现状。新增的自宫人数基本冲销了宫廷的收录人数。

显然，自宫候选者与太监的数量比例升降，要以宫廷集中大量收录为界点前后分别统计，才能得出这一时段的自宫遗弃人与太监的现实数量。嘉靖朝阉割人口尚处于增长温和期，兼之惩罚驱逐坚决，即使不集中大量收录，仅靠平日分散随时补充方式，自宫候选者数量也没有超过宫廷太监存量。万历十六年自宫开

---

1 〔法〕裴化行：《利玛窦评传》下册，管震湖译，商务印书馆，1993，第 325 页原注。
2 《熹宗实录》泰昌元年九月乙酉条。

禁以后，阉割人口积累速度进一步加快，宫廷若不能及时吸收消化，数量就要超过宫廷太监存量。

万历二十九年到天启元年整二十年。两次收录之际，自宫候选者都是两万余人。万历二十九年收录后，约剩12400余人。若减员率仍以3%计，（1–0.03）的20次方约0.54，乘以12400，到天启元年还剩6700人左右。实际情况应该更糟，因为当年入选的多是年轻力壮的，落选的以三十岁以上者居多，二十年过后，即使不弃世，能再次参与天启元年选拔的必定较少。假如其中三成人参加，也就是2000余人。那么新增的则是18000余人。因新增的都是青少年，按年减员率1%计，二十年平均每年新增自宫人口约1000人。

在此需要特别指出，应召落选的自宫人数量绝不等于自宫遗弃人总量。统计自宫遗弃人数量不像太监与海户，可以通过官方记录梳理出比较准确的年份数字。实际上，阉割人口统计应属户口身份登记范畴，但尚未找到相关历史记录，只好间接推算。无论宫廷公开招募，还是大规模集体求进行动，参加者绝不可能是全部自宫人而无一遗漏，其中必有因各种缘故而缺席的。好在自宫人职业目标追求具有唯一性，所以缺席量不会太大。在此按平均缺席率15%，分别计算以下三个年份的自宫遗弃人数。

嘉靖七年宫廷三次累计拒收的自宫求进者11700余人，加上缺席的1750余人，自宫遗弃人为13450余人。嘉靖八年官方记录的宫廷太监12639人加上推算的王府太监内使1000余人，共13600余人，与自宫遗弃人数量相当。

万历二十九年收录后，落选12400余人，加上缺席的3000余人，自宫遗弃人为15400余人。宫廷太监12100余人加上王府太监内使4290余人，共16400余人，稍高于自宫遗弃人。

天启三年收录后，落选12600余人，加上缺席的3000余人，自宫遗弃人为15600余人。宫廷太监17800余人加上王府太监内使5000余人，共22800余人，差不多是自宫遗弃人的1.5倍。

　　自宫人一旦不能入宫，生活极易陷入困苦，不免为乞为盗为匪。《万历野获编》记录了作者进京途经河间、任邱以北到都城外的见闻：

> 余入都渡河，自河间、任邱以北，败垣中隐阉竖数十辈，但遇往来舆马，其稍弱者则群聚乞钱；其强者辄勒马索犒。间有旷野中二三骑单行，则曳之下鞍，或扼其喉或握其阴，尽括腹腰间所有，轰然散去。其被劫之人方苏，尚昏不知也。比至都城外亦然。地方令长视为故常，曾不禁戢，为商旅害最酷。因思高皇帝律中，擅阉有厉禁，其下手之人，罪至寸磔。而畿辅之俗，专借以博富贵。为人父者忍于熏腐其子，至有兄弟俱阉，而无一入选者，以至为乞为劫。[1]

　　京城内由于锦衣卫、巡城御史与五城兵马司的巡查管控，流浪乞讨的自宫人相对少些。滞留者多在设有澡堂子的寺庙从事搓澡行业，专门为太监沐浴服务，时谓之"无名白"。由于服务周到，竟使内府官办的混堂司无人再去，不得不停业。"无名白"通过为太监贴身服务机会，而拓展个人入宫机会。"无名白"并非像今人想象的那样，能够投奔京城的权贵之家服役。使用太监是皇室的特权，其他权贵若非恩准，留用视为犯禁。因之，京城内的权贵收留"无名白"的可能性极小。

　　综上所述，天启三年是明代太监数量最高的年份：宫廷太监19200余人，王府太监内使5000余人，两者合计24200余人。再加上自宫人海户6500余人，自宫遗弃人15600余人。该年阉

---

1 《万历野获编》卷6。

割人口总计在 46000 人左右。其中，宫廷太监约占 42%，王府太监约占 11%，海户约占 14%。三者合并约占阉割总人口的三分之二。

京西双泉寺明代《弘善妙智国师塔铭》考

苗天娥 *

摘　要： 京西石景山区双泉寺历史悠久，最早可上溯到唐代，是金章宗"西山八大水院"之一"双水院"，明清之际变成昌慈古香道上的重要节点。特别是在明朝宣德二年（1427），双泉寺被御赐为藏僧弘善妙智国师的下院，成为古香道上汉藏文化交流的一个窗口。然而，对弘善妙智国师及其塔铭，明清史籍失载，长期以来学界对此研究甚少。本文依据碑拓残缺铭文、1958 年北京市文物局一普资料和高清照片，确认塔主为来自甘肃省狄道地区的藏传佛教高僧何领占朵儿只，梳理了他一生中栖身的四大寺庙、任职以及参与的重大活动。

关键词： 弘善妙智国师　何领占朵儿只　寺庙　任职

　　旧时，从海淀区昌化寺到石景山区慈善寺有一条古香道，俗称昌慈古香道，为通往金顶妙峰山南香道的重要一段，其间有一座掩映在绿荫中的古刹，名叫双泉寺。这座寺庙的历史非常久远绵长，最早可上溯到唐代，金时是赫赫有名的章宗西山八大水院之一。金章宗酷爱春山秋水，曾在京城西部山脉林泉茂盛之地修建梵刹行宫八座，双泉寺即其"双水院"。明清以降，它稳居古香道要冲，一度香火很盛，在行香走会的香客中颇有名气。寺前

---

* 苗天娥，石景山区文化馆。

设有茶棚，过往的香客和来此踏青的人们，可以在这里喝上一杯双泉泡制的香茶，歇一歇脚，拜一拜佛。但其寺史尚有空白，许多史实湮没无闻，笔者以《弘善妙智国师塔铭》为爬梳起点，管中窥豹，以见一斑，来探寻这块宝地的隐秘源流。

一 汉藏合璧《弘善妙智国师塔铭》

在寒暑更迭中，双泉寺大部分历史湮没在岁月的长河里了，仅剩明代"敕赐香盘禅寺报恩碑"（碑首存此 9 个篆字，碑文漫漶不清）和清代《重修翠微山香泉寺记》（为磨去明代"香盘禅寺碑"碑文重新镌刻）两通碑刻及一块明代塔铭。关于两通碑刻，地方典籍中有所记载，只是汉藏合璧的《弘善妙智国师塔铭》不知何故失载。1958 年，北京市文物局开展第一次文物普查时发现载有塔铭，但不全。之后，塔铭突然失踪。2010 年重修双泉寺时，塔铭从地下发掘出来，重见天日，被镶嵌在二进院殿后墙之上。

塔铭录文如下：

篆额：大明

第一行：弘善妙智国师（下缺数字）

第二行：行在 虞衡清吏司（下缺数字）

第三行：师姓何，父何尔，母刘氏。洪武辛酉年七月十三日生师于马（下缺十余字）

第四行：童丱丰姿异常，神气秀发。洪武初，舍送南京鸡鸣寺，住持番僧（下缺十余字）

第五行：若顾若定，三乘四谛之法尽在胸臆，真琳莫不能□其光，遂闻茂（下缺十余字）

第六行：乾诸国，迎请大宝法王，演译大法，导□□□，

□德莫测

第七行：皇上嘉其聪睿，授直隶太平府僧纲正。永乐癸未，【蒙差长河西四川慰招采，后差】（内12字据1958年北京市文物局一普资料补录）（下缺十余字）

第八行：请大善国师班的达、西天佛子大国师□□□□。累随

第九行：圣驾北征朔漠，拥护往还，群凶格化，擢升僧录司左觉义，转升左阐教。丁未□荷（下缺十余字）

第十行：宣宗圣皇嘉授弘善妙智国师，锡以龙章锦诰，金冠法衣，

第十一行：恩至渥也。辛酉岁十月初一日，整冠洁体，跏趺正坐，召门徒长子舍剌巴曰："吾□□置□做□□□焚化可俭□□"

第十二行：将衣钵付嘱已，至脯时，示化于能仁寺。钦赐大禅室。享天年五十五岁。□月廿九日□□□□焚化，□□则□□□

第十三行：塔寺。光成五彩，瑞气缭绕，舍利盈掬，非师精至道，默究妙理，能□此□。遂卜葬□都城西翠微山双泉寺，创建浮图。□

第十四行：塔鸠工营毕，净通禅师率诸徒来谓予曰："吾师已归圆顿，□□

第十五行：列圣恩沐，愿征一言，以彰金石，而垂不朽。"予托乡故辞，弗却。大哉！□□□相传以无相为体，以无住为识，妙有为用（下缺4—6字）

第十六行：□心印。非弟子无以做师之大业，今长徒舍剌巴之存，即师□□。师之行□道得存也，千载之下为师。弟子（下缺5—6字）

第十七行：□请书，勒之金石，以为铭曰：大雄垂慈，浩劫无穷。无住即住，无相为家。克□克己，后□□邪。泉

安□□，

第十八行：翠微峥嵘。碑□秋月，塔隐寒峰。名勒金石，声隘寰中。□□大启，□以第崇。

（以下藏文约五十行）

正统元年七月十三日长徒净通禅师舍剌巴、剌麻星吉领占、领占□即、领占札石、札石巴、文□□□、札失□□（下缺十余字）[1]

从塔铭可知，国师姓何，为论述和行文方便，我们权且在不影响文意的地方也称这位弘善妙智国师为"何国师"。

二　弘善妙智国师考

据《香盘禅寺碑（略）》记载："都城西四十余里有寺名双泉，有山名翠微。泉山幽胜，甲于他山。金章宗明昌五年，诣其寺潜暑。寺有双泉，因而得名。即建祈福宝塔于寺北。至明成化五年十月，赐名香盘禅林。宣德二年十二月，奉旨与大能仁寺弘善妙智国师为下院。嘉靖元年，葺而新之。"[2] 从《日下旧闻考》这则记载中，可知双泉寺历史沿革之大概，也获悉双泉寺是弘善妙智国师的下院。

"国师"是中国古代帝王给予佛教徒中一些学德兼备的高僧的称号，有时也作为僧官的一种，元、明、清亦用以敕封藏传佛教地区（西藏、内蒙古等）的上层僧侣。从残存塔铭拓片（李新乐提供）和照片（颐和吴老提供）来看，第一行的文字漫漶缺

1　塔铭文字据李新乐提供的拓片照片及录文、颐和吴老提供的高清照片整理，标点为作者试加。

2　于敏中：《日下旧闻考》卷104《郊坰》，北京古籍出版社，2018，第1724页。

图 1　弘善妙智国师塔铭

失，光凭肉眼无法识别。得益于《日下旧闻考》中提到的"奉旨与大能仁寺弘善妙智国师为下院"，借助放大镜勉强辨出"弘善妙智国师"六个字。塔铭第三行交代了国师姓何，父亲名何尔，母亲刘氏。从国师父姓"何"母姓"刘"来看，其父母或是汉族出身，亦或是藏人取汉姓。这是藏族聚居区长久以来形成的命名习俗，不足为奇，像明成化二十二年（1486）被追封为"大敏法王"的甘肃临洮宝塔寺开山祖师端竹领占也有类似情形，俗姓石氏，朝廷一度任命他为"右阐教"，清朝临洮士人姚清在所撰的《重修宝塔寺碑记》中称其为"石阐教"；还有隆善西天佛子大国师那卜领占，俗姓梁。藏僧冠汉姓的例子不胜枚举。可惜，《弘善妙智国师塔铭》中关于国师出生地、受业恩师、代表朝廷出使的国家和地区的文字都漫漶不清。

"弘善妙智国师"这个封号，仅见《明英宗睿皇帝实录》卷之一百四载："（正统八年五月乙未）命剌麻扎巴坚粲为灌顶圆妙广智大国师、舍剌巴为弘善妙智国师，俱赐诰命。"[1] 舍剌巴是弘善妙智国师的长徒，前面塔铭中提到 3 次。师徒共同拥有一个封号，为明朝皇帝封赏惯例，只有嫡传法嗣或子侄才能继承业师生前尊号。同一天受封的扎巴坚粲（也作"剳巴坚参"）是生前拥有"灌顶圆妙广智大国师"封号的端竹领占的高足，他不仅为恩师奏请"西天佛子"[2]"大敏法王"[3]尊号，得到英宗、宪宗的允准，为师父身后争得了崇高荣誉，还因自身的强大实力和特殊渠道成为宪宗朝被诰封的首位法王——大悟法王，封号长达 38 个字。舍剌巴是何姓弘善妙智国师的大徒弟，他在弘善妙智国师所有徒弟中级别最尊、地位最高，承袭师父的尊号是因为他继承了师父

---

1 《明英宗实录》卷 104，正统八年五月己未。

2 《明英宗实录》卷 34，天顺六年六月戊寅。

3 《明宪宗实录》卷 284，成化二十二年十一月丁卯。

的事业、化育番夷且有功于朝廷。

明朝永乐、宣德朝以来对番僧僧官制度有明确规定，"番僧数等，曰大慈法王、曰西天佛子、曰大国师、曰国师、曰禅师、曰都刚（纲）、曰剌麻，俱系光禄寺支待。有日支酒馔一次、三次，又支廪饩者，有但支廪饩者"。[1] 极受宠藏僧不仅朝廷命官路上见了要回避，就连中贵（太监）见了也要跪拜，他们坐而受礼，锦衣玉食僭拟人主。

舍剌巴在他的师父弘善妙智国师圆寂的时候，不是普通喇嘛，是比喇嘛地位高两级的禅师，封号净通。弘善妙智国师圆寂后，明英宗于正统八年（1443）五月把这一封号赐给了舍剌巴。这一期间舍剌巴正好参与了法海寺创建资金助缘，立于正统八年（1443）的《法海禅寺记》碑阴罗列了汉藏助缘人题名，包括大慈法王、西天佛子、大国师、国师、禅师、僧官、僧众、喇嘛及开山喇嘛等藏族僧侣 10 名。最有名的是大慈法王释迦也失，他是宗喀巴的"七大弟子"之一，代表宗喀巴来京朝觐明朝天子。弘善妙智国师舍剌巴名列第五，表明他在北京居住且比较活跃，与朝官、宦官、高层藏僧打成一片。舍剌巴继承师父遗志为朝廷效力颇多，并得到明廷的认可，才因袭了师父的这一尊号。不止于此，在景泰七年（1456），舍剌巴又被加封为"灌顶弘善妙智国师"，[2] 地位超过了乃师，同他一起加封的还有锁南舍剌、沙加、占巴失念等。锁南舍剌即锁南释剌，也参与了法海寺创建助缘，在法海寺助缘藏僧名单中排名第四，在舍剌巴之前。正统八年锁南舍剌的封号是"净修弘智灌顶国师锁南舍剌"，他俩同一年受封。锁南释剌与参与法海寺助缘的"妙法诸修净慈普应辅国阐教灌顶弘善西天佛子大国师哑蒙葛"

---

1 《明英宗实录》卷 17，正统元年五月己巳。

2 《明英宗实录》卷 268 附 86，景泰七年七月辛巳。

同为大慈法王释迦也失的弟子。排在舍剌巴后面的锁南藏卜是宗喀巴的另一位弟子,名气虽赶不上释迦也失,但他是青海早期格鲁派寺院卡地喀寺的开山鼻祖。这些宗喀巴的弟子、门人当时多居住在大慈恩寺内。这么一看,双泉寺的藏僧与法海寺藏僧有着非常密切的关系,舍剌巴不仅和萨迦派端竹领占的徒弟扎巴坚粲有交集,还和格鲁派领袖宗喀巴的徒子徒孙等出资赞助法海寺营建。

这是"弘善妙智国师"这一封号的传承光大,舍剌巴不是双泉寺《弘善妙智国师塔铭》的真正主人。反复查找、比对各种资料后,早于舍剌巴被封为弘善妙智国师的藏僧"何领占朵儿只"进入视野。何领占朵儿只,出生于狄道地区(今甘肃省临洮县),被明宣宗封为宏善妙智国师,此处"宏"通"弘"。今甘肃省临洮县尚存"圆觉寺何国师碑"。

因何锁定"何领占朵儿只"就是我们要找的"弘善妙智国师"?理由有三。

1. 志书记载此人生平与塔铭主人身世高度吻合

乾隆二十八年刻本、呼延华国修、吴镇纂《狄道州志》记载:明洪武时,狄道藏人何领占朵儿只"随其父之南京诣鸡鸣寺管倬朵儿只禅师为徒";"永乐初诏入乌思藏、竺乾诸国,迎请大宝法王、演绎教法;复奉诏入长河西界抚谕招来(徕)。再受命下朵甘思、乌思藏、泥巴剌等国迎请大国师班的;复随驾北征沙漠。"[1] 何领占朵儿只的生平主要事迹记述均与《弘善妙智国师塔铭》中叙述的活动轨迹高度吻合,理应为同一人,不可能是巧合。青海师范大学杜常顺教授也持此议,考证何领占朵

---

1 《狄道州志》卷10,台北:成文出版社有限公司,1970,第664页。

儿只即弘善妙智国师。[1]

2. 拓片照片和高清照片仔细比对

通过高倍放大镜校核双泉寺塔铭拓片和照片，发现《弘善妙智国师塔铭》第一行第七、第八、第九个字极大可能是"领占朵"，"领"字的左半部较模糊，右半部"頁"能辨识，"占"字的下部"口"和上部的笔画竖较清晰，"朵"字轮廓非常明显。第十个字与繁体字"兒"的下半部相同。第十一个字亦能模糊可见其轮廓为"只"。如果能找到这块塔铭的最早完整录文或拓片资料，这些问题就迎刃而解了。

3. 藏族僧侣惯用的取名习俗

藏族普遍信教，最早信原始宗教，藏王松赞干布时期，佛教传入西藏地区，逐渐形成普遍信奉的藏传佛教。藏族取名使用姓氏流行于吐蕃时期，习惯使用前辈名字的一部分。藏传佛教鼎盛时建立教派，藏族姓名开始复杂化，出现了以贵族家的家族名为姓，部落首领、巨商、头人、大户的家族名为姓，寺庙、拉章的名称为姓，喇嘛、活佛的封号、尊号为姓的习俗，一般民众则以籍贯、房名等为姓。一些大学者都愿意在自己的名字前面加上姓氏，表示自己的血缘关系。从元代起，藏传佛教各教派的大喇嘛、大活佛、地方上的土官等均有元、明、清各帝王朝廷封赠的封号、尊号，且越来越多，出于对帝王的崇拜，常把封号、尊号置于本名前，原来的姓氏反而不用了。在有些地区，藏汉名字混合，在藏名前加上汉姓，主要受汉族文化的影响，或与汉族通婚所致，或避免重名。对僧人而言，藏传佛教还有严格的戒条，出

---

1 杜常顺：《明代藏僧驻京的三大寺院考述——兼论教派色彩与法脉传承》，《青海民族研究》2018 年第 1 期。

家僧人必须经寺院活佛、经师剃度、授出家戒并重新取名，这个名字通称法名，原来的乳名从此不用。双泉寺塔铭中"弘善妙智国师"是明宣宗赐予该僧的封号，"领占朵儿只"极可能是他出家后寺院所取的"法名"，前二字"领占"应来源于一位高僧的法号，后三字"朵儿只"即来源于其师"管倬朵儿只"。"何"是该僧父亲的姓氏，故在他家乡狄道称其为"何领占朵儿只"，以别于同名不同姓的其他僧人，而在塔铭首题中冠以皇帝赐予的尊号和寺院授予的法名。

三　与弘善妙智国师有关的寺院

据《弘善妙智国师塔铭》显示的信息，何国师出家在南京鸡鸣寺，圆寂于北京大能仁寺，毗荼于京西双泉寺，部分舍利藏于甘肃临洮圆觉寺。

1. 番僧会聚的南京鸡鸣寺

明代出于政治需要和帝王偏好，对藏传佛教各派高僧采取"多封众建"政策，大批藏传佛教僧人留住京师寺院，洪武朝、永乐朝前期主要聚集在首都南京，永乐皇帝迁都后主要会集北京，成为京师佛教僧团中一股特殊的势力。

明代藏僧留住京师始于洪武初期，驻地是南京鸡鸣寺，鸡鸣寺名列南京八大寺之中。《明太祖实录》卷176载，洪武十八年（1385），"建鸡鸣寺于鸡鸣山。……初，有西番僧星吉监藏为右觉义，居是山，至是，别为院寺西以居之"，说明在鸡鸣寺兴建之前，就有藏僧居于鸡鸣山。又据明释道果《鸡鸣寺施食台记》，洪武时曾迎取藏僧惺吉坚藏等7人于鸡鸣寺"结坛场，广施度济"，太祖"嘉其神妙，乃构西番殿与居"。

成祖迁都北京（1420）前，鸡鸣寺是留京藏僧的挂锡之所。

身后被封为"大敏法王"的萨迦派高僧端竹领占,曾在洪武二十三年(1390)朝觐太祖高皇帝,诏居南京鸡鸣寺,永乐、宣德间,他屡奉朝廷之命去往西番各地,宣传圣道,抚化番夷,受到明王朝多次封赏,迁都前当一直住在鸡鸣寺里。《明太宗实录》记载,鸡鸣寺番僧端竹领占、洮州卫千户赵诚,奉命前往八郎等族,诏谕各族头目来朝、贡马,赐钞币有差。[1] 正是由于此项招抚有功,端竹领占被朝廷任命为苏州府僧纲司都纲一职,[2] 苏州府属于古地名,明改平江路为苏州府,下辖吴县、长洲县、常熟县、吴江县、昆山县、嘉定县、崇明县和太仓州,洪武元年(1368),属于南直隶,并不是永乐迁都后的北直隶,北直隶没有苏州府。

洪武时,7岁的何国师被父亲送往南京鸡鸣寺,专门接受番僧管倬朵儿只禅师的教诲。何国师佛缘着实不浅,那时的南京鸡鸣寺番僧会集,他接触到的番僧不止恩师一位,备受明朝皇帝宠信的端竹领占等高僧陆续卓锡于此,他与端竹领占还是同乡,应能经常参见这些前辈,聆听他们的教诲,甚至得到提携,或许他名字中的"领占"二字来源于同乡前辈端竹领占也未可知。在鸡鸣寺番僧大师们的熏染下,何国师焕发出惊人的理解力和洞察力,对藏传佛教经典的掌握和领悟超乎寻常,了然在胸。如此卓异的能力和良好的机遇使其脱颖而出,日后被明廷委以一系列重任。永乐初年,他奉旨出使西番诸国迎请大宝法王、被差遣到长河西四川等地区的时间段,与极受皇帝信赖的端竹领占等人的出使活动大体一致,可以推断他们之间有不少交集,同在一寺,又有同乡之谊,奉命出使的地方和任务基本相同,或许某种程度上端竹领占以前辈的名义暗中照拂何领占朵儿只这位小师弟、小老

---

1 《明太宗实录》卷45,永乐四年九月壬戌。

2 杜常顺:《明代临洮宝塔寺及其法王史实考述——明代〈宝塔寺报恩传流碑〉笺释》,《青海师范大学学报》2015年第3期。

乡。何国师的名字里既有师父管倬朵儿只的后三字，又有端竹领占的后二字，承蒙两位高僧的厚爱，也不是没有可能。鸡鸣寺可谓何国师的发祥地。

2. 名僧辈出的北京大能仁寺

塔铭明示，弘善妙智国师"示化于大能仁寺"。大能仁寺是明朝洪熙年间在北京专为元末明初著名高僧智光重修扩建的著名寺院，卓锡者多为藏传佛教萨迦派的僧人，如大悟法王札巴坚参、大敬法王锁南坚参、大慈法王那卜坚参、隆善西天佛子大国师那卜领占等。[1]

明代皇帝除世宗佞道以外，多崇奉藏传佛教，对各派兼容并蓄。明代汉族僧人之得封法王尊号见于记载者，有英宗加号西天佛子、大通法王的智光大国师。智光（1348—1435），《明史》有传，姓王，世家山东庆云，15 岁出家，巡礼天竺国，拜迦湿弥罗国班的达为师。洪武时奉命两使乌斯藏、榜葛刺、泥八刺、地涌塔诸国，永乐时又使乌斯藏，迎尚师哈立麻，陪同西藏地方政教领袖晋京谒见明朝皇帝，成就卓著，深受帝室尊崇。他历事六朝，宠冠群僧。大能仁寺是明廷专为智光创建的寺院，仁宗洪熙元年（1425）赐智光封号为"圆融妙慧净觉宏济辅国光范衍教灌顶广善大国师"，扩建能仁寺，特加赐大能仁之额，命其居之，此后成为藏僧留住的主要寺院之一。当时，北京的藏传佛教寺院约有 20 所，以大能仁寺、大慈恩寺、大隆善护国寺、大圣寿万安寺（白塔寺）以及大功德寺、大觉寺、三塔寺、西竺寺、真觉寺（即五塔寺）、法海寺（在模式口）等最为著名，其中藏僧最为集中的寺院为大慈恩寺、大能仁寺和

1　杜常顺:《明代藏僧驻京的三大寺院考述——兼论教派色彩与法脉传承》,《青海民族研究》2018 年第 1 期。

大隆善寺。

从《香盘禅寺碑（略）》碑文看，何国师至晚在成祖迁都北京之际，即永乐十八年（1420）就已来到北京大能仁寺，塔铭中特意提到他受到成祖和宣宗的赏识，言明当时他已在北京大能仁寺弘法。在这座大寺里，他遇到的高级藏僧更多，当与大德智光有见面机缘，也许还见过为智光圆寂举办毗荼仪式的大慈法王释迦也失等藏密领袖。

3. 圆寂魂归京西双泉寺

石景山区双泉寺实属风水宝地，是何国师的魂归之地。双泉寺所在的翠微山，之前叫双泉山，因为双泉相当有名，不仅山以泉名、寺以泉名、金章宗的行宫及附近的桥均以泉名，后世围绕寺庙建的村落也以双泉得名。《日下旧闻考》卷104转载《明一统志》："双泉山在（顺天）府西四十里，山有二泉，故名。东北二里许有黑龙湾。"《永乐大典》本《顺天府志》里记载："按重修记云，山有二泉，唐时古道场也。东北约二里有黑龙湾，相传为神龙之所宅。观音殿有泉水，乃龙湾潜流之一派也，大青小青二灵物屡见于此。"两则史料反映出双泉寺地处的山脉不仅有甘泉两眼，还是"大青小青"的栖息地——黑龙湾，"大青小青"在八大处一带也有活动，隋朝时卢师收服二龙，创建卢师寺，即八大处证果寺的前身。"大青小青"的行云布雨、灵异殊胜，对靠天吃饭的古代中国来讲相当重要，皇室祈雨活动历朝皆有，双泉寺在唐时已然为古道场了。到金代之际，爱好山水游历、尊崇汉文化的金章宗特意把这里辟为行宫，来此游玩避暑祈福。

经历宋金战火，元朝时双泉寺估计式微了。目前可见双泉寺最早的文献记载是《香盘禅寺碑（略）》，提到何国师仅一句话："宣德二年十二月，奉旨与大能仁寺弘善妙智国师为下院。"这与《弘善妙智国师塔铭》中"丁未（下缺十余字）宣宗圣皇嘉授弘善妙智国师，锡以龙章锦诰，金冠法衣，恩至渥也"的史实相符，"丁未"即宣德二年（1427）。换言之，宣宗敕封何领占朵儿只为"弘善妙智国师"尊号的同时，把双泉寺作为赏赐给他的下院，就像宣宗把大觉寺赐给智光大师一样，含有住持、养老的意思。当然，作为下院，何国师不用经常在双泉寺弘法，城里大能仁寺依旧是他的主要活动场所，毕竟那里的藏僧和佛事活动多，面圣的机会也多，正因此他最终示化于大能仁寺。

需要特别指出的是，弘善妙智国师的圆寂时间塔铭上写的是"辛酉岁十月初一日"。查宣德皇帝在位期间，并无"辛酉"年，从其塔铭"享天年五十五岁"和出生于"洪武辛酉年"（1381）推断，国师应圆寂于宣德十年（1435），这一年是乙卯年，此处可能是笔误。

圆寂之前，弘善妙智国师早有预感，召集众门徒交代后事，惜铭文缺失数字。焚化后卜葬于双泉寺。按照明朝优待藏僧政策，"凡法王、国师死中国者，例该营造墓塔"，《西园闻见录》卷105这样记载，何国师的营葬造塔等事宜，按当时的规矩应由官府出资。他的大徒弟舍剌巴率领众徒召集工匠建灵塔，请人撰写塔铭，刻于金石。名师出高徒，塔铭上题名的徒弟有7—10位，长徒舍剌巴已然是净通禅师，其余都有喇嘛的名号。

正是在朝廷供养、弘善妙智国师及其弟子们的经营下，双泉寺得到重修。他获得下院之际，修缮维护自是当然，他圆寂后徒弟们看守灵塔、继续维护，在成化五年（1469），双泉寺规模得以扩大，改名香盘禅林。到了嘉靖元年（1522），冯太监"葺而新之"，在崇道的世宗时期实属不易。1958年，北京市文物局的第一次文物普查资料表中记载，山门"南有木门匾'□修敕建双泉寺'"，表明双泉寺得到过皇家出资修建，为皇家寺院，可惜木门匾下落不明。

明末，双泉寺作为通往慈善寺的昌慈古香道上的重要节点，双泉、茶棚、双泉桥及双泉桥头接引佛，都是香客、香会朝山拜佛的必经之所。

清朝，双泉寺在乾隆年间、光绪年间得到两次重修，庙貌、庙址有所变更。民国八年（1919）之前，英国人库帕一家去双泉寺游玩，留下了一些老照片，颐和吴老依据照片中的一幅双泉寺古画，还原了位于寺院东北侧的金章宗九层密檐祈福宝塔、两座高僧覆钵塔、双泉、双泉寺桥、重修双泉寺桥碑、接引佛庙及两座太监墓等历史信息。可以断定，那位于寺院西北侧和东北侧的两座覆钵塔中，其一为弘善妙智国师何领占朵儿只的塔冢。

4. 朝廷援例出资敕建圆觉寺

据《狄道州志》记录，何领占朵儿只受到明太祖、成祖、仁宗、宣宗等皇帝的重用，多次奉旨前往边疆诸地、周边诸国宣谕、抚慰、迎请，建立了不朽功勋。宣宗皇帝还特诏请至便殿坐论佛法，深得帝意。圆寂火化后，得舍利万颗，"敕赐圆觉以名其寺"。圆觉寺建在狄道州治东北，礼部尚书胡濙为之撰碑。[1] 此碑即现存于甘肃省临洮县的"圆觉寺何国师碑"，碑文述及国师的生平功绩，《狄道州志》关于何国师的记述即来自"本寺碑铭"。

明时，甘肃省临洮县称临洮府，府治狄道。"道"与内地的"县"叫法上有区别，《史记·孝文帝本纪》《后汉书·百官志五》均云："县有蛮夷曰道"。狄道远古时期是戎、狄、羌等少数民族活动之地，后发展为西北名邑、陇右重镇。汉代设狄道县。唐初，置临州，后置狄道郡，"陇西李氏"世居于此，被誉为"李唐故里"。五代时吐蕃置武胜军地。宋金时期，曾在狄道县设临洮府，狄道县也长期为陇西郡的治所。元、明、清均置临洮府，府治狄道。

---

1 《狄道州志》卷10，第664页。

明清时期，狄道在藏传佛教方面影响很大，名僧辈出。前文所述的端竹领占是狄道南乡石家庄人，宝塔寺番僧，奉成祖命屡使绝域宣布化王，招降北鞑靼王子，陛号“清修静觉崇善慈应辅教阐范灌顶圆妙广智大国师”。还有那卜领占，正德时赐号“大能仁寺清修悟法普慈广慧翊国崇教灌顶隆善西天佛子大国师”。再有亢观着藏卜，诏赐禅静国师。自然也包括何领占朵儿只。

《狄道州志》明确记载圆觉寺的创建时间：“圆觉寺在州治东北，明宣德年建”，[1]“化后得舍利万颗，敕赐圆觉以名其寺”。[2]按照佛教仪轨，舍利子是僧人生前因戒定慧的功德熏修而自然感得，佛教徒极其尊敬舍利，一般分成若干份起塔供奉。双泉寺是他的下院，埋葬着他的灵骨和部分舍利，另有一部分埋在了圆觉寺。

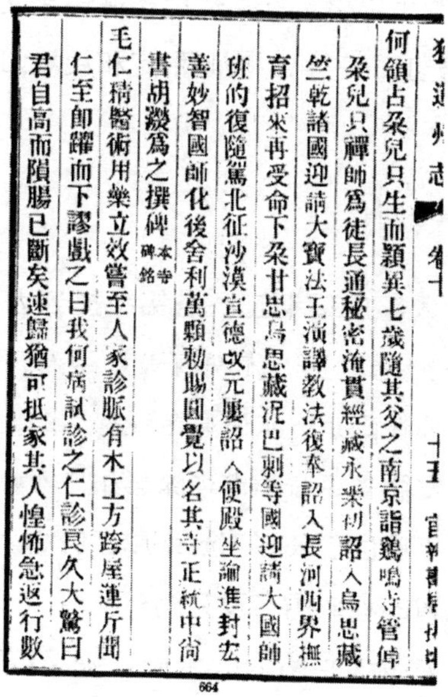
狄道州志　卷十　十五

何領占朶兒只生而穎異七歲隨其父之南京詣鷄鳴寺管倬朶兒只禪師爲徒長通秘密淹貫經藏永樂初詔入烏思藏竺乾諸國迎請大寶法王演譯教法復奉詔入長河西界撫育招徠再受命下朶甘思烏思藏泥巴剌等國迎請大國師班的復隨駕北征沙漠宣德改元屢詔入便殿坐論進封宏善妙智國師化後舍利萬顆勅賜圓覺以名其寺正統中尚書胡瀠爲之撰碑本寺碑銘

毛仁精醫術用藥立效嘗至人家診脈有木工方跨屋運斤聞仁至即躍而下謬戲之曰我何病試診之仁診良久大驚曰君自高而隕腸已斷矣速歸猶可抵家其人惶怖急返行數

664

图2 《狄道州志》中关于何领占朵儿只的记载

1 《狄道州志》卷5，第366页。

2 《狄道州志》卷10，第664页。

塔铭所记，何领占朵儿只在宣德十年（1435）十月初一日示化，而宣宗驾崩于该年一月，据此推断圆觉寺修建时间应不晚于宣德十年（1435）一月，因为寺院建成至少需要一至两年。圆觉寺应在宣德十年（1435）一月前即已动工，建成于正统初年。这样，宣宗"敕赐圆觉以名其寺""正统中尚书胡濙为之撰碑"的记载才合理。至于出资，例由朝廷，《陇右金石录》载："圆觉寺在临洮府治东北，宣德十年敕建，有工部尚书王骥撰碑。"[1] 这则记录将圆觉寺建造时间锁定在宣德十年，且是朝廷出资的皇家寺院。

四　弘善妙智国师参与的重大活动

从何领占朵儿只的生平事迹看，他历洪武、建文、永乐、洪熙及宣德五朝，为朝廷宣布王化、边疆稳定和民族团结作出了不小的贡献。

1. 担任地方和中央僧职

一是担任南直隶太平府僧纲正。塔铭中提到太祖嘉奖何国师聪睿，授直隶太平府僧纲正。先说直隶太平府，指的是南直隶，因为洪武时期京师在南京，永乐皇帝迁都后的北直隶没有太平府。太平府包含今安徽省马鞍山市当涂县和广西壮族自治区崇左市江州区。安徽太平府位于长江下游南岸，府治当涂县，辖区大致相当于今日安徽省的马鞍山市及芜湖市辖境。元至正十五年（1355）四月，朱元璋改太平路为太平府。太平府下辖 3 个县：当涂县（首县）、芜湖县、繁昌县。清因之，民国元年（1912）

1　张维：《陇右金石录》卷 16，第 655 页。

撤废。再说僧纲正，明朝在地方设立的与中央僧录司配套的僧官衙门，分府、州、县三级，府设僧纲司，有都纲一名，从九品，副都纲一员，无品。何国师担任"僧纲正"，当是从九品的都纲。明代由藏传佛教僧人担任内地地方僧衔者比较罕见，除了端竹领占，何领占朵儿只是见到的第二位。在洪武中后期，这套制度由内地推广到西北、西南等信奉藏传佛教的地区，职责是政教合一，管理僧侣，约束民众。[1]

二是担任僧录司左觉义和左阐教。塔铭中提到何国师被成祖"擢升僧录司左觉义，转升左阐教"。僧录司是明朝中央的僧官制度。洪武十四年（1381），在中央设僧录司，掌天下僧教事，设善世二员（左善世、右善世），正六品，阐教二员（左阐教、右阐教），从六品，讲经二员（左讲经、右讲经），正八品，觉义二员（左觉义、右觉义），从八品。何国师从左觉义很快转升到左阐教，备受重用。

2. 出使西藏地区迎请高僧

一是奉命迎请大宝法王。《弘善妙智国师塔铭》中提到他在洪武年间奉诏迎请大宝法王，《狄道州志》卷 10 中记述"永乐初诏入乌思藏、竺乾诸国，迎请大宝法王、演绎教法"，考证明史，派使臣司礼监少监侯显、智光等人迎请大宝法王之举开始于永乐元年（1403）之后，大宝法王于永乐四年（1406）到达南京，所以应以后者为实。当时，迎请大宝法王的使节团阵容庞大，随团藏僧不在少数，除了高僧智光，还有班丹扎释与何领占朵儿只。班丹扎释即大智法王，早年随师父奉诏入京，驻于鸡鸣寺，先参与迎请大宝法王的活动，担任翻译，后多次出使西藏地

1　白文固:《明清的番僧僧纲司述略》,《中国藏学》1992 年第 1 期, 第 134—141 页。

区，曾出资助缘法海寺兴建。随团出使的何领占朵儿只的身份和地位，远赶不上智光和班丹扎释，但能参与如此重大的政治活动说明他的能力不一般。

明初，太祖为了巩固边疆，借鉴元朝"以儒治国，以佛治心"、土司制度等治国经验，对西南、西北地区采取"多封众建，因俗以治"国策。洪武六年（1373），诏西番、土番各族酋长，举故有官职者至京受职赐印，使因俗为治。自是番僧有封为灌顶国师及赞善王、阐化王、正觉大乘法王、如来大宝王者，俱赐以金章诰命，领其人民，间岁朝贡。[1] 在明朝所封的法王中，大宝法王地位最高，敕封时间是永乐五年（1407），领天下释教。大宝法王即哈立麻，是永乐皇帝赐给第五世噶玛巴活佛得银协巴的称号，全称为"万行具足十方最胜圆觉妙智慧善普应佑国演教如来大宝法王西天大善自在佛"。此后，这一封号成为黑帽系历代转世活佛专有的一个封号，历代噶玛巴都承袭了大宝法王的称号。

二是受命迎请大善国师班的达。《弘善妙智国师塔铭》中述及"请大善国师班的达、西天佛子大国师（下缺四字）"，《狄道州志》云"再受命下朵甘思、乌思藏、泥巴剌等国迎请大（善，疑为此字漏录）国师班的（达，疑为此字漏录）"。元朝建立后，忽必烈设置总制院（后改为宣政院）来直辖乌思藏，下又设立朵甘思（西康）、朵思麻（青海甘肃交界一带，又称为吐蕃宣慰司）和乌思藏三个宣慰司。明朝在西北、西南少数民族地区沿袭元朝的土官、朝贡等制度。朵甘思，又名朵甘、多康等，相当于今西藏自治区昌都地区东部、四川甘孜藏族自治州和阿坝藏族自治州的一部分，明朝在当地置朵甘卫，后来升为朵甘行都指挥使司、朵甘都指挥使司。洪武七年（1374），升"乌思藏卫"为"乌

---

1 《明会典》卷108《朝贡四》。

思藏行都指挥使司"。后继而升"行都指挥使司"为"都指挥使司",下设若干行都指挥使司、万户府、千户所、百户所等。泥巴剌即今尼泊尔。

"班的达"为梵语音译,古代印度对学识渊博、通晓五明高僧的尊称,不同音译作"班迪达""板的达""班哲达"等。那么,永乐初年弘善妙智国师迎请的这位大善国师班的达是谁呢?查阅史籍,发现大善国师在《补续高僧传》卷25中有详细记载,《帝京景物略》"真觉寺"、《清凉山志》卷3亦有记载。他梵名音译全称为"实哩沙哩卜得啰",简称"室利沙"。他是东印度拶葛麻国人,精通密教"五明",四处弘法,名冠天竺,被国人尊为"五明班的达"。永乐十二年(1414)时,已80高龄,在北京拜见明成祖。先后受命居海印寺(宣德时改名大慈恩寺)、能仁寺,度弟子数千人,游历五台山,曾寓居显通寺,被任命为僧录司阐教。成祖驾崩后,90岁的班的达受命主持荐扬大斋,为成祖"资福"。明仁宗封他为大善大国师,赐金印宝冠。次年,他又为仁宗举办荐扬大斋。宣宗召其上殿。宣德元年(1426)正月,室利沙示寂于北京。宣宗下令在京城和五台山各起塔院一座,分藏舍利。京城塔院即白石桥东侧、长河北岸的真觉寺,五台山塔院称圆照寺。[1]真觉寺因有五座金刚宝座塔又得名五塔寺,其形制是参照室利沙进贡永乐帝的贡物金刚宝座规式建造的。

3. 抚慰招采(徕)长河西四川

明时长河西四川地处今天四川西部康定一带。何领占朵儿只在永乐癸未(永乐元年,1403)被皇帝派往长河西四川等地抚慰招徕(此处应该是"招徕",一普资料中的"招采"有误,据《狄

---

1 何孝荣:《印僧实哩沙哩卜得啰与真觉寺修建考》,《北京社会科学》2008年第4期,第93—96页。

道州志》改），时年才 22 岁。这是作为朝廷使臣到西番地区宣传明廷的政策，抚化这一地区藏族部落归顺朝廷。这一点同端竹领占在永乐年间经常出使西藏地区宣布王化的任务和目的基本相同。

4. 累随圣驾北征朔漠

明成祖朱棣为了北方边疆的安定，曾经五次北征朔漠。让藏僧随驾，显然是为了在与蒙古上层贵族打交道的过程中发挥藏族僧人在宗教、语言、风俗、向导等方面的优势。因为，明朝时蒙古地区也盛行藏传佛教，藏族高级僧侣经常到这里传教弘法，在蒙古人中有一定的影响力和号召力。"大敏法王"端竹领占也有永乐年间随驾北征的经历，在招降鞑靼王子也先土干过程中发挥了作用，获任僧录司阐教、善世等官职。何领占朵儿只在随驾出征漠北时起到的作用可能赶不上端竹领占，但肯定也是有功人员，塔铭中说了四句："拥护往还，群凶格化，擢升僧录司左觉义，转升左阐教。"从僧职上讲，觉义低于阐教，阐教低于善世，说明端竹领占的功劳更大。

稿　约

　　《北京史学》创刊于 2012 年，最初为年刊。2018 年正式改由社会科学文献出版社出版，每年分春季刊、秋季刊，总计出版两辑。

　　本集刊系学术性、理论性出版物，定位于北京史研究与交流的专业阵地。为进一步拓展研究领域，我们倡导"大北京史"研究，凡是与北京史相关的研究论题，都在我们的征稿范围之内。

　　来稿篇幅以 8000—15000 字为宜，个别文章可扩展至 30000 字，需提供 200 字左右的中英文题目、摘要与关键词，并请附作者简介、电话、电子邮箱、邮寄地址等信息。基金项目或资助项目请注明具体名称及编号。注释体例以社会科学文献出版社相关要求为准。

　　本集刊特设青年论坛，尤其欢迎青年学人（包括博士研究生、硕士研究生）赐稿，一切以学术质量为取舍标准。

　　本集刊对拟采用稿件有酌情删改权，如不同意删改者，请在来稿中特别声明。来稿一经刊用，即付稿酬，并赠送样书两本。凡刊载于本集刊文稿的著作权，均由本集刊与作者共同享有，作者著作权使用费已在稿酬中一次性给付，不再另行支付。

　　所有稿件均实行匿名审稿制，如在两个月之内未获采用通知，作者可自行处理。

　　本集刊倡导良好学风，严格遵守学术规范。来稿如发生侵犯他人著作权的行为，作者应负全部责任并赔偿一切损失。

　　投稿邮箱：bjsx910@163.com

　　编辑部地址：北京市朝阳区北四环中路 33 号北京市社会科学院历史研究所

　　邮编：100101

　　联系电话：010-64872644

　　《北京史学》编辑部

图书在版编目（CIP）数据

北京史学 . 2022 年 . 秋季刊：总第 16 辑 / 北京市社
会科学院历史研究所编 . -- 北京：社会科学文献出版社，
2023.7
ISBN 978-7-5228-1961-7

Ⅰ . ①北… Ⅱ . ①北… Ⅲ . ①北京 - 地方史 - 文集
Ⅳ . ① K291-53

中国国家版本馆 CIP 数据核字（2023）第 106221 号

北京史学　2022 年秋季刊（总第 16 辑）

编　　者 / 北京市社会科学院历史研究所
执行主编 / 高福美

出 版 人 / 王利民
责任编辑 / 郑彦宁
文稿编辑 / 白纪洋
责任印制 / 王京美

出　　版 / 社会科学文献出版社·历史学分社（010）59367256
　　　　　　地址：北京市北三环中路甲 29 号院华龙大厦　邮编：100029
　　　　　　网址：www.ssap.com.cn
发　　行 / 社会科学文献出版社（010）59367028
印　　装 / 唐山玺诚印务有限公司

规　　格 / 开　本：787mm×1092mm　1/16
　　　　　　印　张：22　字　数：289 千字
版　　次 / 2023 年 7 月第 1 版　2023 年 7 月第 1 次印刷
书　　号 / ISBN 978-7-5228-1961-7
定　　价 / 128.00 元

读者服务电话：4008918866